2015年度国家社科基金一般项目"怨恨理论视角下弱势群体的网络表达机制研究"（15BSH031）最终成果

浙大城市学院传媒与人文学院教师出版基金资助项目

弱势群体的网络表达

话语形态和问题意识

江根源　季　靖　著

ZHEJIANG UNIVERSITY PRESS
浙江大学出版社

图书在版编目（CIP）数据

弱势群体的网络表达：话语形态和问题意识 / 江根源，季靖著. —杭州：浙江大学出版社，2021.6
ISBN 978-7-308-21395-0

Ⅰ.①弱… Ⅱ.①江… ②季… Ⅲ.①边缘群体—互联网络—舆论—研究—中国 Ⅳ.①G219.2

中国版本图书馆 CIP 数据核字(2021)第 092127 号

弱势群体的网络表达：话语形态和问题意识

江根源 季 靖 著

责任编辑 顾 翔
责任校对 陈 欣
封面设计 周 灵
出版发行 浙江大学出版社
（杭州市天目山路 148 号 邮政编码 310007）
（网址：http://www.zjupress.com）
排 版 杭州青翊图文设计有限公司
印 刷 广东虎彩云印刷有限公司绍兴分公司
开 本 710mm×1000mm 1/16
印 张 15.25
字 数 274 千
版 印 次 2021 年 6 月第 1 版 2021 年 6 月第 1 次印刷
书 号 ISBN 978-7-308-21395-0
定 价 49.00 元

第二部分

三大弱势群体话语分析

第三部分
话语权与协商对话机制

导　言　话语批评视角、网络民族志和基本思路

 本章提纲

■ 本课题侧重研究话语批评视角下弱势群体的话语抗争行为,研究主要依靠批评性话语(critical discourse)理论展开,而资料的收集整理则更多地依赖网络民族志方法。

■ 本研究的基本思路分三个部分:第一部分追溯话语批评视角下"弱势群体"概念的意义建构,同时以社会怨恨情绪的理论研究为基础,分析弱势群体与群体性怨恨情绪之间的关联;第二部分的主要内容是对三个弱势群体的话语表达案例的分析,分析将根据"命运意识—生存意识—环境意识"的逻辑,以现代化和城市化过程中出现的三个代表性群体——癌症患者家属、城市出租车司机和环境污染风险区周边居民为分析对象展开;第三部分首先重点研究了弱势群体的三类话语表达形态——支配性话语、道德性话语和治疗性话语,其次分析了构建公众参与的协商对话机制的可能性。

"弱势群体"伴随着人类社会的经济发展和阶层分化而出现,但作为一个特定的群体概念,"弱势群体"真正进入公众视野的时间并不长。或者说,在现代制度以及人们观念不断变化发展的过程中,现代文明社会逐渐出现了民主意识和平等观念。为了更好地保证社会公正,促进社会的均衡发展,给予那些经济条件低劣、处于社会底层、在社会事务方面缺乏话语权的特定群体优惠的救助政策,

政府提出了"弱势群体"的概念，同时也引发了学者们对相关社会问题的深度研究。因此，"弱势群体"既是一种社会性的群体现象，也是一种普遍的社会共识，以及人们互动的话语形态。

一、作为一种话语建构现象的"弱势群体"

2015 年 3 月 4 日下午，在全国两会分组讨论时，全国政协委员、中国建设银行行长张建国在谈到利率的市场化改革时，抛出了"银行是弱势群体"的观点。这一观点招致现场与会人员哄堂大笑，当时参加讨论的国务院总理李克强也笑了。

有关"银行是弱势群体"的争论在各大互联网平台中也一度成为热点话题。时评人乔志峰说："看来，我们一直以来都误会银行了，人家并非公众想象中的垄断机构，而是弱势群体啊。相对而言，我们最广大的人民群众也就是所谓的'强者'了吧？"乔志峰又说："想想也是，银行多不容易啊……特别是每当银行一不小心犯了点'小错'，公众都会揪住不放，非要口诛笔伐一番，大有银行不道歉就不罢休的势头。就拿许霆案来说吧，多大个事儿呀，至于那样关注吗？尤其是某些'网络暴民'，大放厥词，讨论来、讨论去的，干吗呀？常言说得好，'唾沫星子淹死人'，你们那么多人都把矛头对准了银行，这不摆明了仗着人多欺负人嘛？"①

既然有人讥讽反对，自然就有人真诚响应！

全国政协委员、北京银行董事长闫冰竹在 2015 年 3 月 5 日两会的小组讨论上隔空呼应。他说："说银行是弱势群体要看怎么比，一个银行的高层领导就曾经说过，当前银行非常不好干，抓存款抓到什么程度了呢？你得跟客户喝酒、唱歌，委曲求全，从这个角度来说银行也是弱势群体。"闫冰竹再次强调："一个企业贷款总会多找几家银行，谁贷款利率低企业就找谁贷款。而银行是靠存贷款利率差为生的，从这个角度讲，银行就是弱势群体。"②

有关"银行是弱势群体"的争论折射出几个基本的问题。

---

① 乔志峰. 银行是弱势群体，全国人民都笑了[EB/OL]. (2015-03-05)[2021-01-04]. http://opinion. people. com. cn/n/2015/0305/c159301-26637622. html.

② 南苏. 闫冰竹委员：从某个角度讲银行就是弱势群体[EB/OL]. (2015-03-06)[2021-01-04]. http://www. rmzxb. com. cn/zt/2015qglh/zljzh/459139. shtml.

第一,"弱势群体"的概念涉及不同参与主体的不同认知。"弱势群体"作为一个阶层,其含义不是客观的,不是固定的,而是由主观认识得出的。参与互动讨论的人往往具有不同的立场和视角,于是会带着自身的独特动机、立场和刻板印象来理解和使用"弱势群体"这一概念。因此,"弱势群体"的社会属性实际上就是一个从什么立场上来讨论的主体问题。不管是中国建设银行行长张建国还是北京银行董事长闫冰竹,他们把银行定义为"弱势群体",就是站在银行的主体立场上得出的结论;而其他的人在批评"银行是弱势群体"的言论时,显然是站在储户、社会公众或者是其他批评者的立场上。因此,何为"弱势群体"这个问题涉及不同参与者各自的主体性。

第二,"弱势群体"也是一个话语建构问题。所谓"公说公有理,婆说婆有道",说的就是话语建构。从这个案例中,我们发现了话语互动过程中权力的作用,正是权力支配着话语的展开。银行行长能够在两会期间表达自己的意见,无疑是因为他们拥有两会这一表达平台,也就是说,他们具有重要的传播资源,这是质疑者所不具备的。同时,银行已经从传统的市场与企业的主宰转变成市场的服务者与竞争者,角色的转变意味着原有权力格局的转变,其作为权力支配者的力量被削弱,在部分领域里甚至已经丧失。但即便如此,银行及其行长还是在多重对话中拥有支配地位,而储户则只是被支配者。因而,话语互动的背后是权力的支配与被支配关系。银行行长在谈论银行是弱势群体的时候,其实质是对银行以往角色的一种自恋。

第三,对"银行也是弱势群体"论调的批评,彰显了被支配群体对支配者的一种权力抗争和抵抗性认同。这里既包括被支配群体对金融政策或制度的抗争,又包括对银行行长等所谓金融权威的对抗。但是在现实中,我们发现这种对权力的对抗几乎是徒劳的,是无意义的。

对"弱势群体"概念的意义阐释,为我们开启了一个新的研究窗口或者研究视角。以往"弱势群体"的研究者更多地站在政府或社会组织之类支配者的立场,着重研究弱势群体的社会关系以及弱势群体获得的救助,这是一种对弱势群体的外部研究。本课题则希望站在话语批评的视角,尤其从话语与权力的批评维度,来研究弱势群体的话语行为以及弱势群体与社会之间的关系。这种行为研究更多的是弱势群体的内部研究。

二、话语批评的理论立场

在本课题中，笔者以平视的视角来研究弱势群体自身的意见表达以及由此建构的社会意识。具体而言，就是探讨在新媒体语境中，由社会怨恨情绪驱动的弱势群体借助新媒体进行自我表达时话题集中在哪些方面，他们如何来表达自己的观点与诉求，笔者在研究这些问题时，会采用一种批评性话语理论。

批评性话语作为一种研究理论，具有极强的实践导向作用。它强调语言是一种社会实践，是在社会力量的介入过程中形成的。它不仅研究语言是什么，而且研究语言为什么是这样的；它不仅对语篇本身的意义感兴趣，而且对语篇产生这种意义的过程感兴趣。具体而言，批评性话语理论的形成得益于不同领域的学者及其学术思想，比如20世纪30年代的新马克思主义学者和法兰克福学派的社会批评理论，就对批评性话语理论的发展贡献良多。他们把社会看作一个有机的整体，认为社会所有的组成部分都是某种权力的反映。米歇尔·福柯在《什么是批判》一文中把"批评"界定为"不被统治到如此程度的艺术"，同时又进一步阐述了这种"不被统治到如此程度的艺术"的三层含义：第一，"对人的统治本质上是一种精神行为，或本质上是一种与教会的权威、与《圣经》的圣训联系在一起的宗教实践"；第二，"不想被那样统治也意味着不想接受这些法律，因为它们是不公正的，因为它们凭借年代久远或今日当权者赋予它们的多少具有威慑力的支配力量，隐藏着一种根本的不合法性"；第三，"'不想被统治'不会承认权威告诉你们是真的东西就是真的，或至少，不会因为权威告诉你们它是真的就承认它，而是相反，只在自己认为这样做的理由是充分的时候才会承认它"。① 因此，所谓"批评"，就是参与对话的主体对权力的质疑，是对自身角色、对话形态等的反抗和反思，是对主体屈从态度的解除。"批评"就是"不被统治的艺术"。

而主体对权力的质疑，对自身角色地位或者自身屈从态度的反思和挣扎，都是通过话语互动来进行的，或者说，正是话语本身使得主体实现了批评的功能，话语也是主体施展自身批评权力的空间。话语，使得主体与权力得到结合和实施。

与此同时，话语的展开也是主体实施话语批评的过程，需要从话语与社会、

---

① 米歇尔·福柯.福柯读本[M].北京：北京大学出版社，2010：137-138.

话语与主体、话语与意义等维度进行研究。这个时候,一批与语用学密切相关的学者开展了对自身话语批评的应用研究。他们强调从社会学的视角来研究话语的应用,研究在互动过程中话语社会意义的产生。这批学者主要包括范·戴克、诺曼·菲尔克拉夫、罗纳德·哈勒特等人,他们不把语言看作是由规则组成的系统,而是将语言当作意义的一个来源,与语言应用的环境相联系。他们强调的是语言与社会的联系。他们认为人们之间的互动交往,就是一种语言交往,或者说是话语互动。而互动意义的产生,或者说要理解这种互动意义,从根本上来说需要结合参与互动的个体自身的语境,正是语境的介入催生了互动的意义。

这里笔者所做的研究主要借助范·戴克的批评性话语分析框架,他的分析方法实际上包括三个层面:语义学与话语结构、社会表征与意识形态,以及社会结构或社会关系。

在第一个层面上:语义学主要研究句子和句子配对的语义结构,以及句子序列和整个文本中的话题或主题,从而研究话语群体所普遍认同的社会语义,而语义的揭示有赖于对文本与语境关系的分析;同时,话语结构主要关注前面语词和句子序列之间的一致性关系、故事的叙述结构与话语群体集体记忆间的关联。语义学关注比较多的是微观的词语结构,而话语结构的关注点则更侧重话语的图式结构。

在第二个层面上,社会表征与意识形态都属于社会认知的范畴。范·戴克把社会认知理解为"具体心理结构和过程之间的相互影响"[①],具体包括基本认识维度与社会评价过程。前者包括群体成员或文化成员所共享的关于社会现象的认知表征,以及支配解释、推论、比较等语言活动过程的策略,希望人们成为某个群体或某种文化成员所必须知道或者信奉的所有内容,例如具体的规则、要求等。后者是关于社会事件、情境和结构的、以群体为基础的共享观念,例如爱的观念、集体的观念、信仰的观念、家庭的观念等。也许这些观点以及相关的行动目标只是个人的,但是也与群体观念密切相关。社会群体共享的主要是社会知识、态度、规范、价值以及意识形态。它们存在于群体成员的内心深处,以群体性的社会记忆或者群体性的知识和信念图式的形式存在,例如群体偏见或者刻板印象、群体态度等。这些集体记忆的心理表征也可以通过与语境之间的互动,通过一般化、抽象化的方式来获取。

---

① 范·戴克.精英话语与种族歧视[M].北京:中国人民大学出版社,2011:32.

第三个层面是社会结构或社会关系的维度。范·戴克认为,这个层面的作用首先在于社会认知,因为社会认知是被一个群体或文化体的成员共享的,而且是在社会情境以及更为广阔的社会结构背景中被习得、使用和改变的。在社会结构与社会关系中,权利关系往往是不同的社会背景或者不同的社会结构中的核心问题之一。例如,对某一类事件决策权的分配与实施,使得不同机构具有不同的上下级关系,或者合法与非法的关系。社会结构与社会关系的揭示与作用,也往往与话语策略密切相关。一个来自高级机构的工作人员,在面对下属机构人员时,经常会运用命令、要求的话语策略,他们也扮演决策者的角色。这些角色与话语策略同时也提供了一系列等级制方面的社会知识与社会规范。

如果要简化范·戴克的话语分析框架,那就要通过分析互动对话中的话题、主题、句子、词语等语篇性元素,来揭示话语结构中的意义关系,尤其是其中的社会主体与社会关系、权力运作、社会共识以及话语策略等。笔者后面关于弱势群体的话语抗争的研究,主要侧重对话中的主题、话题、自我归类以及话语策略等方面。

因此,不管是从"话语—权力"还是从"话语—语境"的视角出发来研究话语互动,都属批评性话语,其中有几条核心原则或者观点:

第一,批评性话语关注分析社会问题,它以社会的、文化的实践和结构为出发点来研究话语和话语关系;

第二,话语是社会权利关系生成和再现的场所,同时话语结构展现、加强、再生社会中的权力和支配关系,使其合理化或对其进行质疑;

第三,话语构成社会和文化,话语是社会和文化再现和变化的场所;

第四,话语是历史的,它应被置于语境中加以考察;

第五,文本与社会的关系是经由中介产生的,话语和社会结构之间的关系是辩证的——话语构造社会结构,也被社会所构造;

第六,批评性话语分析对话语结构不仅仅是描述性的,它更是解释性的。它试图根据社会互动的特征,尤其是根据社会结构特征对话语结构进行解释,也对权利关系进行揭示。

三、网络民族志的研究方法

本研究更多地采用一种网络民族志的方法来收集和整理研究资料。网络民族志这种研究方法针对的主要是互联网空间，与传统的田野式民族志研究方法不同，因此有时也被称为虚拟民族志。罗伯特·V.库兹奈特定义它为"一种专门的民族志方法，应用于当前以计算机为中介的社会世界中可能发生的一切事情"①。他坚持网络民族志是一种有别于传统现实民族志的研究方法。

不过对于主张融合的学者而言，这样的分类方法并不恰当。罗纳德·哈勒特和克里斯汀·鲍勃(Kristen Barber)批评了两种民族志学者割裂的现象：一方面，"21世纪中的传统民族志研究者经常忽视网络空间的重要性，而网络空间也是活生生的生活实践，因而他们也就错过了更多的资料，这些材料能够帮助他们更加充分理解他们正在研究的对象和人口"；"另一方面，网络民族志的学者们在设计研究的时候，则经常只研究对象的线上生活，例如检查分析博客、聊天室和另外的在线互动"②。所以，这两位学者主张把线下和线上的民族志研究结合起来，在研究一群人的自然习惯时，需要很自然地研究他们的线上习惯和线下习惯。

笔者也认为，人扮演的角色不管如何不同，都是一个人的有机部分，因此要想完整地理解研究对象的生活和工作，更好地结合民族志的线上和线下研究是最好的选择，而不是将其截然割裂。孙信茹也认为，"网络民族志，究其根本还是民族志"，但是"网络空间，实则也是一个新的文化场域，其存在势必让我们的研究产生许多新的甚至根本性的变化"③。她认为，我们既要认识到共同的地方，也要意识到存在不同的特点，在具体应用的时候能够因地制宜最好。

根据这些研究成果，笔者以网络空间为主要研究场域，确立了一些网络民族志研究方法的基本原则。

1.在角色扮演方面，笔者更多地扮演观察者的角色，但是适当的时候也会扮演参与者的角色，或者说是以"潜水"为主、以"主动参与"和"反串角色"为辅。在参与程度上，研究者更多地采取"浸染"④的方法，所谓"浸染"，就是深度观察和参与的意思。

---

①　罗伯特·V.库兹奈特.如何研究网络人群和社区：网络民族志方法实践指导[M].重庆：重庆大学出版社，2016：02.

②　Ronald Hallett，Kristen Barber. Ethnographic Research in a Cyber Era[J]. *Journal of Contemporary Ehnography*，2014，43(03)：306-330.

③　孙信茹.线上线下：网络民族志的方法、实践及叙述[J].新闻与传播研究，2017(11)：34-43.

④　杨国斌.连线力：中国网民在行动[M].桂林：广西师范大学出版社，2013：21.

2.在采取的方法方面：首先，最为重要的当然是观察法，深度观察阅读微信消息、微博、博客、论坛，以及一些传统媒体和政府部门官方网站上的各种对话、文件、帖子；其次就是传统的调查和访谈，在对城市出租车司机群体、环境污染区周边居民、癌症患者家属群的研究中，都采用了问卷调查和个人访谈的方法；最后是文件资料的搜集整理，更多地在各官方网站、图书馆资料库、政府机关部门等地方进行搜集。

3.在研究范围的选择上，传统民族志更多地选择特定的村庄、社区等，这一特定区域因为相对封闭单一，展现的地理风貌、文化特色、社区结构等特色也相对单一，故而比较稳定。但是网络空间则不同，孙信茹说，与传统的物理空间相比，网络空间具有显著的多样性和异质性特点，它们"具有重构和生成性，其本身就如一个开放的场域，不同的群体和文化形态在其中可以展开复杂的互动；空间可以不断叠加和交织，使得新的社会形态之形塑成为可能；空间的疆域被打破但同时又可能被重塑，从这个角度看，网络空间既是流动性的空间，同时又催生或塑造新的流动方式……"[①]在该研究中，我们重点选择了微信群、QQ群、论坛、博客等网络空间，即便对一个群体，我们也会选择多个网络空间。唯有如此，才能相对完整地揭示研究对象的多样性。

在对待研究材料方面，笔者特别关注文本与语境之间的社会文化关系，同时特别注意采用多重资料收集法，强调线上线下两个世界的日趋交融，以便分析比较这些资料彰显的社会意义。

四、本课题研究的基本内容

对于各章内容的安排以及相互之间的逻辑关系，笔者在这里也做一下必要交代。

导言主要交代了：对"弱势群体"的研究，有别于传统社会学的外部研究。笔者从话语批评视角揭示出"弱势群体"也是一个话语建构问题，同时阐述了话语批评的理论视野，以及网络民族志的研究方法等。

第一部分着重分析了弱势群体研究的批评性话语理论视角，以及弱势群体与社会怨恨情绪之间的关联，尤其揭示了弱势群体在多元话语视角下的话语权

---

① 孙信茹.线上线下：网络民族志的方法、实践及叙述[J].新闻与传播研究,2017(11):34-43.

缺失的问题及被支配的特性。在第一章中，笔者着重探讨了弱势群体以及他们网络表达的两大动力——群体性怨恨情绪是内在动力，而新媒体的赋权则可以被看作外在动力——也从"媒介正义"的视角进一步回顾了新媒体语境下弱势群体话语表达的以往研究，提出了下一步研究的打算。

第二部分着重分析了三个弱势群体的话语互动和问题意识。第二章的研究对象是癌症患者家属群体。根据医学调查和研究方面的普遍共识，癌症作为一种老年病，其患者大部分是老年人。但是对于中国的癌症患者家属而言，他们深受传统命运文化的影响，心理的弱势使他们滋生一种无法与命运抗争的怨恨感，属于最原始、最普遍的怨恨群体。第三章的研究对象是城市出租车司机群体，不管是调查、访谈还是文本分析，都显示出他们是经济上的弱势群体这一真相，他们的怨恨情绪更多地来自个体和家庭的生存抗争，这种怨恨情绪是社会怨恨情绪的最低阶段。第四章的研究对象是环境污染风险区（一些学者也称之为环境邻避区）周边居民群体。他们所居住的地区，既靠近城市垃圾填埋场、发电厂项目所在地，也靠近化工厂所在地，更有相关环境项目规划目的地，但都是环境污染风险区。这些居民进行环保抗争的初衷是维护优质的生存环境，采取的抗争手段不仅包括传统的聚会、抗议、设置路障等半暴力形式，也包括信访、打官司、网络投诉等现代文明手段，话语互动不仅建构了生存性意识，而且构建了公众参与缺失状态下的社会正义意识，他们的怨恨情绪是深层次的社会怨恨情绪。选择这三类群体的根本理由包括：首先，他们面临的问题反映了目前中国现代化和城市化发展过程中具有代表性意义的社会现象；其次，围绕这三类弱势群体，笔者以"命运—生存—公众参与"为逻辑，分别建构了命运意识、生存意识和公众参与意识，不管从弱势群体的社会分层，还是从怨恨情绪的发展变化上区分，这三个弱势群体都具有社会学意义上的代表性。

第三部分重点研究了弱势群体由话语互动所建构的四类话语形态：支配性话语、日常道德性话语、治疗性话语，以及情绪性话语。弱势群体话语抗争中的被支配地位，表现为话语运用和话语转换上的劣势。提升弱势群体的话语权和公众参与权的关键是建构公众参与的持续性协商对话机制，笔者的研究以环境治理过程中出现的浙江省"嘉兴模式"为案例，讨论了多方利益主体之间的协商对话机制的建构，进一步从"社会正义"的理论视角——参与主体的身份承认正义、分配正义、参与正义和能力正义四个方面，提出了针对弱势群体的四个重要保障，也提出了制度化、常态化、差异化的下一步目标。

第一部分

弱势群体的概念及其成因

第一章 弱势群体、群体性怨恨情绪及新媒体赋权

 本章提纲

- ■ "弱势群体"作为社会学的研究对象,传统上侧重采用静态的、固化的视角对其进行研究,强调其由"资源分配的不公""能力的丧失或被剥夺"导致的社会弱势。随着社会的多元化发展和研究的多学科化,这种研究也暴露出了自身不可避免的缺陷——对弱势群体自身行为及其社会意识建构的忽视。

- ■ "弱势群体"作为话语建构的符号有多重含义:既有来自政府部门的支配性话语,以及由此建构起来"被扶持对象"的含义;也有来自弱势群体自身的民生表达以及媒体话语所建构起来弱势群体的"选择性"属性;从批评性话语视角分析,弱势群体是强势群体支配性话语建构的结果,是指甘于接受政治和经济领域,以及话语表达上被支配地位的特定群体。

- ■ 社会怨恨情绪,不仅是一种群体性社会现象,还是一种推动社会发展的文化基因,已经深深地植根在人们的行为习惯、道德观念,以及众多文化艺术样式中。

- ■ 弱势群体属于社会领域中的被支配群体,他们在内心深处普遍存在深深的被剥夺感,也滋生了建立于差异性、不平等之上的社会怨恨情绪。社会怨恨情绪是推动弱势群体进行自我表达的内在推动力,而以自媒体为代表的新媒体恰恰为这种自我表达和网络集群行为提供了公共空间,起到了促进作用。

作为一种社会现象,弱势群体自古就有,他们中既有经济上的困难者,也有社会地位上的卑贱者。作为一个研究对象,有了社会学、政治学之后,"弱势群体"逐渐进入各类研究者的视野之中,对弱势群体的研究甚至成为各学科研究的显学。笔者研究的重点是弱势群体的网络表达。本章希望从话语表达与批评的视角来阐述"弱势群体"的概念内涵、社会怨恨情绪的基本内涵以及两者之间的关系。

一、弱势群体:从生理性、社会性到信息获取及话语权

(一)从生理性、社会性到信息方面的弱势

1. 生理性缺陷和结构性差异导致的社会性弱势

具备生理缺陷的弱势群体,其概念内涵是极为清晰的,就是指那些因为生理性原因而丧失劳动能力,以至于在社会竞争中处于弱势地位和容易受到伤害的人群。学者们[①]普遍认为生理性弱势群体主要由残疾人、退休人员、精神病患者及体弱多病者构成,生理缺陷或身体衰老使他们在社会竞争中处于不利地位。

由结构性差异导致的弱势群体,主要由贫困者和失业、半失业者构成。导致他们成为弱势群体的原因多种多样,可能是恶劣的地理环境,也可能是受到产业结构调整、企业经营机制转换等经济因素影响,还有可能因为其自身素质低、工作能力差。其深层原因是在社会结构转型的过程中,计划经济体制与市场经济体制之间的摩擦和不协调,从而导致他们社会地位降低,日益边缘化。社会性弱势群体的弱势,往往体现为现实生活上的不利状况,市场竞争中的弱势地位,以及社会和政治层面的边缘地位。

社会学上,学者们普遍认为是"资源分配的不公"与"能力的丧失或被剥夺"这两个决定性因素导致不充分的社会权利、物质匮乏、有限的社会参与和缺乏规

---

① 朱力.脆弱群体与社会支持[J].江苏社会科学,1995(06):130-134;冯招容.弱势群体的制度因素分析[J].当代经济研究,2002(07):38-41.

范整合等社会后果①,从而导致社会性弱势群体产生,也使之成为社会和政府救助的对象。

2.信息资源获取和使用不足导致的信息弱势

随着信息时代的到来,当代社会又出现了一群信息获取上的困难户,他们也被称为"信息弱势群体"。一般而言,影响信息获取的因素是多方面的,谢丽娜将影响政务社交媒体用户信息获取的因素分为技术、组织、环境、任务和个人,具体涉及三个方面:最基本的是设备差异,主要涉及计算机和网络的普及率;信息获取方面的技术与方法,例如搜索技术、对网络资源的利用等;网络内容的获取需要。由于受到诸多个人和社会因素的影响,部分人无法获取有效信息,从而沦落为信息资源获取方面的弱势群体。

张俊玲认为,信息弱势群体是指在信息社会发展中,由于受到人类经济、技术、社会地位等自身主客观条件限制和能力的局限而无法及时获取、理解和有效利用信息,被排斥在现代信息源,特别是网络资源以外,日益相对落后、边缘化的那部分人群②。

崇敬认为,信息弱势群体是指在使用信息设备、利用信息资源、享受信息服务等方面处于劣势,难以靠自身表达、查找、获取、占有所需信息的群体③。

信息获取和使用的弱势,与传统的生理性社会性的弱势是否存在关联?大部分学者还是认为,信息弱势群体是由传统社会的弱势群体衍生而来的,例如农民工、残疾人和下岗职工等④,同时还包括在信息社会中那些不懂计算机知识和技能、不能平等地获取信息的群体⑤。

---

① 李航.我国转型期弱势群体社会风险管理探析[M].成都:西南财经大学出版社,2007:56-75;袁爱清,邵培仁.防御性的胜利:弱势群体话语权实现的内在路径[J].现代传播,2012(08):60-64;毛浩然.弱势群体话语反操控策略研究:以《自然》致歉叶诗文事件为例[J].福建师范大学学报,2014(03):103-112.

② 张俊玲.面向"信息弱势群体"的公共图书馆人文关怀[J].图书馆,2007(06):68-69.

③ 崇敬.论"信息弱势群体"内涵的变迁所带来的信息咨询服务的变革[J].图书与情报,2003(05):36-38.

④ 肖永英,何兰满.我国公共图书馆弱势群体信息服务文献综述(2001—2010)[J].图书馆论坛,2011(05):01-05.

⑤ 崇敬.论"信息弱势群体"内涵的变迁所带来的信息咨询服务的变革[J].图书与情报,2003(05):36-38.

(二)话语权方面的被支配地位与话语表达上的弱势

以往的研究更多地把弱势群体看作一种社会现象,关注他们在资源占有方面的弱势以及形成的社会原因。如果从话语批评和行为主义的视角来审视,我们对他们自身的社会行为,尤其是话语表达和公共事务参与方面是缺乏关注的。从这个角度来看,弱势群体作为社会行为者,其弱势地位还表现为社会公共场合、大众传播媒介以及政府行政决策等方面参与权、话语权的弱势甚至缺位。下面笔者将从政府文件、大众媒介或新媒体等几个方面来阐释弱势群体的被支配性地位以及他们在话语表达上的弱势与异质性。

1."弱势群体"作为一种政府主导的政策性话语

作为一种政治话语,"弱势群体"最早出现在 2002 年 3 月朱镕基总理在九届全国人大五次会议上所做的《政府工作报告》中。《政府工作报告》提到"对弱势群体给予特殊的就业援助"[①],从而使"弱势群体"成为一个政府概念。笔者搜索中国政府网,一共获取了 7 个有关"弱势群体"[②]的政府文件(见表 1-1)。

表 1-1　中国政府网中有关"**弱势群体**"的政府文件

序号	"弱势群体"来源文件	主题词	有关"弱势群体"的相关描述
1	国务院办公厅印发关于做好国务院 2005 年立法工作的几点意见和国务院 2005 年立法工作计划的通知(国办发〔2005〕3 号)	合法权益	加大对社会弱势群体的关心、关注和扶持。
2	国务院办公厅关于印发国家综合减灾"十一五"规划的通知(国办发〔2007〕55 号)	预防和减少自然灾害	加强城乡社区居民家庭防灾减灾准备,建立应急状态下社区弱势群体保护机制。

---

① 朱镕基. 政府工作报告[R/OL]. (2002-03-16)[2021-01-28]. http://news. sohu. com/17/51/news148175117. shtml.

② 笔者于 2019 年 4 月 15 日上午 10 点,以"弱势群体"为关键词,搜索了中国政府网的"政府文件"选项,共获得文件 7 个,具体见正文表格。

序号	"弱势群体"来源文件	主题词	有关"弱势群体"的相关描述
3	国务院关于印发国家基本公共服务体系"十二五"规划的通知（国发〔2012〕29号）	公共服务体系建设	教育、就业、医疗、保险、住房、公共文化、残疾人等方面的援助。
4	国务院办公厅关于印发国家卫星导航产业中长期发展规划的通知（国办发〔2013〕97号）	卫星导航的大众服务	重点推动卫星导航功能成为车载导航和智能手机终端的标准配置，促进其在社会服务、旅游出行、弱势群体关爱、智慧城市等方面的多元化应用。
5	国务院办公厅关于金融服务"三农"发展的若干意见（国办发〔2014〕17号）	金融服务	加大金融扶贫力度……切实改进对农民工、农村妇女、少数民族等弱势群体的金融服务。
6	国务院办公厅关于加快发展生活性服务业促进消费结构升级的指导意见（国办发〔2015〕85号）	生活性服务业	提升面向基层和普通百姓的法律服务能力，加强对弱势群体的法律服务，加大对老年人、妇女和儿童等法律援助和服务的支持力度。
7	国务院关于印发"十三五"市场监管规划的通知（国发〔2017〕6号）	健全消费维权机制	发挥消费者协会专家委员会、消费者协会律师团和消费维权志愿者的作用，为消费者提供专业化消费咨询服务，加大法律援助力度，维护弱势群体利益。

这7个涉及"弱势群体"的国务院文件，从内容主题上看，它们分别涉及合法权益、金融服务、生活性服务、预防和减少自然灾害、健全消费维权机制和公共服务体系建设等7个不同主题。从行政管理角度看，这7个文件毫无例外地站在政府的立场上，认为农民工、农村妇女、少数民族、老年人、儿童、残疾人、受灾群众等群体，由于生理性或者社会资源占用方面的劣势，成为社会竞争力方面的弱势群体，因而为了社会的公正与稳定，需要给予他们法律、公共服务、就业、信息接收等方面的一系列救助，以此体现政府的关爱。从话语批评或社会批评的视角来看，出台这些政策的政府站在了支配性立场上，拥有绝对主导性的话语权与

公共事务决策权,把弱势群体看成一种社会救助的被支配性对象。在这些文件中,笔者看不出弱势群体本身的社会行为和自身诉求,也看不出他们用以表达自身诉求的公共平台。这些文件既没有分析他们的社会成因,也缺少对他们自身诉求以及社会话语权方面应有的重视与关照。他们在经济地位、社会地位、政治权益、信息获取、自我保护等诸多领域的被支配性地位,也导致了他们自身话语表达上的被支配性,他们因而成为"沉默的一群"①②。

2."弱势群体"作为被支配性群体的一种权力话语

"弱势群体"的概念不仅是一种政府主导支配的政策话语,也是弱势群体自身的被支配性话语。他们作为在经济、政治和社会上的被支配群体,甘愿接受被支配的地位与意义。在大众传媒时代,弱势群体同时缺乏机会来表达自我立场和观点;但是在社交媒体时代,因为自媒体大量普及,使用自媒体的技术和经济壁垒被打破,弱势群体的自我表达成为一种可能。笔者进一步以中国政府网中有关"弱势群体"的 6 条互动留言为分析对象(见表 1-2),进一步来分析弱势群体的话语表达特点。③

表 1-2　中国政府网中有关"弱势群体"的 6 条留言

序号	留言标题	涉及主题	留言相关内容
1	始终拿不到房产证,望有政策制约开发商(2019 年 3 月 23 日)	房产证办理	不忘初心:普通老百姓都是弱势群体,怎么可能斗得过开发商这个强势群体呢! 希望国家出台一些政策来制约不良开发商。
2	导盲犬常被拒绝,视障人士盼出行便利(2019 年 3 月 27 日)	导盲犬被拒绝	不考上重点高中不放弃:我国有很多视障人士,他们是社会中的弱势群体。我希望铁路公司、公共汽车公司、广大人民接受导盲犬出入公共场合。

① Suzanne Brunsting, Ton Postmes. Social Movement Participation in the Digital Age: Predicting Offline and Online Collective Action[J]. *Small Group Research*, 2002, 33(05):525-554.

② Ananda Mitra. Voices of the Marginalized on the Internet: Examples From a Website for Women of South Asia[J]. *Journal of Communication*, 2004, 54(03):492-510.

③ 笔者于 2019 年 4 月 15 日下午 3 点,以"弱势群体"为关键词,将时间设定为 2017 年 1 月—2019 年 4 月,搜索了中国政府网中的"互动"选项,共获得留言 6 条。

续表

序号	留言标题	涉及主题	留言相关内容
3	关于进一步规范医院护工管理的建议(2018年9月4日)	医院护工	张生:病人和老人是社会的弱势群体,他们是离死亡最近的人,在病重和临死之前希望能得到应有的护理和关怀。要做到这一点,除了病人的家属,更要靠有专业护理知识的护工。因此,建议相关部门要把护工纳入医院的培训和管理,全面提高护工的服务质量。
4	成人人工耳蜗动辄几十万元,希望加大补助(2017年12月30日)	成人人工耳蜗	一生心事:希望增加对成年聋人人工耳蜗的补助和救助项目,或在基本医疗保险和大病医疗互助补充保险中报销部分费用。这是我们广大成年聋人的心声,希望国家能更多地关怀弱势群体。
5	办失业险时若能打通医保信息就更方便了(2017年9月5日)	医保信息与失业保险系统相连	佳人:失业保险面对的一般是社会上的弱势群体,如无稳定工作的零星打工族。希望简化失业金办理手续,使医保系统可与失业保险系统相关联,在失业系统里能查新农合(新型农村合作医疗)、城镇居民医疗保险缴费情况。让更多老百姓都能享受到这一惠民政策。
6	非职务发明者专利费用能否先免后补?(2017年9月23日)	非职务发明者专利费用	黄河赤子:建议国家暂免非职务发明人的专利费用,协助转让后再进行补缴。创新应当以发明成果的品级、品质、效益来论英雄,不必计较是科班还是草台班。政府应当根据其实际能力和贡献,比照相当业绩的职务发明人的待遇,给这些自学成才、自主选题、自发自费、占人口总数很少的弱势群体以相应的创新津贴。

对被支配的弱势群体话语而言,笔者关心的是谁在说,说了什么,以及有什么寓意共三方面内容。从主题内容而言,这 6 条留言关注的核心都是百姓生活和社会保障等民生话题,具体涉及房产证、导盲犬、医疗服务和科技创新,其中医疗方面的一共有 3 条,占所有留言的一半。就话语主体而言,留言者全部用了昵称,体现了一种非正式语言的特性,但是也看得出来,他们的身份具有一致性,即拿不到房产证的普通百姓、视障人士代言人、病人家属、成年聋人、无稳定工作的零星打工族、自学成才的人等。但是,这些留言者无一例外地把自身诉求的实现寄托在政府部门身上,显然已经心甘情愿地接受了被支配的身份地位,也表现了他们在经济和政治地位,以及与支配性群体协商互动能力方面的弱势。在互动渠道中,不管是房地产开发商不按时办理房产证,还是导盲犬被拒绝进入医院等公共场合,医院护工不专业,耳聋者无法承担成人人工耳蜗的费用等,这些问题都无法通过正式渠道得以表达和传递,也暴露出了他们本身沟通能力以及互动平台的缺乏。因而,弱势群体作为被支配性群体,不仅已经默认被支配性身份,还缺乏足够的表达自我的公共沟通能力和机会。

3.“弱势群体”作为一种媒介话语策略

“弱势群体”作为一种话语策略,在信息时代,媒介话语扮演了极为重要的角色,很大程度上引导着社会舆论的发展趋势,也诠释了“弱势群体”的意识形态关系。

刘朝霞和林俊杰两位学者选择了《京华时报》《新民晚报》《羊城晚报》3 家报纸作为目标媒体,研究了大众媒体眼中的弱势群体形象问题[①]。这 3 份报纸分别处于中国三个一线城市北京、上海和广州,是中国经济、社会综合发展水平最高的三个城市,也是环渤海、长三角、珠三角这三个中国经济最发达地区的中心城市。它们代表了目前国内发展的最前沿。他们通过文献研究,把“弱势群体”分为精神病患者、灾难中的救助者、下岗失业者、老年人、儿童、农民工、贫困者、残疾人、严重病患几种,同时分别分析了新闻报道体裁(如深度报道、评论、图片、通讯、消息、专家访谈等)、报道变化趋势和语义倾向性等主题。通过对 3 份报纸一共 672 报道进行分析,他们发现排在前 3 位的议题内

---

① 刘朝霞,林俊杰.弱势群体媒体形象建构研究:以《京华时报》《新民晚报》《羊城晚报》为例[M]//董天策.中外媒介批评(第一辑).广州:暨南大学出版社,2008:256-267.

容分别是农民工、老年人、儿童,这 3 类报道在报道总量中的占比基本都在 15％以上。而排在后面的精神病患者、灾难中的救助者、下岗失业者、严重病患基本上只占 1％及以下,其中精神病患者和下岗失业者是报道最少的。在 3 份报纸共 672 篇有关弱势群体议题的报道中,两者的报道篇幅分别为 4 篇和 11 篇,仅占报道总数的 0.6％和 1.6％,这反映出目前大众媒体对于这两类人群关注度较低。

这个研究表明,媒介在报道弱势群体时,是带有媒介框架的。这种框架属性集中体现为以下几点。

(1)媒介的意识形态性影响了自身在报道对象上的选择倾向。我们发现,这三份报纸都是都市报,自然会把北京、上海和广州三座城市的新闻作为自身的主要报道对象。而且三份报纸的目标读者群是城市居民,市民趣味也是报道的主题。"农民工"群体虽然不属于城市居民,但是与城市居民的日常生活息息相关,是城市中的一个特殊群体。从这三份报纸对农民工的报道来看,它们很好地体现了自身的意识形态属性。首先,地方报纸很好地迎合了地方市民的社会心态。农民工群体的文化程度普遍低于城市居民,做的往往是社会中苦、累、脏的工作。他们往往受到社会的排挤和歧视,城市居民经常把城市市容的乱脏差,以及偶尔出现的治安问题归罪于农民工,这显示出了城市居民对农民工的刻板印象。这种"刻板印象"一方面来自城市居民,另一方面又通过报道主题和报道视角的倾向性选择,形成特定的报道方式。其次,这三份报纸同时严格遵循着党和政府的舆论引导路线。我国政府近几年来十分关心以农民工为代表的弱势群体,也出台了一系列的相关政策来提升对弱势群体的扶持力度。2003 年 1 月 5 日,国务院办公厅明确提出取消对农民进城务工就业的不合理限制,改善农民工生活条件,切实解决拖欠和克扣农民工工资问题,多渠道安排农民工子女就学等一系列关注、支持农民工的政策①。政府对于农民工问题的高度关注引导大众媒体农民工报道数量的提升,提升了整个社会对农民工的关注度以及报道的态度倾向。

(2)媒体自身社会监视者的角色塑造了自身的社会责任感。以上报纸作为重要的纸质媒介,自然无法逃离媒介自身监视社会的社会责任。近年来,一方面

---

① 国务院办公厅.国务院办公厅关于做好农民进城务工就业管理和服务工作的通知[EB/OL].(2003-01-05)[2021-01-28]. http://www.gov.cn/zwgk/2005-08/12/content_21839.htm.

政府大力呼吁社会各界关注、关心以农民工为代表的弱势群体,另一方面媒介自身在报道农民工时给予了同情,呼吁社会公众关心支持利益受损人群。对农民工的报道,刻板印象在减轻,更多地显示出了媒体作为"公共传递者"的社会责任感。北京、上海、广州三地的农民工数量较多也是农民工受到关注的原因之一。特别在珠三角地区,由于农民工工资增长水平长期停滞、劳动条件差、权益受侵害和社会地位低下等问题,外来农民工数量减少,企业用工短缺,出现了"民工荒"问题,引起了社会舆论的极大关注。

因此,"弱势群体"作为一种媒介话语,无论是对报道对象、报道内容、报道方式等方面的选择,还是对"弱势群体"意义的阐释,都显著体现了媒介议程和媒介策略的特色,是媒介建构下的镜像。

二、群体性怨恨情绪:弱势群体自我表达的内在动因

群体性怨恨情绪作为一种社会心理现象,普遍存在于弱势群体的内心深处,同时又推动着弱势群体的现实社会活动,以及网络意见表达行为,尤其是他们对群体性事件的参与。

(一)怨恨情绪的运行逻辑

在西方现代思想史上,弗里德里希·尼采使"怨恨"一词成为一个专业术语,而目前国内外对群体性怨恨情绪进行研究,一般都会把马克斯·舍勒的思想作为理论基础。他站在伦理学的立场上系统分析了怨恨的心理结构,同时又剖析了社会怨恨情绪的伦理功用,肯定了其推动社会变革的积极作用。正是因为具有强烈的实践价值,他的理论常常被其他学者借用到群体性事件、群体冲突、舆情舆论等众多领域的研究之中。

马克斯·舍勒认为怨恨是一种情感"体验单位"。在《道德建构中的怨恨》一文中,舍勒从现象学的角度描述了怨恨:"怨恨是一种有明确的前因后果的心灵自我毒害。这种自我毒害有一种持久的心态,它是因强抑某种情感波动和情绪激动,使其不得发泄而产生的情态。"[①]舍勒的表述包括以下几层含义。第一,怨

---

① 马克斯·舍勒.舍勒选集(上)[M].上海:上海三联书店,1999:401.

恨开始于一种情感波动,主要包括报复感和报复冲动、仇恨、恶意、羡慕、嫉妒、阴毒等。"怨恨产生的条件只在于:这些情绪既在内心猛烈翻腾,又感到无法发泄出来,只好'咬牙强行隐忍'——这或是由于体力虚弱和精神懦弱,或是出于自己害怕和畏惧自己的情绪所针对的对象。"①第二,怨恨产生的土壤主要限于仆人、被统治者、尊严被冒犯而无力自卫的人。在一种人人都有权利与别人相比,然而事实上又不能相比的社会中常常聚集起强烈的怨恨。第三,怨恨具有伪造价值图表的能力。舍勒认为,"能够基于怨恨的伦理价值判断从来就不是真实的,而是虚假的、基于价值假象的价值判断,以及与之相应的行动意向和生活意向"②。

下面我们将进一步分析其怨恨思想的一些逻辑特征。

1.比较性差异是群体性怨恨情绪的逻辑起点

怨恨情绪不是一种简单的个体情绪,而是一种充满敌意的情绪体验,它产生于对他人做出的情绪性反应的反复回味和咀嚼之中,它具有明确的敌对对象。也就是说,怨恨这种情感是以对他人情态的先行理解为基础的,从一开始就与外在于主体的他人和外部环境紧密相连,他人的行为或外部环境的刺激是怨恨情绪产生的现实源头,而内在源头则是一种差异化比较。

舍勒认为,怨恨情绪来自差距,尤其是相对政治权力与经济资产的拥有者,自身在身份与既定的社会评价上存在实际差距。另外,随着社会历史文化发展而出现的社会平等的文化制度加深了这种差距带来的心理感受。这两大要素导致了怨恨情绪的积聚,因为"怨恨的根源都与一种特殊的、把自身与别人进行价值攀比的方式有关"③。换句话说,社会变迁产生的差异与平等价值观的出现促进了生存比较,从而导致了怨恨的积聚。

2.被剥夺感和无能感是群体性怨恨情绪的心理动因

面对急剧变化的社会,生活在社会底层的群体在竞争中更容易处于不利的位置。面对就业、生活等多方面劣势状态,有的人会选择推卸责任的策略。人们一般倾向将失败和不好的事件归因于外部环境与他人,尤其是敌对对象,但是却将成功和好的事件归因于他们自己的努力与天赋。在这种认知模式的作用下,人们会习惯性地将社会转型中的利益受损、人生挫折、对自身的社会位置和生存

---

① 马克斯·舍勒.舍勒选集(上)[M].上海:上海三联书店,1999:404.

② 马克斯·舍勒.舍勒选集(上)[M].上海:上海三联书店,1999:431.

③ 马克斯·舍勒.道德意识中的怨恨与羞感[M].北京:北京师范大学出版社,2014:17.

状态的不满以及其他一些不平等现象产生的原因归结为外部的社会情境,如强势群体的非法剥夺、官员腐败,甚至是制度设置的内在缺陷和不合理等,并由此产生了一种基于利益被剥夺基础上的被剥夺感。

与此同时,由于自身面对的比较对象无论在政治地位还是经济实力方面又远远强于自身,处于被支配地位的弱势群体有一种巨大的无能感和无力感。这种无能感和无力感可能是个体心理、生理上的,又或许是社会意义上的。目前而言,它"更多是政治体系的实际运行效能或制度化利益表达渠道的有效程度投射于社会公众的意识层面而形成的一种主观自我评价,表现为一种力图改变自身处境而又不可得、无计可施、无法可想的无力感"[①]。这种无能感和无力感,使得个体的"这些情绪既在内心猛烈翻腾,又感到无法发泄出来,只好'咬牙强行隐忍'"[②]。这是怨恨产生必不可少的中介。隐忍的时间长短成为无能感体验和怨恨形成的重要因素。隐忍的时间越长,无能感体验越深刻,怨恨的强度和持久性越强。

3.怨恨的伦理价值

根据舍勒的看法,怨恨作为一种社会性情绪,对于理解个人和历史的伦理价值判断及其整个体系方面,具有积极的作用。但尼采对此持不同观点,尼采把怨恨看成是基督教的一种内在精神,认为正是这种精神的存在,才推动了西方资本主义的发展。舍勒却毫不留情地批评了这种看法,他说:"尼采把'基督教的爱理念'称为最精巧的'怨恨之花',就是说,在基督教的爱之中,怨恨在意识上为自己辩白,这种怨恨聚集于受压迫而渴望报复的民族(只要该民族在政治上和社会上是独立的,其上帝也便是'复仇之神')之中。"[③]舍勒认为"尼采的这一断言似是而非……我之所以如此强烈地强调这一点,恰恰是因为这一断语从根本上讲完全错了"[④]。

舍勒认为,基督教的爱之根基完全与怨恨无关。基督教的爱体现的是一种神性,是伟大的爱,伟大的侍奉和伟大的自行降身尘世,这完全是一种自愿,是发自本心,是内在的。而怨恨则是一种比较性的恨,是报复感、嫉妒、阴毒催生

---

① 朱志玲,朱力.从"不公"到"怨恨":社会怨恨情绪的形成逻辑[J].社会科学战线,2014(02):172-177.

② 马克斯·舍勒.道德意识中的怨恨与羞感[M].北京:北京师范大学出版社,2014:10.

③ 马克斯·舍勒.道德意识中的怨恨与羞感[M].北京:北京师范大学出版社,2014:55.

④ 马克斯·舍勒.道德意识中的怨恨与羞感[M].北京:北京师范大学出版社,2014:55-56.

的结果。在舍勒看来,基督教的爱在现代社会中已经悄悄地没落了,取而代之的是现代市民的怨恨,这是现代市民伦理的核心。而且,在现代社会运动中,怨恨成为一股起决定性作用的强大力量,从而成为一整套伦理的决定因素以及优先法则。

那么,怨恨又是如何成为市民伦理的优先法则的呢?舍勒认为,一个人一旦出现各种强烈欲求,又感到无法顺利地将此欲求付诸行动,那么在这个时候,自己的意识中便出现一种意向:通过贬低、否定该欲求对象的正价值,甚至可能通过把所有与之相反的东西看成完满的正价值的东西,从而来消除欲求与无能之间的紧张状态。而消除这种紧张状态的途径则是:"为受制于怨恨的心灵状态赋予某物以虚幻的价值。"

4.情绪感染促成了怨恨情绪的扩散

怨恨情绪实际上是一种群体性的心理。这种心理既有强大的群众基础,而且因为建立在破坏性极强的负面情绪的基础上,所以经过长时间的累积,也会产生强烈的感染性,而这就是它的传播方式。

一方面,怨恨情绪一旦形成,就会隐忍在个体的内心深处,但是这种被压抑的情感犹如牛反刍一样,会被反复咀嚼和多次体验,怨恨情绪正是在这样不断积累中形成的持久的情绪心态。一般而言,心中充满怨恨情绪的人往往属于政治地位低下、经济收入较少的群体,他们本身所处的环境就是经常受伤害的环境,因此越是长久地浸淫在怨恨情绪中,怨恨就越深,也就越无法从怨恨情绪中解脱出来。而怨恨对象的不断扩展和转移,由个体转向社会,价值观的进一步对立,最终只会使怨恨情绪成为一种群体性的普遍情绪,这种情绪甚至并不因生存境遇的好转或怨恨对象的消失而减弱。

另一方面,怨恨情绪能够通过社会接触或社会互动在人与人间相互感染。情绪感染是人类互动的一种方式。根据符号互动论的思想,我们在人际互动的过程中,参与者 A 在对 B 做出反应之前,实际上是通过面部表情、情感、服饰打扮等语言和非语言的符号预先做出自身的判断,再根据 B 的话语行为做出反应。而参与者 B 也是如此。因此,人与人之间的互动实际上是一种体验与被体验,预判与反应的过程。也就是说,人们在互动过程中,不仅是一种理性的认知与反应过程,同时也是一种情感或情绪上的体验和模仿过程,这为怨恨情绪在个体间的传染以及在群体间的蔓延提供了生理和心理条件。同时,在群体中怨恨情绪的输出和输入在成员间交互作用下形成的"情绪循环",使这一负面情绪逐步感染群体中每一个成员,导致怨恨情绪多次得到加强,推动群体成员形成同质化的情绪状态和社会认知,最终演变为群体怨恨。

(二)社会怨恨情绪是一种群体性的社会现象

大量学者觉得怨恨情绪的产生来自社会结构因素。曼弗雷德·弗林斯认为:"从社会学的角度来看,在人们的公民权利与其实际社会地位之间存在差异时,怨恨也就容易发生了。正是这种政治等级和社会差别在人们心中埋下了反抗的火种。在财产分配相对公平的地方,政治和社会的怨恨就可能少一些。但是,如果每个人都有权利将其价值与他人做比较并发现他的社会地位比较低,于是,不满的怨恨之情便油然而生。"[1]

正是由于社会底层的社会遭遇无法得到倾诉,其不断滋生的愤怒、委屈、不满、嫉妒等情感在内心深处不断积聚起来,又无法发泄,才会在这种单向作用下逐渐演变为一种群体性的社会怨恨情绪。

(三)社会怨恨情绪作为一种文化基因

就人类内部发展而言,不同人群、个体、阶层、领域之间的争夺始终没有停止,经济实力、政治权力、社会地位之间的差异也不断加深。伴随着这种差异比较的是报复感、嫉妒感,以及在长久隐忍基础上的怨恨感。它们已经渗透在人们日常行为、思想观念,以及文学戏剧等艺术样式之中,或者说,这已经成为中国的一种文化基因。

社会怨恨情绪作为一种文化基因,首先体现在中国文学史中。王明科和柴平两位年轻学者以"新怨恨"思想[2]为理论依据,系统地分析了中国古代文学批评中的"怨恨批评"思想。季札评论《小雅》"怨而不言"。孔子在《论语》中提出了《诗》可以"兴、观、群、怨"的怨恨诗学命题。司马迁把《离骚》中的"怨愤"思想普遍化为文学生产的"发愤"说。三国两晋南北朝的刘勰和钟嵘提到了"怨"的思想。唐朝李商隐直接用了"怨刺"来评论诗歌的作用。近代梁启超把这种"怨刺"思想的作用从诗歌扩展到小说。[3] 中国古代文学中诗歌的"怨刺"功能以及诗歌

---

[1] 曼弗雷德·弗林斯.舍勒思想评述[M].北京:华夏出版社,2003:58.

[2] 王明科."新怨恨"理论与文学批评[J].湖南社会科学,2005(05):172-176.

[3] 王明科."新怨恨"理论与文学批评[J].湖南社会科学,2005(05):172-176.

创作的"发愤"思想都是"怨恨"思想。

现代文学也同样存在着普遍的怨恨情绪和心理。罗永专门研究了郁达夫前期小说作品中的家国、情爱、寒士和家庭四种怨恨类型,同时揭示了这种怨恨主人公"自我痛苦—怨恨产生—以怨恨为抗争武器—进一步的孤独甚至死亡"的行为模式。[①] 姚君伟分析了赛珍珠文学作品中几个怨恨的女性形象,发现这些怨恨者受传统三纲五常的约束,父系文化在男权社会中对女性进行压迫统治,使女性对男性产生了一种依附性,如果婚姻不够幸福,女性就只能自怨自艾,产生了巨大怨恨。[②] 也有学者认为,鲁迅作品《阿Q正传》中的阿Q是一个典型的怨恨形象代言人,在他身上集中了多种怨恨类型:同阶层共同价值不被接纳的怨恨、宗族价值的怨恨、恋爱不成的怨恨、生存权利得不到保障的怨恨和投降革命党的怨恨等。[③]

怨恨是中国文学最主要的情感体验。大多数下层劳动人民的怨恨其实就是针对不公平待遇与面临严重被剥削、被压迫境况时产生的个人怨恨[④],而中国现代文学的怨恨却是属于全民族、全社会所普遍存在的集体有意识心理——即使这种怨恨在其背后和深层仍然与个人怨恨有关——其根本原因在于,这种怨恨是近代中国被外敌入侵的历史大背景催生的现代性语境中的怨恨。

(四)对中国群体性怨恨情绪来源的基本认识

"怨恨"一旦成为一种群体性情绪,就很容易变成群体性事件的内在驱动力。因为受到支配的阶层或群体产生了强烈的情绪波动,主要包括报复、仇恨、羡慕、嫉妒、恶意等心理,却因为在现实生活中处于弱势地位而无能为力,因而只能将负面情感压抑在内心深处,不断地折磨着自己无法得到排解,最后负面情绪不断蔓延,成为一种群体性怨恨情绪。

笔者为了研究中国当前社会中群体性怨恨情绪的核心来源、表现,特别做了一个简单的调查。调查对象特点如下:男性占了60%左右,比女性略多;年龄基

① 罗永.怨恨之维:郁达夫前期小说的一种解读[D].成都:四川师范大学,2007.
② 姚君伟.男权大厦里的怨恨者与反抗者:记赛珍珠笔下的中国妇女群像[J].《当代外国文学》,1995(03):104-108.
③ 阮朝辉.怨恨的阿Q:阿Q的怨恨现象学理论解读[J].山花,2009(02):130-132.
④ 王明科.中国现代文学最基本的四大怨恨体验模式[J].廊坊师范学院学报(社会科学版),2008(12):13-17.

本上在 18～39 岁之间，尤其以 23～29 岁为最多，与现在网民的年龄结构基本一致；大学本专科学历的占了近 90％；职业上，以事业单位人员、学生和企业职工为主；他们自我评价为中下层人员。①

笔者主要研究了两个问题：对群体性怨恨情绪现实和历史来源的认识，以及影响这种认识的关键因素。

1.对群体性怨恨情绪现实和历史来源的认识

笔者根据相关研究资料，提出了群体性怨恨情绪的 7 个历史的、现实的主要来源，这一观点受到一半以上被调查者的认可。从调查来看，这种民族性的、普遍的怨恨情绪来自国内和国际两个方面，既包括现实社会的还包括民族历史的。

从国内来看，民族性怨恨情绪主要来自下列几个方面：在封建社会长期遭受的经济剥削、政治压迫或者其他不公平对待（支持者 97 人，占比约 55％）；经济地位和财富差异导致的贫富不均（支持者 84 人，占比约 46％）；政治地位不高以及由此衍生的权力不足（支持者 77 人，占比约 42％）。

由于中华民族在历史上曾经多次遭受其他国家的侵略，目前又面临复杂严峻的国际形势，因而相关的国家关系也深深地影响着我国人民的民族情绪，尤其是怨恨情绪。从调查来看，中国清朝末年以来遭遇八国联军的侵略，以及第二次世界大战期间受到日本侵略的历史，对我国人民的民族怨恨情绪起了重大影响（支持者 114 人，占 63％）。

2.影响群体性怨恨情绪来源认识的媒介因素

对民族性群体性怨恨情绪来源的认识涉及多个方面，不仅来自差异化和不平等的事实本身，也与参与主体自身的多种因素相关。在本研究中，由于我们的重点是媒介语境下弱势群体的怨恨情绪研究，因此笔者把受调查者对媒介（尤其是自媒体）的使用作为研究对象，考察网络使用与群体性怨恨情绪来源之间的关系。

（1）网络使用目的不同对群体性怨恨情绪的影响差异

从调查结果来看，使用网络目的不同的网民对群体性怨恨情绪的体验具有一定的差异。仔细比较，笔者发现差异最为明显的两组网民群体，分别是以"进

---

① 这是笔者 2014 年 5 月 29 日—2014 年 6 月 2 日通过问卷星做的一次调查，有效问卷 182 份，这些参与者全部利用匿名的网络平台倾诉或表达过怨恨情绪。

行听歌、看电视、聊天等方面的娱乐活动"为目的的网民与以"查资料、获取知识或者学习"等为目的的网民。对于前者而言,上网的目的在于放松,不想使自己增加负担;而对于后者而言,上网与工作有关,不管是查阅资料还是学习知识,都是很严肃认真的。两种不同的上网目的体现了不同的网络使用价值观,也导致对怨恨情绪来源的不同理解和认识。通过调查,笔者发现,在对"新中国成立前的不平等""外国列强对中国的欺负""贫富差异"等引起的群体性怨恨情绪的认识上,以娱乐为目的的网民和以获取知识为目的的网民之间具有很大差异,前者比后者的认同率要低得多。

(2)网络使用程度不同对群体性怨恨情绪的影响差异

从调查结果来看,网民网络使用程度越高,对网络世界的理解就越全面、越深刻,对网络信息也就越敏感,与物理空间之间的距离也越大。而卷入网络程度相对较低的网民,对网络的了解就要少一些,对新闻或新信息的敏感度相对要浅些,离物理空间的距离也近一些。

从调查结果来看,民族性的群体性怨恨情绪主要源自封建专制主义作风和等级意识,深受外族尤其是外国欺侮的历史,各种政治运动,巨大的贫富差异等多个方面,其中网民认同比例最高的是外国列强对中华民族的侵略所造成的历史性怨恨情绪。而在认识上,使用网络进行学习的人群比以娱乐为主要目的的人群更有忧国忧民、现实关切的情怀,对不平等、不公平因素引发的怨恨情绪也更为强烈。

三、新媒体赋权:弱势群体自我表达的媒介动力

从历史与现实成因来看,处于被支配地位的弱势方会在内心深处产生深深的被支配感、被剥夺感、受挫感、边缘感等情绪反应,但是又只能将其积压于内心深处,强行隐忍着,由于无法倾诉,因而往往只能自怨自艾,久而久之就形成了一种群体性的怨恨心理。

"资源分配的不公""能力的丧失或被剥夺"[1],抑或话语权缺失,致使他们在公共空间中处于被支配、被忽视,甚至被排斥的边缘地位,也导致他们缺乏在大

---

① 毛浩然.弱势群体话语反操控研究:以《自然》致歉叶诗文事件为例[J].福建师范大学学报,2014
(03):103-112.

众媒介以及公共场合的话语权,无法获得合理正当的自我表达机会,从而成为"沉默"的一群①。

如果说,传统大众媒体以及由主流大众媒体主办的新媒体平台是社会主流群体发声的主阵地,那么由草根群体主导的新媒体,尤其是以微信群、QQ群为代表的社会化媒体则是弱势群体的舆论场。新媒体(尤其是自媒体)的赋权作用,促进了群体性怨恨情绪的宣泄,也促进了他们的自我表达和社会动员。

首先,新媒体是弱势群体自由表达自我的公共场域。

"场域"的概念来自法国思想家皮埃尔·布尔迪厄,他认为在高度分化的社会里,围绕我们的社会世界由具有相对自主性的社会小世界构成,它们具有自身的逻辑和必然性,又支配着其他场域运作的那些逻辑和必然性。在《关于电视》一书中,他进一步提出了电视的"场域性",他说:"新闻界是一个独立的小世界,有着自身的法则,但同时又为它在整个世界所处的位置所限制,受到其他小世界的牵制与推动。"②到了网络自媒体时代,"场域对其中的每个参与者都在发挥着作用,并形塑了行动者的惯习——性情倾向系统。在社会性媒体场域中,事件的当事人处于核心地位。通过只言片语,沉默的大多数开始不经传统媒体发出自己的声音"③。周荣庭和孙大平也认为,"所有行动者都能通过话语的分享与互动,从而积累注意力与符号影响力、争夺话语权的隐含力量关系"④。

在以社会化媒体为主要形态的新媒体空间中,这种场域的公共属性集中体现为权利关系的扁平化、互动交流的广场化效应等。而这样的场域属性十分契合在传统媒介语境下缺乏话语权的弱势群体,最大限度地激发了弱势群体网络参与、表达自我与情绪宣泄的热情。

其次,网络虚拟空间的赋权作用。

以社会化媒体为核心的网络虚拟空间除了激发网民自我表达的欲望之外,还具有赋权的作用,进一步推动了网民宣泄情绪、表达个体诉求的积极性。

---

① Dan Mercea. Tents, Tweets, and Events: The Interplay Between Ongoing Protests and Social Media[J]. *Journal of Communication*, 2015, 65(02): 320-350.

② 皮埃尔·布尔迪厄. 关于电视[M]. 沈阳:辽宁教育出版社, 2000: 56.

③ 董向慧. 社会性媒体的兴起及影响:布迪厄场域理论视域下的研究[J]. 新闻前哨, 2011(12): 75-76.

④ 周荣庭, 孙大平. 社会媒介场域的概念与理论建构:互联网自组织传播的关系性诠释[J]. 今传媒, 2011(06): 17-20.

张波认为,新媒介赋权既是一个借助新媒介获取知识技能、进行交流沟通的信息传递过程,也是一个形成关系网络与互动模式的意义共享过程。① 在传统媒介语境下,赋权主要来自媒介或组织,然而在以社会化媒介为标志的新媒介语境下,媒介赋权则来自网络用户自身,这是组织、群体和大众赋权的前提。

那么自我赋权主要有哪些呢?李海飞认为,这种赋权主要包括"知情权""表述权"和"自由权"②。这三种权利也可以被理解为信息的获取权利、表达自己观点想法的权利和参与网络话语互动的权利。新媒介用户们通过对社会话题的关注与参与,不仅彻底颠覆了传统媒介语境下自上而下的赋权规则,而且在自我赋权下建立了诸多社会关系,高度发挥了自身参与媒介活动的各项权力,完成了弱势群体的群体归属意识与对社会身份的认同。在浙江宁波"反 PX 事件"、江苏常州的"反建设"活动、浙江杭州的"拒绝臭气"活动中,正是这种新媒体的赋权作用,使参与者得以传递信息、汇聚民意、实现动员。

最后,匿名化的低风险意识等。

社会化媒体用户积极参与网络自媒体的活动,还与匿名和隐身密切相关。这种情况增强了网络用户对风险较低这一现状的判断。"风险"一词最早来自商业领域,主要指对经济投资的不确定性判断。到了社会领域,"风险"被界定为"一种不确定性状态,或是某种损失发生的不确定性,或是预期结果与事件结果之间的偏离程度"③。而在现实世界中,弱势群体往往由于生理或社会生存能力的缺陷而在政治、经济乃至文化地位上"低人一等",从而受到优势群体的排斥。从传播学的视角来看,遭受"社会排斥"的社会风险集中体现在社会关系方面,即由于受到偏见、习俗或者其他因素影响,一定的社会成员或群体与其他社会成员或者群体在社会关系方面出现了断裂,无法进入其他群体的社会关系网络中,社会交往和社会关系受到相当大的限制。

在网络空间里,弱势群体受到社会排斥的风险显然没有在传统空间中大。其原因在于,网络交往通过计算机和网络的中介,避免了面对面的形象接触,通过匿名与隐身的文本交流,不仅可以掩饰生理的缺陷,也避免了因为经济、政治或文化地位的差异而带来的交际自卑、关系疏离以及关系网络的排斥。极低的

---

① 张波.新媒介赋权及其关联效应[J].重庆社会科学,2014(11):87-93.
② 李海飞.新媒介赋权需要监控[J].《改革与开放》,2012(06):24-25.
③ 李航.我国转型期弱势群体社会风险管理探析[M].成都:西南财经大学出版社,2007:02.

社会排斥风险也激发了弱势群体参与网络交往活动的积极性,当然也激发了其怨恨情绪的宣泄。

因此,在新媒体语境下,弱势群体的自我表达与社会抗争开始成为一种现实,一方面因为受到群体性怨恨情绪的内在推动,另一方面得益于新媒体(尤其是自媒体)的赋权。在后面三类弱势群体的研究中,癌症患者家属、城市出租车司机以及环境污染区周边居民都很好地利用了新媒体平台,不仅宣泄了群体性怨恨情绪,而且很好地表达了自我的诉求,建构了具有共识性的社会问题。

四、有关弱势群体网络表达研究的基本认识

弱势群体的网络意见表达,不仅涉及网络"知情权""表述权"和"自由权",也涉及表达什么、通过什么媒介来表达的问题。纵观相关研究文献,有关弱势群体网络表达的研究数量并不多,这些有限的文献基本上采取俯视的视角,集中在有关媒介在报道弱势群体方面的"媒介正义"问题[1]。本研究将对此做一个简单的回顾,并以此提出对弱势群体自身网络话语进行研究的意义以及进一步研究的思路。

媒体视野中的弱势群体或边缘群体,在国外更多的指移民群体、少数族裔、女性群体或无家可归者等,在国内则指以进城务工人员或者以农民工为主的群体。在媒介与弱势群体的关系上面,研究者更多地关注媒介如何扮演社会公平正义的传播者角色。袁靖华博士认为,所谓"媒介正义",指的是媒介信息生成的整个过程,也是关乎正义的符号的生成过程。[2]

关于"媒介正义",笔者要说明的主要有以下几点。

第一,"媒介正义"提法产生的背景。在国外发达国家,媒介越来越沦落为商业化、市场化过程中资本的推手,或者说,21世纪已经成为"传播的资本主义"[3]的时代。媒体为了获取商业利益,就加入了争取受众注意力的竞争之中,而为了

---

① 袁靖华.边缘身份融入:符号与传播——基于新生代农民工的社会调查[M].杭州:浙江大学出版社,2015:56-78.

② 袁靖华.边缘身份融入:符号与传播——基于新生代农民工的社会调查[M].杭州:浙江大学出版社,2015:70.

③ J. Dean. *The Networked Empire*[M]. New York:Routledge,2004:265-288.

达到这个目标,媒体抛弃了自身的基本功能——社会责任,而成为彻头彻尾的商业工具。尼克·戴维斯认为,对从事传媒业的新闻记者而言,其最基本的素质是诚实——讲真话的勇气,而新闻圈的"潜规则"在一点点玷污这个荣誉。更重要的是,这个国家曾经备受尊重的、独立的新闻媒体在妥协、在堕落,这意味着这个国家的民主正受到威胁。① 在中国,由于城市化和现代化的快速推进,城乡之间、不同阶层之间的矛盾层出不穷,社会上下普遍存在一种焦虑感、不安全感,甚至还存在怨恨情绪。② 而这种社会怨恨情绪形成于一定的社会结构与社会制度中,同时也是与媒介互动建构的结果。媒介系统一方面呈现社会怨恨情绪,另一方面又通过强大的自我生产功能建构成"拟像化"的新型社会怨恨情绪。③ 国内传播学者也开始使用"新闻正义""媒体正义"等词语。丁柏铨提出,新闻传媒分别是社会公平正义的观念鼓动者、制度推动者、实践行动者。新闻传媒要推动社会公平正义的形成。④

第二,媒介正义研究的三个阶段。随着媒介与社会底层群体正当权益之间的关系话题受到关注,媒介正义成为传播学研究中的重要部分。斯蒂芬·哈奈特把与此相关的研究的发展分成三个重要阶段⑤:20世纪六七十年代为开创期,重点是帮助读者了解"传播与社会正义"这项运动;20世纪八九十年代是发展期,霍华德·津恩开始注重研究的政治批判意识,自觉关注边缘群体——尤其是妇女、少数族裔、囚犯、有色人种、边缘青少年等——的生存处境和政治诉求;20世纪90年代至今为第三阶段,这个时期的最大特点是大众传媒的生产和流通已经成为美国资本主义的重要驱动力⑥,这个时候有关媒介正义的研究主要表现为关于分配与再分配的正义诉求,以及关于社会边缘群体身份认同方面的正义诉求⑦。劳伦斯·弗雷将这种研究明确界定为:"接触那些我们社会中在经济、

---

① 尼克·戴维斯. 媒体潜规则:英国名记揭秘全球新闻业黑幕[M]. 广州:南方日报出版社,2010:01.

② 朱志玲,朱力. 从"不公"到"怨恨":社会怨恨情绪的形成逻辑[J]. 社会科学战线,2014(02):172-177.

③ 王庆. 媒介建构视野中社会怨恨情绪的传播[J]. 青年记者,2014(33):39-40.

④ 丁柏铨. 社会公平正义与新闻传媒的责任[J]. 新闻大学,2007(03):22-27.

⑤ Stephen Hartnett. Communication, Social Justice, and Joyful Commitment[J]. *Western Journal of Communication*,2010,74(01):68-93.

⑥ J. Dean. *The Networked Empire*[M]. New York:Routledge,2004:288.

⑦ 南茜·弗雷泽. 正义的中断:对"后社会主义"状况的批判性反思[M]. 上海:上海人民出版社,2009:01-06.

社会、政治和文化等方面都资源匮乏的人们并为之鼓与呼"，建议传播学研究必须显示出"社会正义的敏感性"①，体现传播学学科的真正价值，为那些被忽视的、弱势的群体和个人提供帮助。

第三，提供社会正义帮助的媒介策略研究。既然，媒介需要为社会正义做贡献，那么需要如何办呢？不管是社会正义还是媒介正义，学者们基本上把它归为一种道德伦理的问题。克利福德·克里斯蒂安在《媒介公正：道德伦理问题真的不证自明吗？》一书中，提出了一个界定媒介传播的道德规则的标准，即要成为对社会负责任的媒体，需要做到：对一个事件的定义；识别价值；诉诸伦理原则；澄清最终的效忠对象，即对谁承担道德责任，对谁负责。② 克里斯蒂安认为，新闻界要为之负责的便是"那些希望被听到"，但却"没有求助对象的无权者"。

当然，也有从符号生产视角提供援助计划的。袁靖华博士认为，农民工要实现深层理念意识层面的社会融入，离不开符号生产者和传播者——大众传媒发挥的社会整合功能，包括提供信息平台、正名和扩大话语权等具体的符号救济途径③。她在另一篇文章中提到了对弱势群体进行符号救助的四个维度，即媒介传播渠道的资源分配正义、媒介传播过程的程序正义、媒介传播内容的信息正义和传播者与接受者关系的人际正义。④ 龚天平和刘潜在研究环境治理过程中提出了环境正义策略的程序正义和资源分配正义的想法⑤。当然，还有其他学者提出了更多的保障社会正义的策略，例如制度保障正义等。结合媒介正义的实际情况，权利、机会和资源方面的分配正义，以及生产传播这类分配内容时候的程序正义是最为重要的。

---

① Lawrence Frey. Communication and Social Justice Research: Truth, Justice, and the Applied Communication Way[J]. *Journal of Applied Communication Research*,1998,26(02):155-164.

② 克利福德·克里斯蒂安等. 媒介公正：道德伦理问题真的不证自明吗？[M]. 北京：华夏出版社，2000:23.

③ 袁靖华. 大众传媒的符号救济与新生代农民工的城市融入：基于符号资本的视角[J]. 新闻与传播研究，2011(01):60-69.

④ 袁靖华. 论媒介正义的概念及其维度：基于拉斯韦尔"5W"传播模式[J]. 国际新闻界，2012(04):34-39.

⑤ 龚天平,刘潜. 我国生态治理中的国内环境正义问题[J]. 湖北大学学报（哲学社会科学版），2019(06):14-21.

　　首先是分配正义。布莱恩·巴利认为,"我们可以将正义与不义归诸个人,同样也可以归之于制度,在两种情形下,我们要根据它们对权利、机会和资源的分配效果对其做出评判"①。分配正义集中体现为不同群体和不同身份的个体在获得媒介表达渠道时的权利、机会、资源等各类制度性构成是否公正和公平。所谓分配正义:对于社会中的不同群体而言,就是对权利、机会和资源的分配;就媒介而言,这种权利、机会和资源的分配实际上就是媒介传播平台的注意力资源的分配、不同阶层或群体媒介接近权和使用权的分配,具体可以分为媒介渠道资源、媒介展示、媒体言说能力和机会、言说权利等,简单地说就是在公共媒介平台上自我表达的话语权。对于不同群体而言,媒介资源的分配是不均衡的。居于权力中心的机构和政治力量有着强大的媒介议程设置能力,也拥有更多的接近、利用新闻媒介发表意见以及开展各种社会和文化活动的自由与权利,而那些居于权力边缘的其他群体则不然。"正义就是必须坚持不懈地努力听取他人的呼求,特别是那些来自被迫沉默者的正义的呼求——他们是由于嵌入于体制中的文化偏见和成见而被压制的被迫沉默者。"②

　　其次是媒介信息生产和传播过程的程序正义。"传播过程的程序正义,是将媒介信息生成的整个过程视为关乎正义的符号生产过程,关注媒介传播活动具体的实施操作过程是否公平。"③这个过程,应该包括新闻或信息采集过程的正义和编辑发布的正义。前者最重要的就是采集信息的正义,后者是报道框架的正义。

　　理查德·梅森比较早地提出了"信息正义"的概念,具体包括信息隐私权、信息准确性、信息产权和信息资源存取权等。④ 卡隆·林波斯·斯佩克曼亦指出记者采纳信息过程中的一些重要的问题:在使用数据的过程中如何避免误导公众,如何避免这些数据被错误地使用甚至被利用? 媒介在信息的使用中如何避免对公民隐私权的侵犯?⑤ 显然,采集信息的正义是指,在获取信息的过程中,

---

　　① 布莱恩·巴利.社会正义论[M].南京:江苏人民出版社,2007:22.

　　② Charlotte Ryan, et al. Media, Movements, and the Quest for Social Justice [J]. *Journal of Applied Communication Research*, 1998(02):165-181.

　　③ 袁靖华.边缘身份融入:符号与传播——基于新生代农民工的社会调查[M].杭州:浙江大学出版社,2015:74.

　　④ Mason Richard. Four Ethical Issues of the Information Age[J]. *MIS Quarterly*, 1986, 10(01):05-12.

　　⑤ Karon Reinboth Speckman. Using Data Bases to Serve Justice and Maintain the Public's Trust [J]. *Journal of Mass Media Ethics*, 1994, 09(04):235-242.

保证避免对公民(尤其是弱势群体)隐私权的侵犯,以及保证信息的准确性等。

　　所谓报道框架的正义,就是媒介框架对客观信息进行界定、诊断,做出道德判断,即"选择和强调事件或问题的一些方面,以及它们之间的连接,以促进特定的解释、评价和/或解决方案"①。无论是具体的策略还是本质性的媒介框架设置,媒介内容都存在相对的程序正义问题。② 在媒介报道弱势群体的过程中,媒介如何利用报道框架来表达媒介正义,这是当前研究的一个重点。鲁尔提出了四条原则,来权衡媒介报道弱势群体时是否坚持了媒介正义。它们分别是:为那些默默无名之辈和穷人伸张正义,视人如己;让那些沉默者发声,允许他们用自己的话说出自己的经历;对新闻的报道应关注人,而不是事件的惊奇和戏剧性;应超越对痛苦和悲剧的表面描述,探寻引起这些痛苦和悲剧的社会根源。③ 说到底,对弱势群体报道框架的正义性要求,就是要从立场、篇幅、内容、情感倾向等多方面把弱势群体置于与优势群体同等的地位。

　　对弱势群体与媒介传播之间关系的研究,学界已经有了丰富成果,然而也暴露出了一些缺陷。首先是报道或研究视角上的"他者化"。对于弱势群体,媒介几乎一律以主体身份来传播报道他们,把他们看作"他者"。张志胜在研究农民工的新闻传播研究时,发现"研究者大都以'代言者'自居,把农民工作为'他们',而不是作为'我们'中的一部分来进行讨论的。农民工只是其研究中的'他者',是需要各界来帮助和拯救的'对象',而非自身权益表达的主体"④。党明辉在研究农民工报道时也发现了类似的情况,他认为,农民工的"生活世界殖民化"特征鲜明,大众媒介建构了"工具化"的农民工框架。⑤ 其次,这些研究建立在一个假设的前提之下,即认为包括农民工在内的这些弱势群体均是没有参与能力,也没有自我诉求表达能力的群体,因而要提升他们被支配的弱势地位,根本办法就是对其进行社会救助。就媒介而言,就是给予弱势群体平等的报道地位,对其进行更为全面的报道。但无论是这些学者还是媒介本身,如果没有改变原有的报道

① R. M. Entman. *Projections of Power：Framing，Public Opinion，and U. S. Foreign Policy*[M]. Chicago：University of Chicago Press，2004；05.

② R. M. Entman. Framing：Toward Clarification of a Fractured Paradigm[J]. *Journal of Communication*，1993，03(04)；51-58.

③ Jack Lule. News Values and Social Justice：U. S. News and the Brazilian Street Children[J]. *Howard Journal of Communication*，1998，09(03)；169-185.

④ 张志胜.表达：农民工权益保障元解[J].调研世界,2007(04);31-33.

⑤ 党明辉.陕西六报的农民工报道框架分析[J].西北大学学报(哲学社会科学版),2016(06);163-169.

框架,不深入弱势群体内部,让弱势群体本身进行自我表达,那么信息救助的目的也不可能实现。

正是基于以上基础,后面的研究着重强调了下列几点:第一,站在社会正义和媒介正义的理论视角,着重从弱势群体的网络表达正义的角度来分析他们的自我诉求,以及由此建构的社会意识;第二,采取平视的视角,研究弱势群体的自我表达,而不是从外围着手,避免"他者"的传统视角;第三,研究内容是弱势群体的话语互动以及由此建构的社会意识,而不是社会救助。

第二部分

三大弱势群体话语分析

第二章　癌症患者家属：医院外的治疗性话语和命运意识

 本章提纲

- 癌症患者家属间的话语互动，从话语内容上看，可以被界定为"命运话语"。他们普遍认为这是命运使然，持消极态度，有种"听天由命"的强烈情绪，相对积极的则想着如何"尽人事"。

- 这些命运话语也可以被当作治疗性话语，具体包括三个层面：层面一，医疗方面的指导，例如如何用药、该选择哪种治疗方案等；层面二，社会救助性指导，例如如何通过社会机构募捐、如何进行医疗保险救助；层面三，精神性安慰，例如相互鼓励安慰等。

- 癌症患者家属群体，无论在研究文献还是医疗机构、政府部门的视野中，都是被忽视的边缘群体。由于中国公民社会发展不够完善，社会伦理规范体系和社会性救助机制都不够健全，针对癌症患者的医疗机制也很不健全，对癌症患者，尤其是经济条件并不好的癌症患者，不管是在药物治疗、社会保障还是在精神抚慰方面都缺乏保障。癌症衍生出来的经济、精神，甚至治疗方案选择等一系列问题基本上都需要患者家属来承受，因而这一群体成为一个独特的弱势群体，他们在经济上承受巨大压力，在精神上备受煎熬，在治疗信息上也比较匮乏。

- 这一群体对自媒体的应用十分普遍。从类型而言，主要是天涯之类的论坛、搜索工具和各种 QQ 群、微信群。话语主题涉及治疗方案信息、药物使用、分享经验、进行精神安慰等。通过研究，不同的自媒体种类扮演了不同的角色,贴吧之类的自媒体更多地提供了一种癌症知识,天涯之类的论坛提供更多的是个体经历和精神抚慰,QQ群和微信群之类的社群组织提供最多的是医疗方案和药物使用的准治疗信息。在不同目的、不同功能的社区中,癌症患者家属群体通过角色分工,成为相互信赖的抗癌战友,构成了新型人际社群。这是生活在医院、上级医疗管理部门和患者中间区域的独特群体,一个紧张、焦虑、无奈、相互取暖的群体。

国家癌症中心发布的《中国恶性肿瘤流行情况分析报告》[①]显示:2015年全国恶性肿瘤发病约392.9万人,死亡约233.8万人,这意味着平均每天有超过1万人被确诊患有癌症。癌症给患者群体带来病痛折磨的同时,也给患者家属群体带来经济上的巨大负担、精神上的负面情绪。根据相关研究,"患者被确诊后会经历一系列心理变化的时期,如震惊否认期、愤怒期、磋商期、抑郁期、接受期,而癌症患者家属在陪伴患者治疗的过程中,几乎与患者承受同样的压力"[②]。

在本章中,笔者重点关注的对象是癌症患者家属群体,目前相关研究基本上集中在病患负性情绪的测定和护理方面[③],而病患家属自身利益诉求和情感表达却不被医院、社会和政府所关注,其所遭受的身心折磨、精神压力也是普通人所难以了解的。他们无疑是这个社会中的边缘化群体。

下面是笔者遇到的一位患者家属,这位女士已经结婚,新闻学专业毕业,原本在人民日报社工作。她的母亲患上肺腺癌,作为家里的独生女,她只能辞掉工作专门陪护母亲,在半年多的时间里面辗转于长三角几个大城市,陪伴母亲一起化疗、门诊、住院,开始了从未有过的人生,也经历着刻骨铭心的心理体验。

我们的谈话从安抚癌症患者的心理开始。

笔者:你是什么情况?

---

①　郑荣寿等.2015年中国恶性肿瘤流行情况分析[J].中华肿瘤杂志,2019,41(01):19-28.

②　申春喜.癌症患者家属负性心理分析与对策[J].中国医学创新,2011(11):72-73.

③　罗丽君等.原发恶性骨肿瘤患者正性负性情绪及睡眠质量相关性因素分析[J].中国临床护理,2018(06):528-531;林燕育等.系统护理对甲状腺肿瘤患者手术治疗前后癌因性疲乏及负性情绪的影响[J].中外医学研究,2018(31):118-119.

受访者:我妈生病,我辞职回国了。

笔者:你原来做什么的?

受访者:我原来在人民日报社工作,之前一直在关注临终关怀这一块。我觉得中国现在在这方面还比较落后,没有专业性和普及性。

笔者:回国后有什么感受?

受访者:回国后感触很深,自己母亲生病后,其实自己也明显抑郁了。

笔者:所以其实癌症患者家属群体也需要关怀,是吗?

受访者:最近一年,因为患者没有得到政府专业关怀团队的关怀,她所有的喜怒哀乐都被投射到家属身上了,很难分散除去。

笔者:实际上,医院的问题也很大,它们应该兼具精神关怀的功能!

受访者:这个社会太实际,我们都是普通百姓,只能靠自己,多花精力,多跑。

笔者:你母亲病情怎样?

受访者:我妈吃易瑞沙,肝功能严重受损,我把明天的放疗推了。明天凌晨起来,带她去南京军区医院看肝,之后再回杭州继续放疗。日子每天都这样,找不到情绪的出口。是啊,很难,就连患者本人都难以得到关怀。

笔者:你还算好的,有文化,也有一些经济基础,可有的人真的很可怜。

受访者:无常面前,人人平等。

笔者:你要开心些,父母才会开心起来。

受访者:是啊,但是开心真的很难,现在的乐观都是假装出来的。

笔者:是的。

受访者:不管怎么样都要坚强。一定要注意自己的情绪释放,不然就会倒下!情绪对身体健康来说很重要。

笔者:平时就靠你一个人吗?

受访者:只能靠自己,伴侣也指望不上。

笔者:你妈目前是采取什么治疗方案?

受访者:我妈目前(在进行)靶向(治疗)加上放疗。我得先攻破自己的心理防线,我才能去引导她,鼓励她!自己都接受不了的事儿,怎么可以让妈妈直接上战场?

笔者:你妈生病对你的打击一定很大吧!

受访者:打击和日夜的精神折磨让一个人发生了太大的变化,特别像我这样的独生子女,都得一个人扛着!

笔者:你自己首先要健康,要乐观!

受访者:我们都是!

笔者:我想写个提案给政府部门,我觉得特殊病种的病人及其家属的心理健康问题确实需要引起政府和社会的高度关注!

受访者:对,迫在眉睫! 我会关注你的提案的!

如果从批评性话语的视角对以上话语做更进一步的分析的话,该话语的主题集中围绕癌症患者家属的精神健康展开。再具体一点,既有关于具体治疗方案的,例如靶向治疗和放疗,又有心理疏导方面的,而且对患者心理的关注似乎更多一些,当然也涉及了整个社会的道德风气。从话语类型,尤其是情感情绪来看,整个对话充满了压抑、不安、无奈的负性情绪色彩,也就是说,受访者对情绪化话语运用得十分普遍。例如,"只能靠自己,伴侣也指不上","一个人扛着",不管是对自己亲人的病情,还是对今后的生活,受访者几乎看不到希望。当然,受访者受过高等教育,还有海外工作经历,因而提出了社会救助的期待。以关注人的心理健康、抚慰人的精神为目的的话语或者表达方式,笔者在这里统一称之为"治疗性话语",它有别于专业的以药物或手术为手段的医学治疗话语。这也是笔者在本章中希望阐述的重点。

一、治疗性话语

治疗性话语,是心理治疗方面的专门术语,现在一般被用于心理咨询领域。从文艺美学上来讲,与治疗相关的就是亚里士多德的"净化"理论。他在《诗学》中提到了戏剧的"净化"治疗作用。"净化",主要是指痛苦的和不愉快的情绪得到一定的宣泄之后,被转化为积极的情感。

在文艺审美活动中,参与者通过欣赏文艺作品或者参与文艺活动,能够把不健康的、消极的情绪宣泄出来,从而得到净化,达到伦理上的升华效果。亚里士多德的"净化"理论,说的是悲剧所能达到的效果。他说悲剧是"借引起怜悯与恐惧来使这种情感得到陶冶"①,陶冶即所谓的"净化"。而要达到这一效果,就必然涉及两个问题:第一,悲剧必须能引起怜悯与恐惧;第二,这种悲剧感如何得到净化。

亚里士多德之所以要提出"净化"这样一个观点,无非是想从对观众产生的心理效果方面揭示悲剧的性质。他在《诗学》第十三章中揭示了怜悯与恐惧的悲剧效果,他说:"怜悯是由一个人遭受不应该遭受的厄运而引起的,恐惧是由这个这样遭受厄运的人与我们相似而引起的。"恐惧和怜悯不是悲剧所要追求的目的,它们只是一种中介和桥梁,通过它们,才能通向"净化"的终点。那么,如何通过引起怜悯和恐惧,从而达到净化的心理效果? 这种效果的产生,与每个观众的道德规范有密切的关系。如果没有一定的道德规范,观众就不会对"一个遭受了不应该遭受厄运的人"产生同情和怜悯。正是在一定的社会道德规范的约束影响下,观众通过观赏悲剧,产生了同情和怜悯的心理情感,压抑的心情如果得到合理的疏通,通过情绪的放纵和宣泄,人的心情最终会恢复平静,从而达到心灵的净化。

正是受亚里士多德"净化"理论的影响,很多学者进一步提出了艺术心理治疗的思想。一般的心理治疗多以语言为沟通和治疗的主要媒介,而艺术心理治疗是将艺术作为重要媒介进行的一种心理治疗。它让人们通过参加音乐、绘画、舞蹈、戏剧等艺术欣赏或创作活动的过程,以听觉、视觉、触觉、体能等作为身心体验的一种心理治疗方式。在艺术心理治疗的过程中,我们可以通过艺术创作和欣赏的过程,缓和情感上的冲突,提高自身对事物的洞察力,并达到情绪净化的效果。一旦我们遇上逆境或者内心感到痛苦不安的时候,艺术心理治疗就能给我们提供一个安全空间,并借着艺术创作和欣赏过程,让我们从另一个角度来面对问题,保持人与人之间的友好沟通,从而解决相应的问题。

文艺美学上的"净化"理论,说到底是通过艺术审美活动,达到心灵净化的效果;而心理咨询领域,则主要通过治疗性话语达到心理疏导的目的。两者目的相似,但是手段不同。

心理治疗方法是一种通过会话的形式起到心理疏导效果的治疗方法,因此它本质上是一种话语策略。这种话语策略主要是心理治疗师与咨询者之间通过问与答的形式展开,在这个过程中,双方首先是一种合作的关系,他们有明显的

---

① 亚里士多德.诗学[M].上海:上海人民出版社,1996:19.

合作意愿与目的,同时又充满权利上的不对等,心理治疗师把控着整个咨询的进程,是权利的控制方。由于咨询者具备一定的复杂性,心理治疗话语的种类也很多,其中比较有代表性的一种就是解述性的心理治疗方法①。"解述"是对咨询者的谈话所做的一种治疗性诠释,心理治疗师期望这种诠释能得到咨询者的认可。学者们认为,在进行心理治疗的过程中,无论是对咨询者话语要旨的解述,还是对其话语隐含意义的解述,都是诊断性的。也就是说,心理治疗师对咨询者的叙述进行明晰、澄清或者提炼,从而更好地了解咨询者的病史和症状。在这一过程中,治疗师运用其专业视野,通过要旨性解述和结论性解述对咨询者的叙述提出诊断性诠释和治疗性解释。"解述"话语构建了"症状"和"诊断"话语之间的桥梁,从而建立了咨询者的叙述与心理治疗师的干预的解释性成分之间的纽带,是心理治疗得出诊断结果的必由之路,也是心理治疗取得成功的捷径。

无论是文艺美学领域的"净化"思想,还是心理咨询领域的解述性心理治疗手法,都是典型的治疗性话语,其共同特点就是以故事性文本,或者以解述性话语为媒介,引导参与者敞开心扉,去除内心积聚的郁闷、悲伤、不快、低俗等一系列负性情绪,从而达到情绪释放、心情放松乃至升华的目的。在分析癌症患者家属的互动交流时,笔者也希望能够借助治疗性话语的理论方法来研究这一特殊群体的互动交流。

本书的治疗性话语虽然不能等同于前面的解述性心理治疗以及文艺美学上的"净化"理论,但三者之间无疑存在共同性,即三者都是"精神性话语行为"。在癌症患者家属的互动过程中,治疗性话语属于专业性话语与日常生活话语之间的一种话语形态,或者说经常游动在两者之间,这里暂且称之为"民间性的专业话语"。这种治疗性话语具有这样几个特点:第一,它是互动性行为,是在一种开放语境下的双向或多向的互动,不是权利的优势方单向地投射到权利的弱势方。互动的过程也是一种描述、理解和解释的过程,是理性认知与情感投入融合在一起的过程,故而经常会采用情绪化的语言。然而,专业的心理咨询语言更关注病情本身,使用更多的是理性语言,情感色彩十分有限。第二,我们认为互动行为的意义更多依赖环境本身,是环境的差异引起不同行为以及对行为的不同理解,是环境本身赋予了互动行为独特的意义,而不是人天生就有罪或优秀品德。因

---

① 胡文芝,廖美珍.中国心理治疗话语"解述"现象的会话分析研究[J].重庆大学学报(社会科学版),2013,19(04):92-100.

此,在分析各种自媒体平台下癌症患者家属的各种话语时,我们考虑更多的是谈话的上下文语境、自媒体平台的独特性以及不同个体自身的家庭背景等。第三,治疗性话语不对行为做是非判断,也不做道德判断,只对行为进行描述,认为任何行为都是有原因的,只要理解了这种原因,那么这些行为本身也是可以被理解的。

因此,本章中我们所讨论的治疗性话语实质就是患者家属之间相互诊断、建议或安慰性话语,有别于以疾病诊断为目的的医学话语,也有别于从伦理道德角度来评判人的行为本身的道德性话语,是一种以情感安慰、精神鼓励为目的的心理治疗手法。

二、癌症患者与其家属之间的社会关系

从目前全球医学技术而言,癌症还无法根治,尤其是晚期癌症更是如此。正因如此,癌症往往被看作是一种绝症。但是也有专业人士把它当作一种慢性疾病,如果治疗得当,癌症患者很有希望拥有超过五年,甚至更长时间的存活期。然而,伴随着长期的医学治疗,癌症患者除了承受巨大的药物副作用之外,还要承担经济方面的巨额花费,甚至可能倾家荡产。更为严重的是,癌症患者还有可能面临一步步恶化的社会关系。因为中国普通家庭的收入往往无法承受巨额的经济负担,因此很多家庭不得不选择向亲戚、朋友、邻居借钱,这也会导致癌症患者家庭与亲戚、朋友、邻居关系的紧张。

而不管是经济负担还是精神负担,同时也都落在癌症患者家属身上。癌症患者家属一方面要默默承受这些身心负担,另一方面又不被社会所了解,他们也就成为一个具有不同的精神面貌和社会特征的边缘性群体。以往对癌症患者家属的研究,集中在负性心理影响[①]以及心理治疗效果[②]两个方面,而较少聚焦患者与其家属之间的家庭关系,然而这一切恰恰是癌症患者家属群体网络互动的社会背景,具有很高的研究价值。笔者围绕患者家属及其对自身家庭关系以及对癌症病情的心理反应情况,对杭州希望之光肺肿瘤家属交流群(微信群)和浙

---

① 申春喜.癌症患者家属负性心理分析与对策[J].中国医学创新,2011,08(04):72-73.
② 邹雨春等.合理情绪疗法在癌症患者家属负性情绪中的效果观察[J].临床研究,2017,15(32):52.

江杭州肺癌交流群(QQ群)做了一个简单调查①。笔者一共发放54份问卷,收回有效问卷52份。同时结合以往的观察和资料,将问卷调查结果与以往的观察和资料共同作为后续话语分析的基础,对患者及其家属之间的家庭关系做了一个简单分析。

癌症是一种特殊病种,患者在身体和精神上需要得到很好的治疗和调养,也需要承受巨大的经济负担,所以患者与家属之间的关系显得异常重要。调查显示:这些患者家属基本上是他们的父母(共41人,占79%),患者大部分处于癌症晚期(共39人,占75%);这些癌症患者享受农村基本医疗保险的有34人,占总数的65%,而享受居民基本医疗保险的只有8人,占15%,因此接受调查的大部分患者是纯粹的农村居民,没有很好的经济基础;大部分患者与其家属居住在一起,占比超过56%(29人),还有19%的患者家属居住在离患者很近的地方,以方便照顾病人;这些患者中清楚自己患癌症的占总人数的62%(共32人),完全不清楚和只知道一点的占了38%(共20人),这个比例与笔者在医院肿瘤科了解的基本一致。

在患者家属的心理和情感反应方面,我们主要调查了两个方面。

其一,我们发现,在得知自己亲人患病时,患者家属中"感到震惊"的有28人,占总数的54%;而"怀疑是不是诊断有误"的有18人,占总数的35%。显然,这样的结果使这些家属十分绝望、十分恐慌,一下子跌入痛苦的深渊。而在这些家属中,25~35岁的家属在听到第一次诊断结果时,有71%的人"怀疑是不是诊断有误",而"感到震惊"的则为29%;35~50岁的家属在这两个反应上比例却很不同,"怀疑是不是诊断有误"的只有1人,不到总数的4%,"感到震惊"的有21人,占78%。针对这样的差别,我们或许可以这样解释,25~35岁家属的父母还比较年轻,身体也一直比较健康,在人们的意识中不应该患上癌症这种老年性疾病,所以会觉得诊断有误;而35~50岁家属的父母年纪相对要大得多,患上癌症固然令人悲痛,但也不无可能,因此一般会觉得震惊,但怀疑诊断的比例不高。

其二,经过短暂的适应,患者家属在确认亲人患癌事实之后,不管年龄、学

---

① 该调查于2018年5月—2018年6月进行,一共发放问卷54份,收回有效问卷52份。这些接受调查的癌症家属呈现如下特征:男性远远少于女性,只占女性的一半左右;年龄集中在25~50岁;学历上中学文化与大学文化的人数基本持平,共占总人数的93%左右;居住在乡镇和农村(占总数的40%)和居住在城市的人数基本一致(占46%);他们中接近一半的人家庭月收入低于6500元(占了46%),家庭月收入在6500~12500元的人数占总人数的35%,两项共计占总人数的81%。

历、经济收入等方面存在何种差异，患者家属大多产生了三种强烈的心理反应，分别为"一直处于紧张、焦虑和抑郁状态"（共 30 人，占 58%）、"有种无力感，不知道接下去如何办"（共 27 人，占 52%）和"自责感，埋怨自己为什么没有给亲人做更好的检查"（共 26 人，占 50%）。以上心理反应，在某种意义上也是对患者以及家属本身日常生活的担忧。经过调查，我们发现这种担忧体现为这样四个方面：担心经济负担不起（共 35 人，占 67%）、害怕患者死亡（共 35 人，占 67%）、害怕患者疼痛（共 30 人，占 58%）、担心治疗产生不良反应（共 19 人，占 37%）。

我们进一步调查了患者家属所渴望得到的信息以及相关媒介渠道。

当一个人面临巨大困难时，本能的反应就是希望从可信任的渠道或对象那里获得有效的帮助。调查表明，患者家属在得知亲人患病之后寻求帮助的信息途径主要有几个方面："医院主治医生"（共 43 人，占 83%）、"加入相关癌症 QQ 群、微信群等"（共 42 人，占 81%）、"通过百度、360 等搜索工具提问好大夫在线、360 良医、39 健康网等"（共 23 人，占 44%）……显然，专业的医生以及相关社群中的热心人士是这些患者家属求助的核心对象。

患者家属希望获取的治疗性信息主要包括："咨询每个阶段检查、化疗、手术、靶向药等方面治疗建议"（共 41 人，占 79%），"分享治疗经验，获取精神安慰"（共 32 人，占 62%），"咨询靶向药、仿制药、进口药、原料药等药品买卖信息"（共 27 人，占 52%），"日常护理和生活建议"（共 27 人，占 52%），"咨询医院化验单、基因检测等化验信息情况"（共 26 人，占 50%）。毫无疑问，获取医学治疗、生活护理建议以及抱团取暖成为患者家属咨询交流的主要信息内容和互动交流目的。

在自媒体社区中，患者及其家属参与网络互动，所能提供的治疗性信息最多的则是"分享治疗或护理经验，安慰患者及其家属"（共 35 人，占 67%）。至于"提供检查、化疗、手术、靶向药等方面的治疗建议"（共 23 人，占 44%）就相对有限了，这是因为大部分的患者家属毕竟是医学方面的外行，即便看过一些资料，离专业人士还是有距离的。

从以上调查来看，癌症患者家属在得知自己的亲人患上恶性肿瘤疾病之后，普遍陷入极度的悲痛之中，同时存在着"震惊"和"怀疑是不是检查有误"的心理差异。一旦患者病情得到确诊，无论年龄、学历、经济收入等方面存在何种差异，患者家属大多产生了"一直处于紧张、焦虑和抑郁状态""有种无力感，不知道接下去如何办"和"自责感，埋怨自己为什么没有给亲人做更好的检查"等强烈的心理反应。这样的反应也体现出对患者病痛以及家庭未来日常生活的担忧,害怕"患者死亡""患者疼痛",担心"经济负担不起"。为了获取治疗信息,患者家属积极利用各种新媒体,积极咨询医院主治医生和加入相关癌症 QQ 群、微信群等成为一种常态。他们希望从自媒体渠道中咨询每个阶段检查、化疗、手术、靶向药等方面治疗建议,分享治疗经验,获取精神安慰,此外,对仿制药、进口药、原料药等药品买卖信息和日常生活护理建议也有很大需求。我们也发现,患者家属为了照顾自己的亲人,不得不经常从网络空间来获取帮助。而亲人患病及遭受疾病折磨所带来的痛苦,极大地改变了患者家属的生活习惯,使从网络空间获取治疗性信息成为他们生活的常态。

三、自媒体平台的研究过程和方法

为了进一步研究癌症患者家属这一特殊群体的话语互动以及由此产生的社会问题,我们以调查为基础,分别选择了三类典型的自媒体平台。

第一类是论坛,笔者在其中选择了天涯论坛·肿瘤版块。在这个论坛中,患者家属通过主题帖和跟帖的形式分享自身的治疗过程和经验,同时获得精神共同体的情感慰藉。我们先是随机选择了第一页开头的 40 个主题帖——这些主题帖都是最近一两天有回复的,上面也统计了发帖和跟帖的数量——统计出相关的主题内容;接着根据不同类别的主题内容,抽取影响力最大的主题帖进一步考察,主要考察主题帖与跟帖之间的互动内容与话语表达特征等。

第二类自媒体是"好大夫在线""360 良医""39 健康网"等各类网页,这类自媒体更多地起到了肿瘤知识的普及作用。笔者在其中选择了"好大夫在线"网站做简单的主题分析。

第三类是各种癌症患者自发组建的 QQ 群和微信群,QQ 群和微信群提供最多的是医疗方案和药物使用的准治疗信息。笔者首先比较了两个 QQ 群与一个微信群的内容差异,接着进一步以杭州希望之光肺肿瘤家属交流群为研究对象,分析近一个月中群成员的主题内容和话语表达形态。

四、天涯论坛·肿瘤版块:患者家属间的共享互慰平台

天涯社区被称为"全球华人网上家园",提供论坛、部落、博客、问答、文学、相册、个人空间等服务,拥有天涯杂谈、娱乐八卦、情感天地等人气栏目以及关天茶舍、煮酒论史等高端人文论坛。其中天涯论坛拥有 1.4 亿个成员,故而具有很强的影响力和代表性。

(一)"分享治疗经验,获取精神安慰"是肿瘤版块原创主题帖的主要内容

笔者的研究目标是癌症患者家属群体之间的互动交流,因此选择了天涯论坛·肿瘤版块中的有代表性的主题帖作为研究对象。为了从宏观上了解这个版块主题帖的内容特色,笔者首先选择了前 40 个主题帖[①]做一个初步分析,其结果显示如表 2-1 所示。

表 2-1 天涯论坛·肿瘤版块中部分贴子的来源、内容类别、性质分析

条目	分支条目	选择人数 (N=40)	百分比/ %
1.主题帖来源	1.1 患者本人	15	37.5
	1.2 患者家属	16	40.0
	1.3 朋友或其他人	9	22.5
2.主题帖内容类别	2.1 咨询医院检查治疗或者药品买卖信息	5	12.5
	2.2 获取"水滴筹"等医疗众筹平台信息,以获取经济支持	0	0

---

① 该文本分析的材料选自天涯论坛·肿瘤版块中的前 40 个主题帖。这 40 个帖子中最新得到回复的是"陪妈妈抗癌的日子(子宫内膜透明细胞癌及浆液性癌)"(楼主归来燕 2003,2019 年 6 月 12 日,15 时58 分),排在最顶;最迟得到回复的是"帮帮我父亲:前列腺根治术后生化复发该选择怎样的治疗方案"(楼主 shilvping,2019 年 6 月 11 日 0 时 38 分),排在最末。

续表

条目	分支条目	选择人数 （N=40）	百分比/ %
2.主题帖内容类别	2.3 分享治疗经验,获取精神安慰	28	70
	2.4 咨询日常护理和生活建议	0	0
	2.5 其他	7	17.5
3.主题帖性质	3.1 原创	39	97.5
	3.2 转发	1	2.5

内容分析显示:主题帖来源(发帖人身份)中,来自患者本人的有15条,占37.5％;来自患者家属的有16条,占40％。二者基本对等,这也说明癌症并不像一般人所想象的那样不可谈论。从主题帖的内容来分,最多的是"分享治疗经验,获取精神安慰",一共有28条,占了总数的70％。这样的结果也体现了论坛这类媒体平台的优势,即侧重自我展示与互动交流——发帖人可以根据需要自由地控制主题帖的主题、内容、风格,甚至篇幅长短等;而跟帖则体现了互动交流的一面。在这些主题帖中,属于原创的有39条,占总数的97.5％,而那些被转发的帖子中,真正能吸引跟帖的并不多,这也有别于微信群之类平台。

(二)"陪10岁儿子抗争神经母细胞瘤四期记录"主题帖中的问题意识与话语特色

为了进一步研究癌症患者家属群体的意见表达特点,笔者从这40条主题帖中进一步选择了"陪10岁儿子抗争神经母细胞瘤四期记录"这一主题帖作为分析对象。选择该帖子的理由主要有:第一,该帖子点击量超过259.8万,回复8277条,显然是一个具有巨大社区影响力的好帖子;第二,患者是一个只有10岁的男孩,孩子得了这样极为罕见的疾病,不仅让家人和朋友悲痛,也容易让人产生同情心,从而激发天涯论坛网友的互动;第三,患者与发帖的楼主为儿子与父亲关系,这是我研究的目标对象。因此,笔者认为该帖具有比较显著的代表性。在后面的篇幅中,笔者准备分别从主题内容与话语表达两个方面对这个主题帖以及跟帖进行分析。

1.陪儿子就医过程中的"命运意识"

从调查来看,"分享就医过程和体会"是患者以及患者家属所发帖子的核心主题,这样的帖子一方面能给其他人提供借鉴,另一方面也能给自己留个纪念。该主题帖的楼主 ljb388 也不例外,他说:"很少有关于神经母细胞瘤的文章,我想可能是因为神经母细胞瘤的患者都是小孩,他们无法记录。就是父母记录了,也由于存活率低,坚持不了多久就放弃了。作为天涯论坛的老用户,我一定会坚持记录下去,希望用自己的经历给其他的患者家长一点参考。"①从楼主的帖子来看,楼主发帖目的主要有:第一是"记录",楼主在记录就医过程中基本采取叙述的表达方式;第二是"给其他的患者家长一点参考",因为大部分患者或患者家属都急迫地想从网络中获取经验。

楼主在主题帖以及自己的跟帖中,用叙述的方式记录了自己以及自己的妻子、小舅子陪儿子在扬州苏北医院和上海医学中心就医的过程。此外,楼主在分享经验过程中,又不失时机地表达了对生活、对医疗体系以及对社会阶层等多种社会化因素的情绪及态度。

> 儿子今年 10 岁,下学期就该读 5 年级了。暑假的时候,他发现自己乳房下面有个小肿块。
>
> 大概 7 月末,我妈突然昏倒两次,我们赶紧送她去医院,折腾了半个月,也没搞出个名堂。这时候我儿子,小肿块旁边又长了两个小的,当时我就有点紧张了。
>
> 8 月 7 日,我带小孩到扬州苏北医院,挂了个外科普通门诊,做了个割除。
>
> 8 月 11 日,病理切片出来了,恶性肿瘤。
>
> 8 月 13 日,到了上海医学中心,外科专家特需挂号费 208 元,专家是同学的同学。看了说晚期了,没希望了。就不说话了。
>
> 8 月 14 日,开始做各项检查,但是 CT 只能等到下周二做,当天只能预约。再急也没用,就算马上死了也没用,最快下周二。
>
> 8 月 15 日、16 日休息日,什么事也不能做。感觉在等待死亡,待在

① ljb388."陪 10 岁儿子抗争神经母细胞瘤四期记录"的贴子[Z/OL]. (2015-09-06)[2021-01-05]. http://bbs.tianya.cn/post-100-1924396-1.shtml.

宾馆看到儿子我就想哭。我就跑到楼下的公园,一想到就哭。

8月17日,部分检查结果出来。开掉的那个"脂肪瘤"就是皮下转移,属于4期,超高危。

8月18日,终于住院了,上午带孩子做了CT,然后办了住院手续。

······

把最近一次CT迎着光拍成照片发给新加坡的徐震汉医生,然后让她评估一下什么时候可以做手术。

······

综合各方的信息反馈,认为北京儿童医院的移植比较靠谱,所以8月9号来北京。深夜12点猛刷北京儿童医院App,挂到了马主任的号,还担心挂不到,白来一次北京呢!

······

就医的过程,楼主更多地运用了两种基本的话语形态。

第一是专业的医学话语。主题帖中有大量类似"割除""病理切片""恶性肿瘤""上海医学中心""外科专家""晚期""各项检查""脂肪瘤""皮下转移,属于4期"的专业术语,同时也依靠这些专业术语的组合,构成了一套系统的诊疗叙事模式和话语体系,这套话语模式和体系超越日常生活,也超越了情感情绪。专业的诊疗话语同时构建了一套系统完整的意义体系。它显示了这些检查对于疾病治疗的重要性,因为这套体系十分科学严谨,预示着只有经过这些系统的检查,才有可能把病治好。而这个过程中提出的结论也十分权威,不管是疾病的名称还是发病的严重程度,甚至是治疗结果都是专业可靠、毋庸置疑的。

第二是围绕"生活"展开的道德性话语或情绪性话语。一旦有一个家庭成员患了疾病,那么就医就成了家庭生活的重要部分,不仅涉及钱,更涉及家庭成员生活工作方式的调整和适应,其间也会伴随着大量的情绪反应和生活体会。

再急也没用,就算马上死了也没用,最快下周二。

患者父母的内心十分焦虑,渴望尽快检查,但是只能无奈地等待。留给他们的就是对生活的无奈和感叹。

满满都是自责,这也符合笔者在前面调查时患者家属的基本心理,就是发现患者得了癌症之后,大部分家属都会陷入深度的自责情绪之中,觉得正是自己没有更早地给自己的亲人进行体检,才导致亲人病情没有被及时发现。这就意味着,亲人患病的根源就在于家属自身,家属从而背上了沉重的精神负担。

> 想一想,我们做父母的太大意了。孩子这么瘦,没做个体检。

我们认为,话语表达不仅建构了主题帖的主题内容,更重要的是发掘了一系列治疗过程中的社会问题。楼主 ljb388 帖子中的两类话语建构了一个十分重要的问题或者意识,那就是命运问题。在中国的传统中,个体一旦面临无法解决的困难或挫折时,往往会认为是自己的命运不好,楼主也是如此。在刚开始的就医阶段,楼主一家想方设法与命运抗争,但是接着开始将孩子的患病归因于命运的捉弄,再者就是准备向命运低头等。在 8 月 12 日扬州苏北医院检查结果显示最大可能是神经母细胞瘤之后,楼主发了一张孩子的照片,并且发出感叹:

> 这种病不痛不痒,发现基本是晚期,没办法。

而 8 月 13 日在上海医学中心做进一步检查,确认是神经母细胞瘤,而且是晚期之后,楼主彻底被病情击倒,他说:

> 真是一下子跌入地狱。我发现我已经无法走路了。
> 等待死亡的滋味真的不好受……自杀也许是人生不坏的一个选择。
> 世界上最难受的不是死亡判决书下来,而是等待死亡判决书的时间。

他们需要筹集治疗费用,在回到扬州老家的时候,楼主发帖说:

> 想到一个月前家里还欢声笑语,一个月后就空无一人,不禁泪如雨下。再想到以后可能会家破人亡,不禁骂苍天无眼。我等升斗小民既没做大奸大恶之事,也没做伤天害理的勾当,还让我们家破人亡,何其不公。

在准备去新加坡就医的日子中,楼主发帖说:

> 这几天一个人待在家里会胡思乱想,从毕业到现在,感觉哪一步走错了。有悔恨,有懊恼。然后又平息悔恨和懊恼,感觉应该面对现实。一个人在家里就这么进行着激烈的思想斗争。在想到不好的事情的时候,禁不住掉眼泪。
>
> 本想安安稳稳地过着普通人的日子算了,没想要与天斗、与命争。流泪不能解决问题,唯有勇敢地面对。
>
> ……

楼主与其他人一样,开始把这些不幸归结为命运的问题,认为是"苍天无眼",认为"让我们家破人亡,何其不公",没想过"要与天斗、与命争"。在与某种无法抗争的力量斗争时,"命运意识"成为普通人普遍具有的一种问题意识,反映了人生的不可掌控与内心的挣扎和怨恨。

这种命运意识,就是中国传统的"天命"观。在中国古代哲学中,天被当作神,能决定人的命数。早在殷周时期,就已出现天命观。《易经》有言:"乾道变化,各正性命。"[1]"乾道"就是天道,"性命"是万物的属性和寿命。这句话的意思很明确,天道决定着世上万物的属性和寿命。唐代孔颖达注释道:"命者,人所禀受,若贵贱夭寿之属也。"[2]人们认为,富贵贫贱、吉凶祸福以及死生寿夭等,无一不取决于冥冥之中的天道,非人类自身所能把握。

命运的观点源远流长。至春秋时,孔子弟子子夏说:"死生有命,富贵在天。"[3]由此可见,孔门弟子是信奉命运的。孔子又说:"不知命,无以为君子也。"[4]总之,在孔子看来,一个人的生死存亡、富贵贫贱与作为天道的命运有关,绝非芸芸众生的力量所能改变的。

命运的观点由此成为华夏民族的传统文化,深深地植入华夏人的内心世界中。有些人把它演绎为"听天由命"的消极人生观;当然,更多的人则信奉"尽人事,听天命"或者"谋事在人,成事在天"的人生信条。

---

① 周振甫译注.周易译注[M].北京:中华书局,2012:02.
② 孔颖达注疏.周易正义[M].北京:中国致公出版社,2009:123.
③ 刘俊田等.四书全译[M].贵阳:贵州人民出版社,1988:230.
④ 刘俊田等.四书全译[M].贵阳:贵州人民出版社,1988:336.

"尽人事"和"谋事在人"都可以被理解为尽一切人力所能，追求行动和过程，至于结果那就是"听天命"和"成事在天"了。这意味着，事物时刻都在变化，时间、空间、人心无时无刻不在发生变化，它们都影响着事情的成功与否。因此，只要尽力做好自己力所能及的部分，至于是否成功则不是自己所能决定的，只能看"天命"了。

在这个主题帖中，"命运意识"往往被演绎成一种负性心理和悲观情绪，楼主认为这是老天爷冥冥之中的安排。但是在跟帖中，这种命运意识则是一种安慰性的精神治疗话语，意思就是说，你已经"尽人事"了，而结果显然是由"天命"决定的，责任不在你。

2.治疗性话语折射出相互取暖的普世之爱

这是一种超越阶层、地域、性别的人与人之间的关爱意识。

这在一系列发帖和回帖中体现得淋漓尽致。治疗性话语的前提是，谈话人假设咨询者或者谈话对象在生理或心理上是有缺陷的，需要得到精神方面的帮助——当然，如果从社会身份的视角来分析，我们会觉得谈话人显然具有一种优越感。不过，在心理治疗话语中，谈话人与谈话对象之间是一种地位对等的关系，谈话对象可以摆脱身份与地位的束缚，敞开自身的内心世界，通过对话的形式把内心深处的困惑诱导出来，找到和消解心理症结，从而达到排遣疏导的效果。笔者在对话分析中发现，只要楼主发表评论性内容，这个时候就会有成员回复相应的建议或安慰。大量的回帖都可以被归结为治疗性话语，只是"治疗内容"（或者说主题内容）有所不同。

（1）"我们"的群体身份建构和"感同身受"的心理迁移策略

很多网民在回帖的过程中，会通过寻找彼此的相似性，把自己置于与楼主类似的境地，通过互动对话建构起"我们"的群体身份，以此来获得楼主的共鸣，最终起到安慰楼主的作用。这个"我们"既包括"我们"都是"父母"，又包括"我们"都是"患者亲人"。既然我们都是同一类人，是一个命运共同体，因此我们对疾病、治疗或者困难都能够感同身受，也能予以理解支持。

楼主说："我当时就傻了，到处找人，希望快点。结果说最快要周二，因为需要培养时间。下面周末两天我不停打电话，那些医生同学都安慰我说小孩没事的。"

"臭屁组合"跟帖："加油！我也是一位母亲，能理解你的心情。一切都会好起来的。"

"angelxiaoyu88Lv7"说："看了很心痛，我也是一个四岁孩子的母亲，能体会家长的痛，不知道该怎么安慰你，只能祝福。孩子加油，你们要坚强，希望老天开眼，这么帅气的男孩子，肯定会恢复健康的！希望楼主能经常上来记录和更新。"

2015年8月24日，患者经过了多次化疗，楼主发帖说："还是呕吐，医生换了一种止吐针。下午还是呕吐，又打了两针止吐针……依旧呕吐，又打了两针止吐针……看着孩子难受的样子，心里真不是滋味。但是又能怎么办呢？"

"湘江北上2015"评论："看着孩子受罪，做父母的宁愿自己能代替。"

"ty_天缘聚"评论："心疼孩子！"

"甜夏夏"说："我和你一样，是患者家属，发病时间差不多，我哭得已经没眼泪了。每天做噩梦，事情不摊到自己身上谁也没法体会！时间长了可能会麻木吧！太难受，真希望自己失忆或者自己从骨子里就是一个不疼子女、十恶不赦的坏人，估计那能好受一点！我的建议是别去想三天后的事情，就活在今天，今天孩子还活着，还好好的，能吃能睡！不去想以后，千万别想！"

"遥遥0928"说："我也是……不敢相信，犹如晴天霹雳，晚上不敢睡觉，睡着就做让人心疼的梦。天天看着孩子，我难过得偷偷哭，现在感觉泪都要哭完了……害怕，不敢想。"

这些主题帖和跟帖建构起了一个"我们"命运共同体：我们都是父母，而且我们的孩子都患上了这样的绝症，我们一起看着孩子经受疾病的折磨、经受化疗的痛苦，我们都深爱着自己的孩子。正因为如此，我们都能理解彼此内心的痛，能理解彼此的心情。这些跟帖的网友在群体心理的驱使和场域文化的影响下，自觉不自觉地把自己归类为"我们"，实现了从个体形态的病人家属往群体身份的"我们"的转变。群体身份的认同促使他们在无形之中更为关注天涯论坛这一群体活动的公共空间，也自觉地承担起一定程度的群体责任，例如浏览网页、发帖、跟帖，甚至是捐款。这些生活在痛苦中的个人真正蜕变成为一个互相关心、互相支持的命运共同体。

在彼此理解与关心的情感基础上，不同个体又施展出了不同的心理治疗策略，这也是他们作为群体成员承担群体责任、扮演群体角色的一种积极表现。一部分回帖者找到了宿命的依据，把这种经历归结为一种"命"，从而更多地表达了"无奈"和"无力"，这是中国传统命运观的消极延续。

"u_112532422"评论："不要自责，日本专家说癌症是运气病，预防不了。"这句话蕴含着两层意思：第一层意思是，日本专家是世界上顶级的，他们说的话是毋庸置疑的、是权威的;第二层意思是,得这个病是命,是无法控制的。

网民"掌心桥"说:"我和你的心情是一样的,一声叹息! 也许这就是命吧! 不必强求。"

网民"闹闹可乐妈"也说:"这是命!"

显然,把不幸的生活或者遭遇归结为一种"命",是我们经常采用的一种消极的逃避策略,不管是否有用,都是为了获得精神安慰。

(2)相互取暖的心理鼓励策略

不管是患者还是患者家属,尤其是作为父母的患者家属,只要自己的孩子还有希望,即便跑遍天涯海角、花尽所有积蓄,也会尽最大的力量来治疗。因为在父母的内心深处,孩子是他们的全部,是他们在这个世界上生存的理由。用一句通俗的话来说,就是"可怜天下父母心"。

"u_104849043"说:"楼主你好,我们有相同的经历。我的儿子走了一年了,发现的时候是 3 岁 3 个月……从发现到结束整整一年。我都不知道这一年是怎么熬过来的……作为过来人,我劝你,中药治疗吧,化疗孩子太痛苦。化疗、输血、升白、止吐,就这些。孩子太痛苦了,我们还不如让孩子减轻一些人为的痛苦。过去的事没必要后悔,我们尽力就行了,孩子也应该欣慰,因为有如此爱他的父母。"

"地狱的小女妖"说:"楼主,又来看你们了,既然得的是难治的病,就要开心过好每一天。你们已经做得很好了,不开心是一天,开心也是一天,病人和家属都要经历这个过程……加油,我会一直鼓励你! 还有很多网友关心你们。要让我们听到你们的好消息啊!"

"hzxysl007"说:"理解你,敬佩你,祝福你!"

"u_104849043"说:"我们有相同的经历,在照顾好孩子的同时,也要照顾好家人和自己。"

"coffee0122"说:"抱抱,很能理解你,但不知道说什么安慰你……"

这样的理解、祝福和安慰,同样也是一种心理疏导。

楼主 ljb388 曾经跟帖说:"天天晚上做噩梦,日子不好过。"又跟帖:"昨晚又做噩梦了,患儿家长更需要心理辅导。"

而"u_105897588"认为:"遭遇这种晴天霹雳确实内心煎熬,楼主,明白你内心的苦涩惶恐,带着孩子去完成他的梦想吧,健康的心理是癌症的大敌,满满的祝福送给你们一家人!"

显然，就是楼主本人也承认：不管在孩子治疗的哪个阶段、哪个环节，家长都备受煎熬，晚上做噩梦成为常态，不知道如何治疗，也不知道前面的路该怎么走，确实需要心理辅导。也许，发帖正是释放负面情绪的渠道，而获取其他网友的心理安慰和情感支持同样也是抚慰不良情绪的途径。

3. 治疗性对话中对中西医治疗效果的思考

在对话中，我们同时还发现一些十分重要的主题内容，那就是针对治疗手段，尤其是中西医治疗手段的争论，以及对是否使用化疗手段的讨论。实际上，这是一个没有答案的、已经争论很长时间的老话题。

针对第一个争议，多数人主张西医治疗，认为中医不过是骗人的把戏。但是也有一些人认为西医对于治疗晚期癌症来说根本无效，对晚期癌症患者，只能采用中医方法治疗，中医方法可以起到扶正固本的作用，可以减少痛苦。

第二个争议是，在癌症晚期的治疗中，是否采取化疗方法。反对者认为，在这个阶段中，癌细胞已经扩散到身体的不同部位，而且扩散速度很快，而化疗的效果虽然很明显，但是缺点也显而易见。一方面，化疗无法彻底杀死癌细胞，同时又把其他细胞也杀死了，大幅度地降低了病患自身的身体抵抗力；另一方面，化疗手段对人体也是一种摧残，大部分患者会有剧烈的不适，例如疼痛、乏力、厌食、恶心、失眠等，而且患者的信心也遭到了极大的打击。但是对于支持者来说，化疗可以起到显著的遏制癌细胞扩散的作用，显然是有效的，况且我们目前还没有更好的治疗手段。

在中医式微的今天，大部分家属和病人几乎不假思索地选择了西医进行治疗。楼主也是如此，不管是扬州苏北医院的医生、上海医学中心的医生，还是新加坡的徐医生，都是西医，走的都是开刀、化疗的路子。楼主："8 月 20 日，报告基本出来了，头部、骨髓都没感染到，医生找我谈了话，签了很多字，说明天可以化疗了……我也不问那么仔细了，就同意了。"由此可见，一旦得了癌症之类的疾病，无论患者还是患者家属，都已经习惯性地选择了西医，自然也习惯性地排斥了中医。

例如，网友"ny_sz"就说："中医治癌就是个笑话，是一些丧尽天良的中医骗患者家属钱财的幌子！"

同样，也有反对西医的网友，认为西医已经证明无法治愈癌症，而且还会增加患者的痛苦。

"zhoujun0851"说："走化疗就错了，从中医的角度讲，扶正气，正气旺，邪气犯不了，不用杀它，达到平衡就好，带癌生存。"

"乐语笑颜"则提供了一个偏方，她说："一位民间中医一生中救治了很多癌症病人，在他临走的前几天，他把这个妙方用手机传给了我，告诉我用这个方子，让我去救治更多人。我要公开，要把它送给有缘人、相信中医的病人，祝福病人能康复。"

楼主自己也说："以前一个诸暨的同事非常关心我。他跟我说，癌症不可怕，他爸爸得癌症三年了，每天喝中药，指标一直没上来，现在还下地干活了。这就是所谓的'与癌共存'吧。"

而对于中西医的治疗效果，很多人已经形成了刻板印象，认为中医主要适合保健，而西医是治病的。当然，具体到癌症的治疗上，大部分人也会采取这样的观念来选择具体的治疗方案，就是以西医为主，再以中医为辅。

网友"平淡115"说："可以试试中药，冬虫夏草对身体恢复效果不错，而且在化疗过程中也可以抑制疼痛和呕吐。"

网友"yoyo_rong"则说："孩子受这么大的折腾！哎，好多人都说不应该化疗，那不化疗还有别的更好的办法吗？有些人说相信中医，但是北京最有名的广安门中医院的医生们都是不排斥化疗的呀。"

还有人还提出了选择治疗方案需要智慧的说法，也就是说，自己需要了解癌症的发病原理，从而选择适合自身状况的治疗方案。

网友"知道有缘人"说："祝福楼主能用自己的智慧赢得孩子美好安然的人生。我不知道孩子究竟怎样治疗才是合适的，不过就我爸爸肝癌五年的经历来看，仅仅不放弃、不抛弃是不够的……没有智慧，我们无法做人生的赢家，虽然我爸爸也只延长了四年多的生存期而已……"

"liuqdasl"说："建议先咨询，然后决定是化疗还是手术。庸医害死人，家长一定要有自己的判断和抉择，不要盲信医生，尤其普通医生。多听听专家意见再做决定。"

"知道有缘人"进一步肯定："应该说奇迹属于永不放弃的智慧人！"

所谓的"智慧"，也许就是根据癌症的发病原理、发展规律来选择治疗方案。

网友"我好你好真的好"提出了这样的治疗思路。

楼主淡定些！你们有足够时间学习与认识癌症。

治疗思路从两方面考虑。

一方面，提升（激活）恶性肿瘤特异免疫！因为恶性肿瘤特异免疫不是与生俱来的，也没有恶性肿瘤疫苗可打，只有当身体长出恶性肿瘤后，恶性肿瘤特异免疫才可能形成。如果恶性肿瘤很大了，表明恶性肿瘤特异免疫并未形成或者很弱。

另一方面，抑制恶性肿瘤细胞生长速度！即使恶性肿瘤特异免疫未形成或者很弱，如果能抑制恶性肿瘤生长速度，假以时日，恶性肿瘤特异免疫就有机会建立起来。

患者或家属千千万万记住：不可能靠直接地毒杀恶性肿瘤细胞来治愈恶性肿瘤。现在正规治疗方法（手术、放疗、化疗），从理论上、从设计上就不是为了治愈恶性肿瘤，只是应急的！

如果过度的放疗或化疗，很可能会将已经形成的恶性肿瘤特异免疫也杀死，甚至连恶性肿瘤特异免疫的种也消灭（耐受），一旦耐受，真的无望！

楼主首先不用到处找资料，大海捞针地找，很浪费时间，人也累，并且可能会无所适从。

天涯有几个帖子很有价值，只要领会其中思路，就不至于那么恐惧。

首推"谈癌症的治疗问题与新思路"，http://bbs. tianya. cn/post-free-3107631-1. shtml；次推"转载关于癌症资料，欢迎增加（转载）"，http://bbs. tianya. cn/post-100-1829287-1. shtml。

以上争论无非聚焦这么几点：第一，不管是选择怎样的治疗方案，一部分网友认为作为病人或者家属首要的就是需要了解患病的病理，要治疗癌症，从根本上说就是要激活免疫细胞，提高免疫能力；第二，主张以中医为主要治疗方式的人，认为中医以固本为主，可以有效遏制癌症的发展，让病患与癌共舞；但是反对中医的人觉得中医不是科学，无法根本治疗癌症，主张采用手术、放疗或化疗等治疗方案，抑或通过靶向药来治疗；第三，更多的人赞成，不管采用什么样的治疗方案，都要以减轻患者的痛苦、提高生活质量为目标，不能单纯为了延长寿命，降低了生活质量。

这些主题内容都是通过发帖和跟帖的互动形式得以完成的。

五、癌症患者家属群：医院外的治疗空间

癌症疾病患者及其家属在得知病情的短时间里，都会通过不同途径加入不同的微信群或 QQ 群，一方面获得一种群体的认同，另一方面得到咨询交流的机会。调查结果显示，有近 81％的人会加入相关 QQ 群、微信群等，这个比例十分高。① 从笔者掌握的一些交流群情况来看，如果从参与目的、互动主题内容以及群体社会关系等方面来分析，这些群既有共同点，也有自身的独特之处。

从人员构成来看，以往不管是微信群还是 QQ 群，都是熟人或准熟人之间的群体交流平台。但癌症患者交流群的不同之处在于，其成员在物理空间中往往并不熟悉，彼此之间也没有交往，只是因为癌症才团结在一个共同的交流群。从入群目的来看，网民在天涯论坛之类的公共平台更多地进行自我展示，而在微信群或 QQ 群之类的交流群中，群成员更多地希望咨询交流治疗信息或者药物购买信息。例如：在希望之光肺肿瘤家属交流群中，成员互动主要为了交流治疗经验、治疗方案及相关信息；而在肺癌治疗群（QQ 群）中，成员更多的是交流靶向药的购买和使用信息，这与该群的创办宗旨是相一致的。有关治疗方案信息或者药物买卖信息的交流，也是目前各种交流群日常交流最主要的两个主题。下面笔者进一步以微信群和 QQ 群为分析对象来分析其主题内容和表达形式。

（一）希望之光肺肿瘤家属交流群

希望之光肺肿瘤家属交流群创建于 2018 年前后，群主为"拼命三娘"，她同时也是"泰康87°_养老社区"以及"浙江杭州肺癌交流群"的群主。群主本人从事保险行业，因婆婆患上肺腺癌而创办该群，主要目的在于，方便大家交流治疗信息，顺便也可以推动自身保险工作发展。

群主特别制定了群规："我的初衷很简单，既不是为了呼吁，也不是为了引起有关部门的关注，我只想告诉群里的病友和家属们，你们可以有更多的选择。作为病友，作为弱势群体的我们应该怎么办？如何少花钱，用好药，治好病？如何

---

① 由于前面的调查对象都是癌症患者或家属的微信群或 QQ 群成员，因此这个数据占全部受调查对象的比例一定会比在现实空间中的实际情况高，但是即便如此，这个结果也足以说明患者或患者家属对各种微信群或 QQ 群的依赖程度很高这一现实。

自救？记住，我们是消费者，我们才是上帝，怎能任由跨国药企牵着我们的鼻子走？希望大家能多拉一些病友或家属进群，这样我们才能有话语权，才能真正得到最好的治疗。"[1]

在长期的互动交流中，该群逐渐形成了很强的用户黏性。在群成员角色分工上，群主热情积极，经常会激励群成员参与互动，不仅会在每天早上进行问候，还会在群公告中提醒成员："大家好，群里也需要活跃度，后期大家定期出来打招呼。不打招呼，就踢出去了！"她同时安装了一个"欧尼希望之光助理"的软件，会经常搜索发布一些相关专业知识，这些专业知识全部来自各种癌症治疗的知识库。群成员"过气的少爷"既是患者家属，同时又依靠其丰富的专业知识和积极的互动能力逐渐赢得大家的信任，进一步提升了该微信群的专业水准。群里的许多成员已经培养了每天登录微信群的习惯，而且一旦出现新问题，就会在群里发声，进行互动，从而成为活跃成员。

下面选择的是 2019 年 6 月 1 日—2019 年 6 月 25 日的互动记录，笔者准备从互动主题内容以及话语修辞两个方面进行话语分析。

1. 以精神抚慰为目的的积极话语策略

2019 年 1 月，国家癌症中心发布了最新一期的全国癌症统计数据[2]。癌症已经成为严重威胁中国人群健康的主要公共卫生问题之一，其死亡人数占居民死亡总数的 23.91%，且近十几年来恶性肿瘤的发病率、死亡率均呈持续上升态势，每年恶性肿瘤所致的医疗花费超过 2200 亿元，防控形势严峻。

肺癌位居我国恶性肿瘤发病人数首位，综合而言，肺癌疾病的特殊性可以被概括为：死亡率高，治愈率低，一旦确诊基本上已经是晚期；对于晚期癌症，就目前的医疗水平而言，并没有一种彻底的治疗方法；患者为了极低的治愈率，会倾尽一切，选择各种治疗方案，尤其是西医疗法，西医治疗费远超中医，一般晚期癌症患者的治疗费用从几万元到几十万元不等，给患者家庭以及国家造成了巨大的经济负担；精神压力大，在长期治疗过程中，癌痛、皮疹、恶心等一系列副作用

---

① 笔者于 2018 年 11 月左右经人介绍加入希望之光肺肿瘤家属交流群，其间就一些医疗问题参与了多次互动，群主会经常发布群规，对一些抗癌药的买卖、对商业推销等行为会予以警告阻止。该群目前有 400 人，大部分为肺癌患者家属，也有一部分为患者本人，群主要求每一个成员按照"患者身份＋癌症种类＋治疗医院"格式修改自己的昵称。群每天有几十条对话，活跃程度高。

② 国家癌症中心.《2019 年全国最新癌症报告》[R/OL]. (2019-05-21) [2021-01-04]. http://www.sohu.com/a/315710713_120054278.

造成了患者精神状况的恶化,导致家庭矛盾频发。

正是出于这些原因,微信群在无形之中为患者本人或患者家属群体提供了一个群体认同和抚慰精神的家园。相比天涯论坛·肿瘤版块的主题帖而言,微信群建构起的"我们"的群体意识更为强烈,不仅是因为成员往往来自熟人的介绍,而且由于不同的微信群具有相对明确的群宗旨和群功能,群里的成员基本可以获取满足自身需要的信息,从药品信息到治疗方案,以及心理精神层面的安慰。在"我们"的组织中,群体身份和群体意识被极大地确认和强化。我们选择的这个微信群名为"希望之光",也正是指"我们"是一个充满希望的群体。

倾诉和安慰成为该微信群的重要功能,群成员依赖治疗性话语建构起了一个精神共同体。我们来分析一下下面的对话①。

> 患者家属1:现在我爸陪着在看放疗科,接下来不知道怎么治疗。磁共振报告我还没看到,今天下午拿,医生电脑上能看到了。
>
> 患者家属2:我妈情况应该和你妈差不多,目前也是凯美纳吃着。
>
> 患者家属1:肿瘤科医生说要放疗,现在挂了放疗科的医生在看,我也不知道还要不要做基因检测。放疗反应会不会很大?
>
> 患者家属3:不会!
>
> 患者家属4:脑部放疗反应大的。头发会全没!
>
> 患者家属1:我妈妈骨转移,我妈当年手术化疗后,身体就比较差了。
>
> 患者家属4:胸积水抽了之后是不是很虚弱?我妈上周抽了800毫升出来,这几天一直感觉很疲惫!想睡觉!
>
> 患者1:是的,我抽过,带走大量的蛋白质和营养,你可以买点白蛋白打点滴补补。
>
> 患者家属5:哎,患了这个病,心酸,心累,要说什么呢?
>
> 群主:别想那么多,积极面对!

这是一段比较常见的对话,一共有7个群成员参与,其中一位(患者1)是患

---

① 该段对话选自希望之光肺肿瘤家属交流微信群2019年6月28日的一段交流,根据需要,笔者隐去了对话双方的真实昵称,同时也删除了部分与放疗副作用无关的对话。

者本人,另外 6 位是患者家属(包括群主)。这段对话的主题是放疗的副作用以及患者家属的心理感受。对于当事一方的患者而言,接受放疗实在是无奈之举,但既然这是医生建议的治疗方案,就只能接受;对于另一方的家属而言,最担心的就是放疗的副作用,从"放疗反应会不会很大"这句话来看,家属内心的挣扎是显而易见的。进行"放疗"是医生提出的治疗方案,也是相对有效的方案,然而因为已经从各个渠道得知放疗的副作用十分大,有些病人甚至有种痛不欲生的生理和心理反应,这无疑会使患者家属产生难以承受的负性心理,甚至是负罪感,哪怕这些生理反应并不会发生在自己身上。家属 5 就说:"哎,患了这个病,心酸,心累,要说什么呢?"

在这样的对话中,我们发现消极性的话语占据了主流,而所谓"别想那么多,积极面对"之类的积极话语,虽然旨在减轻和柔化负面心理,但是基本没有实质性的作用。虽然在应对这些身心副作用过程中,保持豁达和积极的心态极为重要,但是对于患者以及患者家属而言,又谈何容易呢?

从治疗视角来看,其他患者家属对"放疗反应会不会很大"这个问题的积极响应,虽然提供的只是一种显而易见的业余答案,缺乏医学方面的专业价值,但是这样的问答起到了很好的安慰的作用,一方面使提问者宣泄了内心的隐忧,另一方面也让其他家属得到了癌症放疗副作用知识的普及。在这个过程中,群主起到了超越一般成员的特殊作用,其选择的积极话语很好地回应了提问,起到了跟进和补充说明的作用。

2.医院外医疗方案的讨论和"院外专家"的建构

目前中国的医院以及医生服务的对象主要是到医院问诊或者住院的病人,至于已经出院的患者,医院和医生是没有义务提供医院外的咨询、治疗等跟踪性医疗服务的,这固然与中国病人多、医疗资源有限的国情有关,但是也暴露出了中国医疗服务制度的不足。对于癌症患者而言,癌症已经被明确界定为一种慢性病,不管是早期患者还是中晚期患者,在患病期间的大部分时间里面是需要在医院外面进行治疗的,也就是说,患者不可能长期居住在医院接受医生的临床治疗。这种情况所带来的问题是,患者服药后一旦药物产生副作用或者患者突发疾病,患者及其家属就缺乏一个正常有效的就医或者咨询渠道。正是在这种医疗情况下,有关癌症治疗的微信群或 QQ 群就成了院外医疗咨询交流的公共空间。

在这里笔者希望能够通过话语分析,例如主题内容和话语修辞等,来理解院外患者家属之间的医疗互动是如何区别于医院内部医生与患者(包括患者家属)之间的专业性互动的。下面是一段医院之外的非专业的治疗性互动对话①。

　　患者家属1：一般1.6厘米左右的要不要化疗啊？清扫是割掉还是其他什么意思？

　　患者家属2：是啊，我妈也63岁了，年纪不小了，现在心情不好了。

　　患者家属3：为什么都是这个年龄段啊？

　　患者家属1：是啊，我妈62岁。

　　患者家属2：说明这年龄段是病灾区。

　　患者家属1：一般1.6厘米左右的要不要化疗啊？

　　患者家属4：我们1.1厘米，医生叫我们等等做化疗。

　　患者家属1：肯定的！等等做化疗是什么意思？

　　患者家属4：先暂时观察。我们是9291缓慢耐药②。

　　患者家属1：我们也快速恶化了，医生说是腺癌。

　　患者家属4：3个月增加0.1厘米。

　　患者家属1：不是割掉了吗？

　　患者家属5：这不算耐药吧……算正常！不到20%，算有效吧？

　　患者家属1：为什么割掉了还会增加？

　　患者家属4：连续两次了！

　　患者家属5：哎，熬人！我们也耐药了，正在等新的基因检测结果。

胸积水抽了，要不要搞点什么有营养的东西吃？

　　患者家属1：是不是病历出来才能配药？

　　患者家属6：你们家吃了多久呢？

　　患者家属7：你家吃了多久？

　　患者家属4：日常吃就行，别刻意吃保健品。

　　患者家属6：我妈吃了快一年了。

　　患者家属5：我们两年一个月。

---

　　①　该段对话选自希望之光肺肿瘤家属交流群2019年6月28日的一段交流，根据需要，把患者以及家属的昵称改成"患者"或"患者家属"之类的称呼，同时把研究主题圈定为患者家属之间有关医疗方案的讨论，因此也删除了部分与之无关的对话。

　　②　9291是一种治疗晚期癌症的靶向药，耐药是指这种药开始失去效果。

患者家属5：感觉我妈很虚弱！

患者家属7：要不要补一补？

患者家属1：我们医生没有开药。

患者家属6：都不知道耐药会出现什么情况？有点忧心！

从这段对话来看，讨论主要由三个相互关联的主题构成。第一个是患者家属1提出的"恶性肿瘤达到多大需要化疗？"第二和第三个主题都是由患者家属5提出的，分别为"耐药的标志是什么？"和"化疗之后身体虚弱要不要吃保健品？"这三个主题之所以被放在一起讨论，一方面是因为它们是在一个自然连续的环境下被讨论的，另一方面是因为这三个主题相互关联——恶性肿瘤多大需要化疗？不管是否需要化疗，都需要吃靶向药，例如易瑞沙，那么多长时间会产生耐药现象？如何判断耐药性，之后需要如何换药？要不要服用保健品？

从对话来看，患者家属1和患者家属5既是主要问题的提出者，同时也参与了相关问题的回答，发问者与回答者之间的角色是重叠互补的，这有别于医院系统中医生与患者之间提问者与回答者泾渭分明的角色分工。患者家属2和患者家属3讨论的是癌症发病的年龄问题，笔者把他们称为话题的积极参与者。患者家属6和患者家属7参与的话题是吃药时间长短和耐药性问题，也属于一般的话题参与者。从全部对话来看，患者家属4可以算是"院外专家"，他对恶性肿瘤多大需要动手术、需要化疗的问题用具体的数据进行了说明，很有说服力。而且该家属又以过来人的身份，凭借比其他家属更丰富的经验在群里建立起自身独特的权威性。他在表达这两个主题时使用了肯定句，而且与医生的专业性诊疗话语最为接近："我们1.1厘米，医生叫我们等等做化疗""先暂时观察。我们是9291缓慢耐药""3个月增加0.1厘米""日常吃就行，别刻意吃保健品"……相对而言，只有"连续两次了！"这句话才暴露了该患者家属内心的忧虑和不安。

这段对话表现出了这样几个显著特点。

第一，多主题的交叉。在这种非专业的医疗性对话中，往往是多个主题夹杂在一起讨论的，具有很强的随意性；而医院里的医患对话则相对单纯直接，单一的医患对话，针对的就是单一疾病或者症状，不会有多个主题存在。在中国的普通门诊中，一个患者与一个医生之间的一次对话基本控制在2~5分钟。

第二，自媒体空间中的群体角色由患者家属间的对话自然建构完成。这些业余对话的发起与结束都是随机不可控的，在自由的问与答之间建构起提问者、参与者和治疗专家的不同角色，而且这些角色分工也不是固定不变的，会随着场合或者主题的差异发生改变。"院外专家"角色的成功建构，一方面来自参与对话成员的认可，另一方面也来自自身在这一特定主题方面的经验或知识，而不是来自经济、政治或专业方面的权威性。

第三，对话展现了一种平等的权利关系。在传统的医患关系条件下：医生往往是对话中的控制方，不仅控制着谈话的主题内容以及对主题的解释，还控制着谈话的节奏进程；患者属于谈话中被支配的一方，除了按照医生制定的谈话议程予以配合之外，几乎别无选择。相反，在微信群这样的自媒体空间中，参与对话的成员具有话语权方面的平等关系，不管是参与，还是退出，抑或谈话的维持，往往都是一种自由而平等的选择。维持谈话的动力主要来自个人魅力和话题本身的吸引力，而不是不平等地位所产生的权力制约。

因此，"院外专家"依靠自由对话基础上的自然建构，话语互动过程中的个人魅力和信任感是促使角色建构和身份认同的关键。但是，对话的结束也意味着院外专家自身使命的完成和角色的终结。

3. 医院就诊报销制度引起的阶层分化

阶层分化，除了传统的出身背景和工作条件之外，治疗过程也很容易成为内在动因，而这些并不是健康人所能体会的。这些阶层的分化：一些是由经济基础或者社会地位的差异所引起，具有持久或者社会固化的倾向；另一些则是随机的，引发的原因多种多样，即便在癌症治疗的过程中，也时刻处于阶层分化和重构之中。

在有关肺癌治疗的微信群或 QQ 群中，患者家属就看病挂号、医药费报销或治疗费用问题进行了交流。在这些对话中，我们看到了阶层的固化与分化现象，而背后蕴含的则是医疗制度与社会关系的深层结构。

(1)"走关系"看病中的社会分层现象

在现有医疗体系下，大量优质医疗资源集中于北京、上海、杭州、广州等大城市，这些地方拥有一流的医院和医生，市民可以享受优质的医疗服务。而与此同时，中国幅员辽阔，人口众多，许多地方的医疗事业并不发达，因此这些地方的人要想享受优质的医疗资源，不仅要来大城市，往往还要借助一定的"关系"，从而进一步使疏远的医患关系转变为亲近的朋友关系，甚至改变自己的身份或者阶层。

姚澄的研究①显示了在中国"走关系"或"托关系"看病的普遍性。她对132名患者和16名医务人员进行了问卷调查。姚澄发现,在119名有效调查对象中,有69名病患曾经一次以上托人看病。从他们的身份来看,选择托人看病的这些患者主要集中在公务员和高收入阶层中。这一部分人群事实上占有的社会资本超过了社会平均资本,也就是说,这些人可以通过自己的人脉或权力,比较容易地获得优质的医疗资源,例如联系名医或者能够优先就医等。这更多是在医患关系紧张的环境下发生的,或者说是医患之间信任缺失,导致病人需要通过受托人才能找到自己可以信任的医生。通过熟人来了解医生,进而通过打招呼等方式使自己能得到水平高的医生的优质医疗服务成为许多患者的愿望。

"走关系"的现象,本质上就是使优质医疗资源经过熟人或朋友等的中介行为得以重新配置的过程。随着社会医疗资源的流动和重新配置,诸如财富、权力、声望等其他社会资本也会通过无形的社会资本市场在中介人身上得以贴现,使中介人获得社会认同。

通过对优质医疗资源的获取、使用和重新分配,患者、医生、医疗机构相互之间的社会关系及阶层得到重构。站在最顶端的是权力精英阶层,他们或者是掌握着医疗技术的名牌专家,或者是掌握着医疗资源调配权力的管理者;依附这一阶层的是所谓的关系户,他们通过一定的关系,从中获得挂号、住院的方便;这之下是通过正常渠道进行网络预约的市民群体,他们虽然没有太大优势,但是他们掌握着如何预约、如何找到优质资源的信息搜索和使用优势;最后是缺乏人脉、金钱、信息等一切资源优势的弱势群体,存在依靠早起排队来获得优质资源的可能。正是因为存在"走关系"现象,不同阶层之间可以依靠金钱、亲属、朋友等社会资本因素换取医疗资本,获得暂时的优质资源,重构了新的社会阶层。

(2)医疗报销制度下的社会分层

在中国城乡的社会底层中,一直以来存在着"生不起病、看不起病,甚至生病不看"的病态现象,其原因就在于医疗费高昂。对于处于社会底层的低收入群体而言:有了病,一般就是扛;而碰到一些大病或重病,就是等死。这种观念因为根深蒂固,甚至已经演变成为中国社会的一种底层文化。

卫生部第三次国家卫生服务调查显示,目前中国城乡低收入者应住院而未

---

① 姚澄.熟人社会中托人看病现象之初探[J].医学与社会,2009,22(05):10-12.

住院的比例达 41％,应就诊而未就诊的比例在城市是 47％,在贫困地区农村则高达 70％～90％。①

值得庆幸的是,医药费高、看不起病的社会问题,已经引起国家和政府的高度重视。新推出的农村医疗保险(俗称"新农保")在很大程度上解决了这个困难。2013 年,我国农村医疗保障的重点将向大病转移。肺癌、胃癌等 20 种疾病被纳入大病保障范畴,报销比例不低于 90％,大大地减轻了病人以及家属的负担。② 但是由于地方财政、地区政策、病人家庭等方面素的制约,普通市民一旦生了癌症之类的特殊病种,看不起病的问题依然严峻。

在患者家属的对话中,根据经济状况和医保的类别,病人也被建构为不同类别的群体,或者社会阶层。下面该段对话③围绕报销和费用问题展开,建构了不同的身份:

患者家属 1:好麻烦! 我们用凯美纳自付 150 元左右,现在领赠药搞这么多事,家里老人觉得好麻烦。

患者家属 2:用社保了吗? 自付这么少啊?

患者家属 3:嫌麻烦,是不是可以直接买,不领赠药?

患者家属 1:是的。上次让把三份 CT 片打印出来寄过去,医院让付 350 元打印一堆。还有老人医保报销的地方是另一个城市,这个赠药可以领后,我们不用去报销了,每个月买药时老人有时忘记带银行卡什么的,80 多岁了。

患者家属 1:病人 86 岁,我妈 77 岁。

患者家属 3:每个地方操作起来可能都有点不一样,我们这里医药代表会告诉我们怎么寄资料,然后第一次领药时,领药点的人给我们随访表。

群主:每两个月都需要做 CT,之后才能领药。

---

① 罗婷婷. 广西老人因家贫欲咬舌自尽,宁愿死也不愿拖累儿子和家人[EB/OL]. (2018-02-12)[2021-01-11]. https://www.sohu.com/a/222349775_115864.

② 毛升云. 癌症报销 90％,"病有所医"照进现实[EB/OL]. (2013-01-17)[2021-02-25]. http://www.taiwan.cn/plzhx/wyrt/201301/t20130117_3557341.htm.

③ 选自希望之光肺肿瘤家属交流群 2019 年 6 月 28 日的一段有关挂号和住院中"黄牛"的交流,根据需要,把患者以及家属的昵称改成"患者"或"患者家属"之类的称呼。

患者家属4：既然自己只支付150元，赠送的药就别要了，年纪大了也吃不消折腾。

患者家属2：吃免费的，不容易啊！

患者家属1：嗯嗯，我在想，如果接下来不领赠药，医保还给报销吗？因为他们知道你是有赠药可领的。

患者家属1：我家这边，吃一代药都自付3%。老人是企业退休职工，城市居民，十几年没看病吃药了，所以医保卡里有好多钱可以用。

患者家属3：你们的医保政策真好！

患者家属2：城里人真好！我们农保每个月还要2500元。

患者家属1：原来是这样的呀。

患者家属2：凯美纳吃满6万元可以申请领赠药。

患者家属5：你们4盒多少？

患者家属1：你加上税？我忘记了，好像加上税5500元左右？税多少钱？产品好像5300元多点？

患者家属5：5380元。

患者家属3：你们自付的好少！

患者家属5：现在每个月付1000元左右，规定病种报销多。

以上对话最初由患者家属1发起，她提出的话题是，选择赠药还是报销。她的基本意思是：如果利用医保，凯美纳每个月自付150元，关键需要异地报销；而选择自费，同时可以领赠药，缺点是需要递交一系列材料，建档、审批和填写随访表，还需要患者本人（86岁）亲自前往领药。两种方式都很麻烦。显然，患者家属1的家庭是有一定经济实力的。患者本人属于企业退休职工、城市居民，而且历年账户中的余额很多，报销额度高。因而患者家属1讨论该主题背后的意义是：她考虑的主要不是钱，而是不管是领赠药还是报销，如何才能方便简单。

但是大部分患者家属则从中看到了医疗制度的差异。

患者家属2的反应是："社保吗？自付这么少啊？"患者家属3则感叹："你们的医保政策真好！""你们自付的好少！"他们两个关心的不仅是医保种类的差别，更多的是羡慕自费金额之少。凯美纳作为治疗肺癌的一种靶向药，原价4盒（一个月用量）5380元。

患者家属 5 关心的是报销的具体金额："现在每个月付 1000 元左右,规定病种报销多。"对照患者家属 2"我们农保每个月还要 2500 元"来看,患者家属 5 享受的可能是经济条件较好地区的农保。

从这段对话可以看出医疗保险制度的差异:首先是农保和城镇居民医保之间完全是两重天;其次是经济条件不同地区之间,农保的差异也十分巨大。这种差异既影响了患者家属的经济情况,也影响了他们的社会心态。正是患者家庭自身经济承受能力和由此带来的社会心态差别,进一步把这些患者及患者家庭划分为"城里人"和"乡下人"或者"有钱人"和"穷人"这样泾渭分明的两个社会阶层:对于"城里人"而言,他关心的只是取药或报销手续的简便,不关心金额;对于"乡下人"而言,经济因素是其考虑的首位因素,只要能吃赠送药,手续麻烦又有何妨呢? 而且对"城里人","乡下人"由衷地羡慕:"城里人真好!"

(二)肺癌治疗群和浙江杭州肺癌交流群[①]

QQ 群与微信群都由腾讯公司提供技术支持,属于封闭的熟人社群。不同的是:微信群主要依托手机,针对的是手机用户,具有可移动性;而 QQ 群最初依靠电脑界面,目前也可以利用手机上网,在视频和语音通话方面的功能不如微信群。学者们认为:QQ 群的对象相对年轻和知性,在大学生和知识群体中使用比较普遍;而微信群用户的年龄跨度大,学历要低得多。对于癌症患者及其家属用户而言,这两种社交形态对于内容表达并没有本质区别,因此下面对 QQ 群的研究只是起到对以上微信群研究的补充作用。

1.肺癌治疗群上的药物治疗话语

由群主自身工作以及群的创办宗旨的差异,直接导致 QQ 群的细分功能和属性差异。

我们首先讨论"肺癌治疗群"。到目前为止,该群有群成员 419 人和 3 位群管理员,3 位群管理员分别为:"牧马人",来自浙江宁波,平时从事药品销售工作;"BLUE",资料显示 31 岁,注册地在香港中西区,在签名栏明确表示可

---

① 经过天涯论坛中的杭州网友介绍,笔者于 2018 年 11 月左右加入这两个 QQ 群。肺癌治疗群倾向肺癌治疗方案以及药物使用方法的交流;而浙江杭州肺癌交流群则明确规定不准进行药物买卖的交流,因为群主担心浙江杭州肺癌交流群会因此成为一个商业场所。两个群目前都有 400 余人,大部分为肺癌患者家属,也有一部分为患者本人。群每天有几十条对话,活跃程度高。笔者的研究素材是从笔者加入到 2019 年 8 月底的 QQ 群聊天记录。

以代购各类靶向药;"九个太阳",男性,注册地为上海黄浦区。这个群创办的宗旨与群主的工作性质紧密相关。群主经营药房,可以代购各种印度版或孟加拉国版靶向药的仿制药或原料药。群宗旨是讨论肺癌的治疗经验,主要是靶向药的治疗经验和药品买卖。下面的对话选自肺癌治疗群 2019 年 7 月 16日的一段对话。

> 花无语:昨天去看医生,医生说是单个转移,放疗把肾上腺恶性肿瘤控制住了,其他的地方没有转移,可以不忙换药,继续吃凯美纳。等放疗完毕后,再检查一下肺部。
>
> 朝雾夕冰:护肝药很重要。@花无语
>
> 任我翱翔:@花无语 你好,凯美纳吃多长时间了? 我爸爸也吃凯美纳。
>
> 花无语 @朝雾夕冰:肝检查了,没有问题。
>
> 花无语 @任我翱翔:2018 年 3 月开始吃的。说吃易瑞沙还合算些?
>
> 任我翱翔:易瑞沙和凯美纳报销后价格差不多。
>
> 花无语:易报销后少些吧?
>
> 朝雾夕冰:我母亲也是易瑞沙吃着有好转,但是伤肝了。建议一定要护肝!
>
> 一帆风顺:我家从吃靶向药开始,保肝药就没有停,一直在吃水飞蓟。感觉还不错,供参考!
>
> 朝雾夕冰:您遇到了好医生!

这里首先讨论了凯美纳和易瑞沙的副作用。话题首先由患者家属"花无语"发起,她根据医生建议,继续吃凯美纳;而患者家属"朝雾夕冰"则根据自身经验——他母亲吃易瑞沙伤肝,建议"花无语"重视保护患者的肝功能;另一患者家属"一帆风顺"则提到靶向药与保肝药"水飞蓟"同时在吃。

患者家属"花无语"同时发起了另一个话题:"吃易瑞沙是否合算?""任我翱翔"认为易瑞沙和凯美纳报销后价格差不多。

2019 年 7 月 19 日,在同样的群里,患者家属"平平淡淡"说:"家父已故,剩余'孟白盒 9291'一盒未开封,另一盒还剩 28 粒,低价出售。"之后患者家属"清风"私聊"平平淡淡",讨论转让事项。

在这段短短的对话里面,包括靶向药的副作用、易瑞沙和凯美纳报销后的价格,以及转让靶向药三个主题。自始至终都在几位患者家属之间进行,群主没有参与对话进程的控制。但是由于这个群的主题是肺癌治疗的交流以及相关药物的使用,他们的对话也没有违背群宗旨。

2. 浙江杭州肺癌交流群上的医疗服务话语

浙江杭州肺癌交流群是笔者加入的第二个 QQ 群。该群至今有成员 421人,与希望之光肺肿瘤家属交流群同时创建,群主为"拼命三娘",群主本人从事保险行业,同时其婆婆患上肺腺癌,因而创办该群。创办该群的主要目的在于,方便大家交流治疗信息,顺便也可以促进自身的保险工作。群规限制药品买卖。如果涉及与癌症无关以及药品买卖话题,群主就会出面予以阻止,大家也比较自觉地坚守这一原则。在申请加入的时候,群成员也被要求按照"地方一患者关系一恶性肿瘤类别"的格式来标注群昵称,比较规范清晰。

(1)医疗报销制度的差异折射出人的阶层差异

这个群也讨论不同报销制度的差异,在前面的微信群中讨论了肺癌晚期病人关于靶向药的报销差异,这里讨论的则是癌症早期病人做手术的费用区别。

　　浙江～母肝肺部:@杭州一妈妈一1a 报完的费用吗?

　　杭州一妈妈一1a:不是,全部费用。

　　母亲 1.2 浸润已术:5.5 万元是全部的费用,还是半山(指浙江省肿瘤医院)划算啊!

　　杭州一妈妈一1a:嗯,半山 5 万元不到。

　　浙江～母肝肺部:报销完花了多少?

　　杭州一妈妈一1a:1 万元多一点。

　　母亲 1.2 浸润已术:没报。新农合,得回老家报!

　　母亲 1.2 浸润已术:@杭州一妈妈一1a 你们肯定报销多。

　　浙江～母肝肺部:@母亲 1.2 浸润已术 我们也是新农合。我们估计就只能报 1 万元零一点。

　　母亲 1.2 浸润已术:你哪里的?

　　浙江～母肝肺部:我金华那边的。

母亲 1.2 浸润已术：在省内异地城市治疗，新农合不是只报 40％吗？而且是可报销部分，自费部分不算。

浙江～母肝肺部：@母亲 1.2 浸润已术 是的，但是可以在这边医院直接报。

母亲 1.2 浸润已术：@杭州－妈妈－1a 你什么保险？

杭州－妈妈－1a：医保。

母亲 1.2 浸润已术：卡是 35％。回去配居住证是 40％。

母亲 1.2 浸润已术：@杭州－妈妈－1a 医保是高的。新农合，报不了那么多。

杭州－妈妈－1a：新农合是什么不懂啊！

母亲 1.2 浸润已术：农村医保，老年人的。在当地县级医院治疗，报销比例高于 78％；当地市级医院治疗，报销比例应该至少有 50％，甚至 56％以上；省内其他城市 35％～40％；出省治疗的报销比例更低。每个地方都有报销比例说明。在当地报销最多，去其他地方就医则较少。

浙江～母肝肺部：对的。

这段对话的话题是手术费用。

第一个主题是不同医院之间费用的比较。"浙江～母肝肺部"询问做手术的费用。"母亲 1.2 浸润已术"的全部费用是 5.5 万元，认为还是浙江省肿瘤医院划算。"杭州－妈妈－1a"在半山肿瘤医院的治疗费用还不到 5 万元。

第二个主题是城市医保与新农合之间报销费用的差异。"杭州－妈妈－1a"的母亲是医保用户，总费用 5 万元，报销后自理 1 万元多一点，就是说医保报销了 4 万元左右。但是新农合报销的就少多了，大概是 1 万元多一点，两者之间差了 4 万元左右。

第三个主题是不同地区或医院就医的差别。"母亲 1.2 浸润已术"很清楚地表达了这种不同："在当地县级医院治疗，报销比例高于 78％；当地市级医院治疗，报销比例应该至少有 50％，甚至 56％以上；省内其他城市 35％～40％；出省治疗的报销比例更低。"也就是说："每个地方都有报销比例说明。在当地报销最多，去其他地方就医则较少。"这段对话蕴含了社会学意义。一方面体现了患者与患者所在地之间的矛盾：作为患者所在地，尤其是县一级地区为了保护自身医院的发展,采取了自我保护政策,希望病人能够在本地医院就医;但是作为患者以及患者家属,一旦得了恶性肿瘤之类的重大疾病,总是希望能够到市一级大医院乃至更高一级的医院就医,但这样做就必须面临报销额度低的困境。另一方面,城市医保和新农合实际上把人划分为不同的价格或等级,享受医保的病人比享受新农合的病人地位高,而享受新农合的则比没有享受任何医疗保险的地位高。类似这样对社会等级多样化的解读,时隐时现地出现在患者及患者家属的对话之中。

(2)治疗过程中医疗服务的差异

在这个群里,每天交流最多的还是治疗经验以及与之相关的医生(或医院)的服务水平,下面一段对话涉及了医生和医院医疗服务的差异。

> 浙江～母肝肺部:我妈临时病理出来了,也是浸润了。
>
> 衢州—父肺腺:你们术中病理写得好清楚,我们就写了浸润,浸润就叶切了。
>
> 母亲1.2浸润已术:比我的也清楚!我们是段切,切了两段。
>
> 杭州—妈妈—1a:术中病理我们都没得看的,就医生这样说了一下。
>
> 衢州—父肺腺:我们先段切,术中病理浸润就叶切了。
>
> 母亲1.2浸润已术:叶切也好的,我们医生没改叶切,术前谈话还说,如果需要术中会改叶切。
>
> 杭州—妈妈—1a:我们都没写什么腺泡乳头啥的,一个没有。
>
> 母亲1.2浸润已术:叶切伤害大,但是更放心。我超过一半,倾向叶切。
>
> 衢州—父肺腺:今天大病理出来,才写了以腺泡型为主。术中病理太过于简单。
>
> 杭州—妈妈—1a:我们大病理上也没有什么腺泡乳头。
>
> 母亲1.2浸润已术:我们写了黏液型,别的啥都没有。
>
> 杭州—妈妈—1a:我们就5个字——浸润性腺癌,此外没了!我问他浸润是什么意思,是不是不好,还被说没文化就别瞎问!
>
> 母亲1.2浸润已术:想多了,就都是糟心事。不知道切多少,不知道黏液型。免疫组化也很少。感觉啥啥都没有。

杭州—妈妈—1a:我们也没尺寸,不知道切了多少。

母亲1.2浸润已术:你们不是都半山做的吗? 怎么病历格式也不一样?

杭州—妈妈—1a:她也是半山?

浙江～母肝肺部:@母亲 1.2 浸润已术 浙二(浙江大学医学院附属第二医院)啊! 跟你一样啊!

母亲 1.2 浸润已术:我们片子 1 厘米,做出来 1.2 厘米。

母亲 1.2 浸润已术:你们是市区院区(指解放路院区)是吗?

浙江～母肝肺部:对。

母亲 1.2 浸润已术:哎,病历格式内容居然不一样! 现在手术信息这么少,真是糟心。

浙江～母肝肺部:你在上叶还是下叶?

杭州—妈妈—1a:上叶。

母亲 1.2 浸润已术:美慕你啊,关于术中病理都有这么多信息。

浙江～母肝肺部:哎哟,这个美慕!

杭州—妈妈—1a:我的没有术中病理。

母亲 1.2 浸润已术:你问问杭州—妈妈—1a 美慕不美慕?

杭州—妈妈—1a:我们的啥都没有!

母亲 1.2 浸润已术:这个做完,各种信息都很少,是不太爽的!

母亲 1.2 浸润已术:是啊。所以美慕,术中就这么详细。术后大病理,到时候发我们看看。

浙江～母肝肺部:好!

这段对话讨论的话题只有一个:医生在撰写病历和解释病情过程中是否清晰和耐心,这个细节直接影响到患者家属对医院服务水平评价的高低,也影响到患者家属的心态。

从对话来看,这些患者就医的医院分别是浙二医院滨江院区、浙二医院解放路院区和浙江省肿瘤医院。"浙江～母肝肺部"的母亲是在浙二医院解放路院区做手术的,有详细的术中病理,信息量多;而在另外两个地方就医的患者病历写得就很简单。"衢州—父肺腺"说:"你们术中病理写得好清楚,我们就写了浸润。""母亲 1.2 浸润已术"说:"也比我的清楚! 我们是段切,切了两段。"而"杭州一妈妈一1a"则说:"术中病理我们都没得看的,就医生这样说了一下。"而在大病理上,"衢州一父肺腺"说:"今天大病理出来,才写了以腺泡型为主。术中病理太过于简单。""杭州一妈妈一1a"说:"我们都没写什么腺泡乳头……我们就5个字——浸润性腺癌,此外没了!""母亲1.2浸润已术"说:"我们写了黏液型,别的啥都没有。"

有的医生在术中病理和大病理上写得十分详细,被病人家属一致点赞,甚至得到其他病人家属的羡慕。"母亲1.2浸润已术"说:"所以羡慕,术中就这么详细。术后大病理,到时候发我们看看。"

在医院和医生眼中也许算不得什么,但是在病人家属眼中,详细的病理报告不仅传递了更多的治疗信息,更重要的是,培养了病人和家属对医生和医院的信任感,催生了良性互动,也提高了病人和家属对医生和医院的评价。这些患者家属之间的对话更多的是治疗性话语和道德性话语,他们大多把自己当作心理上已经受到伤害的弱势群体,病理报告上详细充足的治疗信息,以及医生耐心的解释能够抚慰他们脆弱的心理,因此这样的心理需求一旦没有得到满足,他们的内心深处就可能产生怨恨心理。

六、网络医院中的在线咨询:好大夫在线

在网络空间中,同时还存在大量有问必答的医疗咨询网站,通过"360良医"搜索工具,输入"第一代靶向药副作用有哪些"这样的问题,就可以搜索到很多在线咨询网站。其中一些是医院创建的在线医院,可以提供挂号、在线咨询之类的服务;也有一些是提供网络医疗服务的专业网站,其中好大夫在线①具有一定的代表性。好大夫在线开辟了两大服务类别:第一是"找大夫咨询",可以按"医院"

---

① 好大夫在线是经北京市卫生局审核批准可以提供互联网医疗卫生信息服务的网站。好大夫在线创立于2006年,是中国领先的互联网医疗平台,在图文问诊、电话问诊、远程视频门诊、预约和转诊、诊后疾病管理、线上复诊、家庭医生、医生点评、知识科普等多个领域拥有领先地位。截至2018年12月,好大夫在线收录了全国9379家正规医院的58万名医生的信息。其中,21万名医生在平台上实名注册、亲自使用,并直接向患者提供各种线上医疗服务。在这些活跃医生中,三甲医院的医生比例高达78%,能够给予患者足够权威的诊疗建议和合法的线上诊疗服务。用户可以通过好大夫在线App、PC版网站、手机版网站、微信公众号、微信小程序等多个平台,便捷地联系到来自全国的21万名医生,一站式解决线上服务、线下就诊等各种医疗问题。

"疾病""专科""专家团队"以及"电话咨询""网络咨询""私人医生"和"家庭医生"等多种形式进行搜索;第二是"就诊指南",好大夫在线提供的服务包括"预约挂号""海外就诊""专家访谈""60秒问答""疾病专题"和"快速找药"等。该网站的独特卖点是,声称有"21万名权威专家在线解答"。因此,好大夫在线的特色就是患者或患者家属与各级医院中各类医生之间的诊断性医疗对话,当然这样的诊疗有别于医院面对面的门诊。

(一)医生与患者(或患者家属)之间混合性的医疗话语与生活话语

下面是该网站中的一段病人家属与医生之间的对话①:

患者 阿＊＊＊(2018年11月15日):潘主任,您好!

潘医师(2018年11月15日):你好!

患者 阿＊＊＊(2018年12月11日):金华目前没这个药,麻烦您了!

患者 阿＊＊＊(2018年12月12日):潘主任,早上好。您是否看见了我的留言,请麻烦给我回复下,谢谢您!

潘医师(2018年12月12日):你好,我们医院有这个药,是自费药。

患者 阿＊＊＊(2018年12月12日):哦,那我需要来邵逸夫一趟麻烦您开这个药是否可以?需要时,我挂您的号麻烦您开个处方在您院拿这个,可以吗?

患者 阿＊＊＊(2018年12月13日):潘主任,早好。是否可以?

潘医师(2018年12月13日):可以!

潘医师(2019年3月8日):不知道你父亲现在怎么样了,前段时间太忙都没有看信息。

患者 阿＊＊＊(2019年3月9日):谢谢潘主任回复。老父目前情况不好。PD-1 3次后有了进展,但当地大夫解释说很难判断出这是真

① 该对话选自好大夫在线网站,对话时间是2018年11月15日到2019年3月9日,对话中的医生来自浙江省邵逸夫医院的潘副主任医师,患者来自浙江省金华市,患者的疾病为"左肾润性上皮癌"。

进展还是假进展，于是开出安罗替尼（跨适应）服用两周，结果出现血压升高、心率加快、心衰、双下肢以及双臂水肿、蛋白下降（已滴注 8 瓶白蛋白）、整个口腔全部脱皮溃烂，现已被迫停用。出现这样的情况，不知是 PD-1 的副反应还是安罗替尼的副作用，但的确是服用安罗替尼之后出现的，之前 PD-1 后仅出现两次发热就恢复正常。现正在住院对症治疗，口腔好转但心衰仍没扭转，人也不吃饭，情况不容乐观。

这段对话发生在患者家属"阿＊＊＊"和潘医生之间。从叙事内容和形式来看，这段对话至少具有这样一些自身特点。

第一，时间上的间断性。这段对话首先由患者发起，时间是 2018 年 11 月 15 日，最后结束时间是 2019 年 3 月 9 日。我们看到，患者提出咨询，而潘医生经常需要第二天，甚至几天之后才能予以回应，在时效性方面远远低于面对面以及微信群、QQ 群的诊疗，因而在线问诊在现阶段不太可能成为一种常规的咨询服务。

第二，从表达内容来看，这里涉及两个话题：其一，患者家属于 2018 年 12 月 11 日咨询指定药物的购买方式；其二，潘医生主动询问患者的身体状况，而患者家属把自己父亲不容乐观的身体情况告诉了潘医生。

第三，从话语修辞来看，有关药品购买的话题使用了生活性话语。关于患者近况的对话混杂着医疗话语与生活性话语。医疗话语的内容涉及安罗替尼靶向药服用两周后身体的反应："结果出现血压升高、心率加快、心衰、双下肢以及双臂水肿、蛋白下降（已滴注 8 瓶白蛋白）、整个口腔全部脱皮溃烂。"患者家属没有用太多的医学话语，既没有具体指标，也没有太多的医学术语，但是表达的却是服用靶向药之后出现的身体变化，"血压升高""心率加快""心衰"等都属于医学内容。这是不同于医院门诊中的专业医疗对话。同时，像"心率加快""心衰""整个口腔全部脱皮溃烂"之类的话语，都是从感官体验出发的，具有生活性话语的修辞特色。

（二）资料库答患者问中的医疗话语

在这类网站中，为了弥补医生和坐诊时间方面的不足，在一些咨询内容上采用了资料库的形式。也就是说，大量的患者及其家属所咨询的问题都是一些常识性的问题或重复了多次的普遍性问题，一些专业人士从这些问题中筛选出比较常见的问题和格式化答案,将其按科室(或者疾病种类)编排,做成资料库,供其他有需要的患者及患者家属参考。这种资料库形式在医疗咨询、招生咨询等领域得到广泛采用。好大夫在线往往按照"提出问题—真实案例—患者疑问—疑问解答"的形式列出相关资料,下面是针对问题"肺癌出现声音嘶哑,就是晚期吗"①所做的回答。

　　问题:肺癌出现声音嘶哑,就是晚期吗?

　　真实案例:患者男,50岁,已经确诊为小细胞肺癌。患者这段时间感到头痛、声音嘶哑。喉镜检查为左声带不动。

　　患者疑问:肺癌为什么会导致声带出现问题? 喉镜检查为左声带不动,是疾病到了晚期了吗? 肺癌出现声音嘶哑,就是晚期吗?

　　疑问解答:得了肺癌后,当恶性肿瘤压迫或侵犯喉返神经时,就会出现声音嘶哑等症状。尤其左侧喉返神经从主动脉弓和左侧主支气管之间开始,在胸腔内行走的距离比右侧喉返神经长。因此,相比右侧,左侧喉返神经更容易受胸部病变的影响。一般而言,当喉返神经受到侵犯,出现声音嘶哑时,可认为肺癌已经发展到晚期。

　　这个案例来提供了一个从问题、真实案例、患者疑问到疑问解答的格式化的叙事模式,显得十分清晰规范。从话语表达来看:"问题"中的"声音嘶哑""晚期",以及"真实案例"和"患者疑问"中的话语基本属于生活性话语;在疑问解答中,表达首先采用了大量医疗诊断方面的专业术语,属于名词的有"肺癌""恶性肿瘤""喉返神经""症状""左侧喉返神经""右侧喉返神经""主动脉弓""左侧主支气管""胸腔""胸部病变"和"声音嘶哑"等,同时通过一系列的"压迫或侵犯""在胸腔内行走""受胸部病变的影响"等动词词组以及"就会""尤其""因此"等连接词完成了针对恶性肿瘤作用的叙事,把声音嘶哑的原理进行了专业描述说明,按照恶性肿瘤压迫喉返神经的病变逻辑阐述了声音嘶哑与肺癌晚期之间的关系。

　　总之,如果从话语表达的角度来分析好大夫在线之类的医疗咨询平台,其功能介于医院门诊与患者家属群之间,更多地起到辅助医院门诊系统的作用。一

---

　　① 李向楠.肺癌出现声音嘶哑,就是晚期吗? [Z/OL]. (2021-02-15)(2021-03-02). https://www.haodf.com/paperdetail/lungcancer.htm.

方面，在好大夫在线之类的医疗咨询平台中，对话的发起者一般是患者或患者家属，然而掌握会话主动权的无疑是坐诊医生或者医疗平台。他们之间的关系很大程度上是医院专家与患者关系的网络延伸，医生和平台给患者及其家属赋予一种权威性和信任感的同时，也无形之中剥夺了患者及其家属提出质疑或者表达自身想法的话语权。另一方面，医生与患者及家属之间的对话通过文本形式展开，更多地使用生活式的诊断话语，而平台与患者及家属之间的对话更多的是一种资料库形式，涉及更多的是普遍性疾病，用得更多的是医疗话语，缺乏生活气息。

七、网络空间中癌症患者家属的治疗性话语和问题意识

漫长的治疗时间、高昂的医疗保健费用、沉重的心理负担、无望的治疗前景，这些都迫使患者家属把目光转向医院之外，尤其是互联网空间。从我们的研究来看，这些空间主要分三类：首先是天涯论坛·肿瘤版块（或者与癌共舞）这样的论坛，这里提供的更多的是患者，尤其是患者家属撰写的治疗经过与经验，目的在于分享，希望能给有同类遭遇的家庭提供借鉴；其次是大量的微信群或 QQ 群，这是目前患者家属探讨交流最频繁的自媒体空间；最后是好大夫在线一类的医疗门户网站，患者家属主要利用这些门户网站搜索一些资料，普及关于癌症的医疗知识以及挂号就诊之类的常识。

患者及其家属在网络空间（尤其是自媒体空间）中的互动，虽然目的各不相同，投入程度也不尽相同，但是一旦聚集在同样的社区之中分享经验与思考、发泄情绪与情感，在建构出诸多社会意识的同时，也建构了新型的社会关系。

首先是建构了一种"我们"的社会身份以及群体意识。在医疗类的门户网站中，患者家属一般以个体身份出现，与其他患者家属缺乏深度互动，因此"我们"的属性意识并不显著。但是在大型论坛和癌症患者家属群中，"我们"的身份意识和认同得到有效建构。不过，因为家属融入程度与目的各不相同，身份意识和认同的程度也是不同的：那些入群意愿强烈的获得的帮助大，而且互动积极的成员，其群体身份也比较特殊；那些游离在话题之外的边缘成员，他们的身份意识相对比较薄弱。从互动对话中，研究人员发现"我们"的群体身份至少包含几个层次的内涵：第一是边界意识，例如我是属于这个公共空间中的成员，这个群与其他群是不同的；第二是归属感，很多成员最初入群只是为了咨询问题，但是过

了一段时间之后，每天登录这个特定空间成为他们生活中不可或缺的内容，甚至对这个群产生了情感依赖；第三，责任意识，这些身份意识显著的成员能够比较自觉地遵守和维护公共空间的纪律。例如在希望之光肺肿瘤家属交流群中，大家比较自觉地不谈靶向药买卖以及治疗费用筹集的事情。在天涯论坛·肿瘤版块中，大量的主题帖下面会不时地出现广告帖和带有欺骗性的信息，其发帖人会受到论坛成员的集体谴责。因此，网络空间中患者家属之间的互动交流，会随着交流的深入，促使群成员转变群角色和意识，从一开始的信息需求转变成为对"我们"群体的群体认同，以及对群体意识的维护。

其次是建构起了比较显著的社会问题意识。从批判性话语的角度来看，社会问题是话语建构的结果，它们只可能存在于话语之中。在话语互动之初，很多家属充满了焦虑和茫然，这在问卷调查和访谈中已经有所体现。但是随着成员参与和群互动的深入，涉及的话题越来越广泛，也由此建构了更多的社会问题与意识。

例如中医与西医的问题。虽然在大量的论坛和家属群中，大家几乎都默认了西医的治疗方法——早期就是动手术，晚期一般采用放疗、化疗和靶向药等治疗方式——但即便如此，中医的治疗价值依然被一部分患者和患者家属认可。因为癌症患者的年龄普遍较大，而中医的受众群体也以中老年为主，两者在年龄层面上具有很大的重合度。有关中西医疗效的争论也进一步强化了它们在癌症治疗中的地位与价值，有家属甚至把这种争论上升到民族层面。

又例如由癌症产生引发的"命运意识"。这原本属于专业的医学问题，医学领域普遍认为这是因为体内沉积的毒素在多种诱因下导致组织细胞发生基因变异，从而发展成为癌细胞，而癌细胞的扩散又破坏了人体的免疫系统，导致癌症疾病的恶化。但是在家属群体中，有相当多的患者家属却把患病当作一种命运，甚至部分家属觉得是不是自己在上辈子做了对不起别人的事情，这辈子才遭此不幸。因此，在各种论坛、微信群或 QQ 群中，"认命"的社会心理普遍存在于患者家属身上，尤其存在于经济收入相对低下的群体中。当然，在医疗知识的普及之下，家属们普遍接受了老龄化以及免疫系统受破坏的科学解释，他们身上也产生了相对积极的"抗命"意识，积极寻找各种有效的治疗方案来与命运抗争。

再次是医学话语和治疗性话语等多种话语形态的共存和转换。虽然患者和患者家属基本都不是专业的医护人员，也不具备丰富的专业知识，然而在不停的互动交流中，这些家属逐渐把自己培养成为"编外医护人员"，而且大部分能够熟练使用和切换多类话语。这几类话语，不仅包括一系列特定的术语——例如恶性肿瘤切片、靶向药、放疗等，也包括治疗性话语——这些治疗性话语假设患者或患者家属有精神或心理方面的不足，需要进行精神疏导。在调查、访谈和交流中，患者家属普遍存在情绪低落、心理焦虑、注意力涣散、睡眠不足等精神问题。在互动交流中，很多家属会相互安慰疏导，从而共同构成了一个相互抚慰支持的精神家园。这些积极的话语除了使用具有积极意义的词语之外，还经常传递一些正能量的案例与医学新进展。能力相对突出的那些意见领袖就是一些在某一种话语表达或者多种话语的转换上具有突出能力的人，他们的存在极大地提升了公共空间参与者的话语使用能力。在医院之外的公共空间中，医学话语实际上只是象征性的，因为当面临真正的医学问题时，患者及家属听从的还是医生的意见。这两类话语同时暴露出了患者家属所面临的两难困境：对于癌症晚期的患者而言，使用医学语言显得冷冰冰，缺乏人情味；这个时候患者家属就把主题转变成为心理问题与社会问题，也从使用医学话语转变成使用治疗性话语。

最后，这么多的患者家属参与各种论坛、微信群、QQ 群或门户网站的互动交流，恰恰暴露出了中国医疗服务体系中的一大缺陷。一方面，患者一旦离开医院，那么专业的医生（甚至患者本人在医院的主治医生）便无法给患者及患者家属提供及时到位的医疗咨询服务，那么这些患者或其家属一旦碰到疑问只能求助于非专业的家属群；另一方面，这些家属本人因为亲人患者生病，面临着巨大的医疗费用和无处求医的窘境，面临失去亲人的心理挣扎，但这些问题不是患者家属所能解决的，这个时候就出现了大量良莠不齐的院外医疗互助组。有好多患者家属深有体会，在精神治疗方面，实际上最需要治疗的往往是患者家属群体，但是不管是医院还是社会组织都没有提供此类服务。

第三章　城市出租车司机:城市边缘群体的生存性话语

 本章提纲

■ 城市出租车司机群体,20世纪八九十年代以前以本地户口为主,而且收入丰厚,属于高收入群体;但是目前的出租车司机基本上为外来人口,收入不高,虽然受过中学甚至大学的教育,向往城市生活,但是受限于经济条件和户口,无法享受同城待遇,也无法很好地融入城市生活,成为边缘化的社会群体。

■ 笔者在学生的协助下,通过问卷调查、个体访谈以及在微信公众号 TAXI 地带、搜狐出租车平台等渠道搜集资料,主要研究了城市出租车司机平日经常讨论的话题,以及通过什么渠道,尤其是新媒体平台来表达自我观点等方面的内容。

■ 在研究中发现,城市出租车司机群体的生存性话语所表现的主题与意识主要来自:(1)新技术及其带来的社会变革;(2)户籍制度下渴望融入城市的市民意识;(3)受过中学以上文化教育,有着比较高的职业素养,渴望向上流动但却无法改变弱势群体现状的公民意识;(4)普通人养家糊口的家庭意识。在此基础上,城市出租车司机群体逐渐形成了围绕"生存"和"开车"展开的生存性话语和所谓的"出租车文化"。

根据话语研究的基本思路,本章我们准备从下列几个方面对城市出租车司机群体(尤其是外来司机)的话语表达进行研究:第一,立足以往研究,对外来出租车司机群体进行社会学视野的描述,例如从社会优势群体演变为弱势群体的社会原因,在这一过程中所积聚起的比较性劣势体现在哪里,以及与社会怨恨情绪的关系;第二,以杭州出租车司机群体为研究对象,通过问卷调查和个别访谈的研究方式,研究他们的谈话主题内容以及相关情感反应,以此获得关于群体形象以及话语行为的社会认识;第三,以此为基础,结合新浪出租、TAXI 地带微信公众号、武汉出租车论坛等网络空间,进一步分析作为城市出租车司机群体的生存性话语表达特征。

一、出租车司机群体的社会现状

出租车,英文为 taxi。早在 18 世纪,英国就开始出现出租车,不过那时出现的不是出租汽车,而是单马双轮轻便车(cabriolet)。到了 19 世纪,人们开始用这个单词的缩略形式"cab"来指城市中专供出租的大型马车,今天我们常说的搭乘出租车(catching a cab)就是由此而来的。

中国内地最早出现出租车的城市是广州,在 20 世纪四五十年代,出租车并不是谁都可以随便乘坐的。当年,出租车专门负责接待外国元首、政府首脑与高级官员、参加交易会的外商、海外华侨、港澳同胞等,被誉为广州市的"国宾车队",需要外汇券才能乘坐。20 世纪 70 年代中后期,随着人民生活水平的逐步改善,市民对出租车的需求也日益增长。1978 年春天,毗邻港澳的广州逐步打开对外开放的窗口,一些新的经营观念和服务方式开始冲击南粤大地。广州市汽车公司从香港市民"打的"中得到启发,毅然决定结束历年来"路上空驶出租车不载人"的怪现象,在 1978 年 4 月春交会期间,将用中英文印制的近万张《告来宾信》送到了国内外乘客的手中,说明"在没有汽车服务点的地方需要用车时,如遇空车可招手示意叫车"。这是国内出租汽车行业的第一次改革,打破了历年来封闭型的服务方式和经营老格局,随后"扬手即停"的服务迅速在全国铺开。

伴随着出租车行业的快速发展,出租车司机作为城市中一个数量庞大的独特群体,其社会身份、经济收入、社会声誉等发生了很大的变化:20 世纪八九十年代以前是出租车行业发展的黄金时段,乘坐出租车是城市里身份、地位、面子的象征,只有有钱、有地位的人才能坐出租车,出租车司机自然也受到大家的敬重;20 世纪 90 年代末到 21 世纪网约车出现之前,由于私家车快速发展,城市快速公交、地铁等也相继出现,出租车在城市公共交通系统中的地位开始下降,加上物价上涨、交通拥挤、收入锐减,出租车司机群体逐渐跌落神坛,成为普通群体;而网约车的出现,进一步降低了出租车在城市公共交通中的地位,出租车司机真正沦落为社会的边缘群体。其中,政府部门的行政管制和出租车公司的企业制约成为关键因素。

(一)政府部门的行政管制

在 20 世纪 70 年代之前的计划经济环境下,出租车司机是出租车公司的职工,享有事业编制。那时候,汽车数量稀少,价格昂贵,坐车是社会地位的象征,开汽车的司机自然也是身份非凡,尊贵无比。随着 20 世纪 80 年代市场经济的出现和推广,出租车行业也很快走向市场化,其经营方式主要是加盟出租车公司和个体经营挂靠公司两种,这种制度一直延续到现在。

政府部门的行政管制集中在制度设计和行政收费两个方面。行政管制的核心文本最初是《城市出租汽车管理办法》,该管理办法经原建设部、公安部批准,自 1998 年 2 月 1 日起施行,2016 年 3 月 16 日废止。取而代之的是交通运输部 2014 年发布,2016 年重新修订的《出租汽车经营服务管理规定》。替代的主要原因是:一方面,交通运输部于 2008 年成立,此后出租汽车行业被归入交通运输部的管辖范围。交通运输部于 2014 年向社会公布《国务院办公厅关于深化改革进一步推进出租汽车行业健康发展的指导意见》;另一方面,城市交通拥堵的加剧、公共出行方式不断发展、私家车大量出现,已经彻底改变了出租车的运营环境和在城市公共交通中的地位,原有管理办法只规定"出租汽车实行扬手招车、预约订车和站点租乘等客运服务方式","城市的出租汽车经营权可以实行有偿出让和转让",以及"出租车司机要交份子钱",对新出现的情况却并未涉及,这些都为出租车司机所诟病。

原有管理办法的管理核心是公司特许经营制度,这是以《中华人民共和国行政许可法》中第十二条为依据的。

这种特许经营制度从四个方面做了管制。(1)主体管制,出租车主体经营虽然有公司和个体两种,但是因为要求比较高,所以经营权实际上被公司所垄断,出租车司机个体要么租用公司出租车,要么挂靠公司。(2)数量管制,就是政府对城市出租车总量的控制,这使得出租车的牌照成为一种稀缺资源,也使得城市无证运营车出现。(3)价格管制，就是运营价格，不管是起步价还是浮动价都由政府部门统一规定。例如：1991 年颁布施行的《杭州市客运出租汽车管理条例》规定，出租车起步价 8.4 元，桑塔纳的起步价 10.5 元；2011 年 10 月 20 日，杭州出租车起步价上调为 11 元，其他城市也根据自身的物价水平等进行行政规定。(4)质量管制，尤其是服务质量，例如新修订的《杭州市客运出租汽车管理条例》建立"推出机制"，对拒载、绕道、甩客、强行拼载等违法行为，做了更为清晰的表述。第三十二条就明确规定，出租车在"空车待租的状态下，停车询问、得知乘客去向后，拒绝载客"，即为拒载。运营质量管制显然是出租车管制的重点。

(二)出租车公司的企业管制

由于出租车行业长期以来实行公司化运营，因此"公司化剥削"成为出租车司机群体最大的心病，或者是出租车行业管理的症结。出租车公司是出租车特许经营制度的产物，通过特许经营制度，出租车公司获取了运营牌照、经营权与司机选派权，由此形成了出租车公司的格局与模式。

全国出租车公司平均每月每辆车的成本为 6000 多元，司机每月要交给公司的份子钱少则数千元、多则过万元，北京、上海为 5000～8000 元/月，广州 8000～10000 元，深圳为 1 万～1.3 万元。有人还对租用公司出租车与自我经营出租车做了对比，在折算完所有费用之外，利润差异主要体现在份子钱上面。从百度出租车贴吧上出租车司机的留言来看，虽然存在地区、车况等多方面的差异，出租车利润一般可以被分成三个档次：租用公司出租车的每月 2000～4000 元，全包公司出租车的 4000～5000 元，挂靠公司、自主经营的一般可以到 8000 元，甚至更多一点。北京工业大学学生曾于 2010 年 12 月针对北京市出租车司机做了一个调查[1]，在接受调查的 100 份问卷中：大部分司机在以往一年中月收入在 2000 元之内的居然占了 51 人，占被调查人数的 51%；在 2000～3000 元的有 37 人，占总数的 37%。微信公众号 TAXI 地带中对出租车司机的调查[2]，范围涉及全国

① 马国利.北京市出租车司机状况的调查报告[R/OL].(2016-12-04)[2021-01-11].https://wenku.baidu.com/view/3d47e463f5335a8102d2206b.html.
② 香港中文大学新闻传播学院学生.出租车司机生存现状，请为他们转一下！[R/OL].(2016-08-01)[2021-02-25].http://www.sohu.com/a/108507002_440830.

32个省、自治区、直辖市,调查时间为2016年6月23日—2016年6月27日,共有8663位出租车司机完成了问卷。在对待份子钱时,41.41%的出租车司机觉得它占到了每月月收入的一半以上,仅有25.68%的师傅表示份子钱占比低于1/3。相较而言,在公车公营模式下,大多数(63.91%)司机认为份子钱占比超过一半。2015年《上海出租车驾驶员生存状态》调查显示份子钱每月8000多元。照此算来,出租车公司的利润高得惊人,出现"穷了司机,亏了乘客,富了公司"的局面也就不难理解了①。出租车司机在与公司的博弈中始终处于弱势被动地位,只能接受高额份子钱的控制。

(三)出租车司机群体的社会状态

在20世纪八九十年代,出租车司机的收入远远高于平均水平,属于高收入群体,社会地位也很高。但是到了2000年之后,随着经济的快速发展,私家车大量涌现。2012年,滴滴打车App上线,网约车迅速出现,出租车的地位和市场份额快速下降,司机的收入也随之快速减少。那么他们究竟属于怎样的一个群体呢?

很多学者或社会机构对北京、上海、山东、杭州、福州等地的出租车行业以及司机群体进行了生存状况的调查,综合这些调查②,我们基本可以勾画出城市出租车司机的群体阶层状态。

1.人口统计情况

从年龄上看,司机多是三四十岁,50岁以上或30岁不到的出租车司机只占少部分。从从业时间上看,他们绝大多数人的从业时间在3~10年,这一年龄段约占70%,其中从业超过10年的老司机约占30%,从业时间在3年左右的小鲜肉约占19%。性别上,男性司机占了97%左右,北京、上海和全国其他城市的调查结果都是如此。在户籍上,以郊区和外地人口居多,市区人口占比

---

① 凯德产业经济研究中心.2015—2020年中国出租车市场研究及投资前景预测报告[R/OL].(2015-09-11)[2021-02-26].https://wenku.baidu.com/view/71d00c539ec3d5bbfc0a746e.html.

② 香港中文大学新闻传播学院学生.出租车司机生存现状,请为他们转一下![R/OL].(2016-08-01)[2021-01-12].http://www.sohu.com/a/108507002_440830;潘丽莉等.北京市出租车司机生活方式与健康状况现状调查[J].中国健康教育,2012,28(02):114-117;石升起等.出租车司机生活满意度现状调查研究[J].中国卫生事业管理,2009(08):555-568;朱珍妮等.上海出租车司机营养相关生活方式现状调查[J].中国健康教育,2012(02):122-124.

相对较低。举例来说,杭州出租车司机以河南籍、安徽籍为主,占总数的83.5%。在文化程度上,中学文化程度比例超过90%,初中和高中毕业的基本对半,年轻的出租车司机基本为高中以上文化程度,符合国家对出租车司机学历的基本要求。从收入上看,他们每个人的月收入大部分为3000~5000元,月收入5000元以上(尤其是8000元)的极少,每月上交的份子钱(挂靠车除外)基本上在5000元上下。在婚姻方面,90%左右的受访者已经结婚,或者曾经结过婚,近70%的司机已经育有处在学龄段的孩子,这表明出租车司机往往是家庭的经济支柱。

2.日常生活习惯和身体状况

从学者研究来看,这一群体的身体状况与其生活工作习惯直接相关。其一,这些司机大部分居住在城乡接合部——北京的调查显示,有67%的出租车司机住在郊区,住市区的只占总数的33%①——然而交接班以及客户基本上都在市区,居住地远离市区大大降低了出租车司机的生活质量;其二,80%以上的司机在大部分情况下都会选择小饭馆和路边小摊解决吃饭问题,能回家吃饭的人极少;其三,调查还发现,一辆汽车一般由两位司机轮流驾驶,这些司机在自己值班的时间里基本上没有休息,一天的工作时间基本上在10~12小时。这样的生活方式以及高强度的工作,导致他们的身体状况普遍不太好,基本上都患有多种职业病,报告显示,患有"胃病、腰椎间盘突出、颈椎病等职业病"的超过70%,超重肥胖的人数接近53%②,高血压、糖尿病和高血脂的患病率在25%左右,报告中有69%的人患有一种以上的职业病。

3.社会关系和自我评价情况

从调查中发现,司机朋友们的工作、家庭和收入等特点深深地影响了他们的社会交往以及自我评价。在司机们的自我报告中,笔者发现他们的社会交往圈子基本围绕亲缘、地缘和业缘展开。许多出租车司机之所以从外地(尤其是经济相对落后地区)来到大城市,首先是得到了亲戚或同乡的介绍,随之而来的就是司机家人的移居。而在日常交往中,除了家人之间的接触之外,司机们更多的是与另外的司机朋友或老乡交往(55.1%),总体而言,他们的社会交际圈十分狭

---

① 香港中文大学新闻传播学院学生.出租车司机生存现状,请为他们转一下![R/OL].(2016-08-01)[2021-01-12].http://www.sohu.com/a/108507002_440830.

② 朱珍妮等.上海出租车司机营养相关生活方式现状调查[J].中国健康教育,2012,28(02):122-124.

窄。这些调查还显示,他们普遍为自己"家庭收入太低"(66.7%)而感到"没有成就感"(59.8%)。而且因为外地出租车司机普遍无法购买自住房,再加上"没有杭州户口"等因素,他们普遍"觉得自己不是杭州人""自我感觉社会地位低",这证明他们的城市融入程度普遍比较差,自我评价比较低,甚至把自己归为社会边缘人。

从 2005 年左右开始,出租车在城市公共交通系统中的地位逐渐下降,出租车司机的社会地位也急剧下降,逐渐沦落成为社会底层群体。他们以三四十岁已婚的中青年男性为主,大部分人住在城市的郊区,多为外地人或者只拥有城市郊区户口;年纪较大的中年司机基本上是初中学历,而相对年轻的基本接受过高中以上教育;他们的工作强度很大,大多数人有颈椎病、糖尿病等职业病,生活压力和精神压力很大,生活质量也普遍不高,属于现代社会中典型的弱势群体。

二、出租车司机群体的生存状况和生存性话语

出租车和出租车司机是城市日常生活的有机组成部分,当要打车时,你在路边苦苦等待,盼望着有许多空车能够停在你的面前。但是随着经济的快速发展和市民生活水平的提升,私家车大量涌现,发展地铁、快速公交成为政府的战略,曾经作为城市公共交通重要组成部分的出租车因而风光不再,不仅顾客大量减少,而且运营价格多少年没有大的调整,出租车司机的收入也随之急剧下降。与此同时,出租车司机还屡屡被投诉、被罚款,有了委屈还没有地方申诉。于是,这个既不赚钱又被人看不起的行业逐渐被本地居民所抛弃,大量周边城市、乡村的人开始涌入杭州这样经济相对发达的城市谋生,原有的社会问题没有得到有效解决,可是新的问题又开始出现。

站在社会学角度,我们特别关注出租车司机自身的生存状况和生存性话语。在问卷调查的基础上,课题组成员重点进行了面对面的个体访谈,访谈地点集中在杭州几个出租车司机集中交接班的地点。访谈一共分 3 次进行:第一次为 2016 年 11 月 30 日,地点在拱墅区绍兴路二纺机总厂公交站点旁边的洗车店;第二次为 2016 年 12 月 1 日,地点在拱墅区莫干山路 708 号华润燃气天然气加气站;第三次调查为 2016 年 12 月 26 日萧山机场出租车服务区。3 次调查一共发放问卷 102 份,收回有效问卷 97 份。访谈总共进行了 43 次,通过对这些谈话

进行筛选,比较完整而且有社会研究价值的有 19 次。受访人员包括 32 名出租车司机、1 名政府管理人员、1 名专家学者、9 名乘客。访谈时间段多数为晚上 7 点到 12 点。下面的研究以此为基础,同时结合部分其他材料进行总结和分析,希望通过这些话语来揭示围绕出租车司机日常工作和生活而展开的社会问题和问题意识。

在笔者看来,所谓问题,就是一种意识,是站在一定立场上看待某一现象的观点和想法,一般带有负面色彩。例如,出租车司机的收入为 3000~5000 元每个月,这是问题吗?根据国家统计局发布的调查数据,我国就业人员 2016 年平均工资为 49969 元。显然,从政府部门的角度来看,出租车司机群体的收入虽然不高,但是也不低,处于中等偏低水平。政府部门看待出租车行业,关注点更多集中在管理违规行为上面,问题集中在对违规的认定与处理上面,例如:拒载怎么办?如何拍卖运营权?如何处理无证运营?对于司机而言,收入低,精神压力大,份子钱太高等都是问题,因为这些因素都影响到了自身的身心健康和从业体验。对于乘客而言,乘客只关心价格高低、是否安全、是否舒适,因此很多人认为出租车司机的素质就是一个大的社会问题。因此,站在不同人群的立场上,一种现象会被解读为不同的问题,问题因而也可以被看成是特定人群的意识,是内外部人群话语互动的结果,集中表现为话语和话语系统,包括命名、解释、情绪等多种形态,由此也建构起了多样的社会问题和对这些问题独特的表达方式。

(一)出租车行业的没落与出租车司机群体的边缘化

出租车司机,不管是新近入行还是从事几十年的,他们的经历与体会伴随着中国出租车行业的发展不断变化,同时也在行业发展和自我认同中建构起了自身的独特地位。我们在访谈的过程中,更多地聊到:"你从哪一年开始开出租车?有没有中断?自己喜欢吗?"我们采访了一个又一个的司机,有年轻的,也有年老的,但最多的就是那些开出租车五六年甚至十几年的三四十岁老司机,我们能够明显感觉到出租车司机群体对行业前景的消极态度,部分老司机还流露出对过去经历和岁月的留恋。

1.出租车行业的没落

访谈中,行业的不景气是司机群体集中讨论的话题之一。当然,作为出租车司机,其谈论的方式受到自身学历、自身经历和家庭情况影响,呈现出了这一群体自身独特的表达方式。编号 2016-12-01-03[①] 和编号 2016-12-21-01[②] 重点描述了出租车行业的不景气。

2016-12-01-03

访谈人：是这样的，开车真辛苦的！

司机：嗯，是的。现在这个行业跟以前比起来真的差远了！

访谈人：天壤之别。

司机：嗯，我们是河南的，家在农村。早几年，早个三四年的时候，找老婆，好找得不得了。只要是开出租车的，男孩子即便长得很差，找的老婆都很漂亮，当时就形成这种风俗习惯。但是这两年，你要是在哪里开车，你要是有几辆车，就完了！根本就找不到老婆啊！

访谈人：啊？为什么啊？

司机：以前有几辆车，都七八十万元一辆；现在嘛，都十几万元。有车的司机都亏惨了。

2016-12-21-01

访谈人：你赚 300 元，或者说 400 元？

司机：嗯，这工作就属于高风险、低收入的工作！

访谈人：你是觉得开车危险吗？

司机：肯定了！你想，乘客横穿马路，我们搞不好撞到人！

访谈人：什么？咱开出租车，别的车也会照顾一下？

司机：现在很少有出租车会发生什么事情的（例如车子剐擦），就基本上没有，我是没看到。如果出现交通事故啊，一般情况都是私家车全责，因为我们经验丰富嘛！嗯，所以说危险倒也不会。

访谈人：嗯，撞一下应该也不是你们赔的。

司机：虽然我们买的是额度 100 万元的保险啊，但 80% 的保险不计免赔。我打个比方，好一点的车随便撞一下就好几百万元，你算一下

---

① 2016 年 12 月 1 日，笔者与助理在杭州拱墅区莫干山路 708 号华润燃气天然气加气站附近采访一个河南出租车司机，师傅 38 岁，孩子 10 岁，在杭州已经好多年。

② 2016 年 12 月 21 日，笔者与助理在杭州拱墅区莫干山路 708 号华润燃气天然气加气站附近与一个河南出租车司机的访谈，师傅 20 多岁，孩子在老家河南，在杭州近 10 年。

80％的，不，20％的，你看你自己要贴多少。

访谈人：嗯。

司机：我的老乡来得早，在这里打工，干了有20年左右了，辛辛苦苦，大概赚了有一两百万元吧，买了差不多有5辆车，都是纯私牌的，自己的车子。这个滴滴上线以后，本来是一辆车子80万元的，生意一差嘛，现在一辆车都卖20几万元，都赔钱赔大发了。20年辛辛苦苦地干，赚的全赔进去了。

访谈人：嗯，这个是您孩子？在老家？

司机：对，孩子在老家上学。

编号"2016-12-01-03"和编号"2016-12-21-01"这两段对话集中讨论的话题就是出租车行业的发展。在第一段对话中，访谈对象是一位38岁的河南师傅，孩子10岁。这位师傅所说的内容虽然围绕出租车行业的状况，但是却涉及了农村社会中最吸引眼球、最容易产生共鸣的话题——找对象。在农村，找对象以及与找对象相关的习俗已经与社会变迁紧密联系在一起。从这位师傅的话来看，开出租车在10多年之前是农村中令人羡慕的既气派又有地位的工作，自然也为找对象增加了筹码。在当时，"汽车"作为一个具有浓厚时代特色的现代符号，在十几年前是有钱、有地位的象征，而开汽车的司机则是社会成功人士或者有出息的符号，自然也成为农村女孩择偶的良好对象。但是时过境迁，随着出租车行业的没落，原来80多万元的出租车降价为20多万元，也就是说，仅仅一辆汽车就要亏本约60万元，而且还不算利率、物价上涨等因素。出租车和出租车司机也就成为经济债务和社会底层的象征。

第二段对话中的年轻师傅说得更为直截了当。他说他一老乡"来得早，在这里打工，干了有20年左右了，辛辛苦苦，大概赚了有一两百万元吧，买了差不多有5辆车，都是纯私牌的，自己的车子。这个滴滴上线以后，本来是一辆车子80万元的，生意一差嘛，现在一辆车都卖20几万元，都赔钱赔大发了。20年辛辛苦苦地干，赚的全赔进去了"。一个叫王立杨（音）的师傅也说："我来的时间，出租车大概就是七八十万元一辆，80万元左右。现在出租车20万元就够了，我要是当初买了，那现在就亏死了。"司机张师傅追忆往昔，他的话同样体现了出租车行业如今的萧条："有个兄弟去年刚花30万元买了一辆车，现在这车可不值这个数。早些年要80万元，现在10余万元也没有人接盘。"

这几段对话特别强调了出租车司机对这一行业的自我认同问题。在他们看来，开出租车显然属于"高风险，低收入"的职业。当然，"低收入"显然是与"高风险"相对而言的。在我们的头脑里，一直存在着一种对工作价值的成见：如果风险投入超出预期的经济回报值，那么这个工作的价值就会下降，也无法获得足够的认同；相反，那些风险投入远远低于预期经济或社会回报值的，就是令人羡慕的好工作。由于"开出租车"这个工作，本身容易面临交通事故、精神高度紧张、工作强度大等高风险，自然渐渐没落。

2. 出租车行业没落的社会原因

从访谈来看，出租车行业的没落突出表现为出租车转让价格的断崖式下跌，出租车司机社会地位的急剧下降，以及出租车司机对出租车行业越来越低的自我认同。

2016-12-01-01①

访谈人：那也是挺辛苦的。

司机：对对，算我们现在一天 200 元的，我都挣不了的。

访谈人：是因为打的的人少了，还是网络冲击力太大了呢？

司机：网络冲击力大是一方面，打的的人也相对少了。你看现在市民，家家户户都有两三辆车了。

访谈人：哦。

司机：打车的概率相对小了。

访谈人：这样啊！

司机：嗯，对！车子达到一定的量，人就少了。

访谈人：我觉得一般大学城附近打车的人很多，像我们出门一般都打车。

司机：滴滴现在价格回归了，还好了一点点。你看去年下半年，你们学校门口，打车的人根本就很少，因为人家叫的都是专车（就是私家车）。

访谈人：哦，不过现在价格也差不多啊，滴滴和快的一合并。

---

① 2016 年 12 月 1 日，笔者与助理在杭州拱墅区莫干山路 708 号华润燃气天然气加气站附近与一个叫王立杨（音）的河南出租车司机的访谈，该名司机已经结婚生子，独自一人在杭州 5 年。

司机:对、对,我觉得,价格差不多了。

访谈人:优步刚合并的时候,我有一次和优步司机聊天。他跟我讲,说现在一合并之后啊,顾客付的钱变多了,司机拿的钱却变少了。哎,平台开始赚钱了!

司机:对! 对! 现在平台开始赚钱了,因为你想,现在企业它要不赚一点钱,就无法维护成本。以前是靠工资,现在是靠自己的。现在网络的发展并不是太好,真的,网络发展的高峰期已经过了。

访谈人:是啊!

司机:国家管好的话,有利;管不好的话,可能有弊。网络在一定程度上毁灭了实体经济,网店就应该跟实体店在一个统一的起跑点,这样竞争才公平。让我们的费用跟他们的费用持平,这样才可以公平竞争。如果站不到同一起跑线,跟以前一样,他们有补贴,不要份子钱,那肯定不行的啊!

编号"2016-12-01-01"这段对话讨论的就是出租车行业没落的原因。有别于政府或学者的行政化语言或其他理性话语,司机朋友们更多地从自我体验的角度来思考,用情感式、生活化的语言来表述。在王立杨(音)师傅来看,出租车行业之所以没落,根本原因不外乎几个方面。

第一,打的的人少了。虽然城市人口不断地发展——在 2004 年末,杭州市户籍人口为 401.59 万人;到了 2016 年末,杭州市常住人口为 918.8 万人——但与此同时,人均占有私家车的比例也快速提升。到 2016 年底,杭州市汽车保有量达到 234 万辆。将两者进行对比,司机师傅的观点就能得到验证:虽然人口在不断增加,但是私家车数量也在急剧增加,从而导致打的人数在单位区域里面出现相对下降的现象。这也就是他们所说的"打的的人少了"。在王师傅看来,之所以会出现这种情况,原因就是"家家户户都有两三辆车"。

第二,网络打车平台的冲击。在王师傅看来,滴滴、优步等网络平台对车辆进行大量补贴,再加上私家车不用份子钱,这无疑极大地降低了司机的运营成本。正是这些网络平台,使得出租车出现了经营困难。其他出租车司机在访谈过程中也竭力强调这一点,例如编号"2016-12-23-01"的河南师傅和编号"2016-12-25-01"的衢州师傅都认为以滴滴打车为代表的网络打车平台对出租车行业的冲击十分巨大,直接导致了出租车生意断崖式的下跌,甚至部分公司的倒闭。

2016-12-23-01①

访谈人:现在滴滴打车对传统出租车有冲击吗?

司机:冲击? 肯定有冲击!

访谈人:嗯! 但不会有太大?

司机:大,怎么说也挺大的!

访谈人:嗯! 也挺大的。

司机:杭州现在这个软件,这个快车的软件有点多。

访谈人:嗯,快车软件?

司机:有五家吧。

访谈人:反正我们一般都是打滴滴的,原先是打优步,后来优步被收购了吧? 应该是!

司机:滴滴优步现在归一家了嘛,归滴滴!

访谈人:哎,对! 本来就是亲戚!

司机:还有神州、易道。

访谈人:这些我都不知道。

司机:神州专车,易道快车,这几家!

访谈人:嗯。

司机:我知道的就这四五家。

2016-12-25-01②

访谈人:请问您从事出租车行业多久了?

司机:马上两年了,到下个月满两年了。

访谈人:那您两年期间有没有想过不做出租车司机了?

司机:半年前有,因为滴滴之前搞得我们没生意的,现在打消了这种念头。

访谈人:那您怎么看待网约车对出租车的冲击?

---

① 2016 年 12 月 23 日,笔者与助理在杭州拱墅区打的时对一已婚的河南出租车司机的访谈。

② 2016 年 12 月 25 日,笔者与助理在杭州打的时对一浙江衢州出租车司机的访谈。

司机:说白了就是价格比较低,抢占我们市场嘛,抢我们饭碗。

3. 出租车司机群体逐渐边缘化

出租车行业的不景气,也直接导致了出租车司机群体行业认同感的降低和自我认同的缺乏。

2016-12-01-02[①]

访谈人:您哪里人啊? 安徽?

司机:我? 听我口音听不出来是吧? 我是衢州那边的。

访谈人:之前开过出租车吗?

司机:是的,我开了一年了,开网约车。

访谈人:你们平常怎么开车的?

司机:从傍晚5点开到凌晨两三点,完了就睡觉了,洗洗睡了。不过也看人吧,有些人开晚班也睡不着,回去看点电视啊!

访谈人:喜欢开车这个工作吗?

司机:那没办法。你也知道,现在本科生出来要么靠关系,要么靠自己的真本事,而且刚出来工资也不高,这个没办法的。

访谈人:是不是觉得入错了行?

司机:没办法,为了混口饭吃嘛,没有什么关系。你看现在赚钱都不容易的,要么自己有一点资金,再有一点别的技术,比较在行的,那是可以赚一点的。

访谈人:那要说起来,对你们这个行业,大家还是很理解的。但理解归理解,也改变不了什么。

司机:是的。

访谈人:感觉之前好像还挺好的,是吧?

司机:现在生意不怎么好做。

访谈人:不过,坦白说,现在什么行业都不好赚钱,你说什么好赚呢? 都很辛苦。

司机:自己稍微有一点技术在,有一点经济实力,做点儿自己比较

---

① 2016年12月1日,笔者与助理在杭州打的时对一浙江衢州出租车司机的访谈。

懂行的工作，投资不是很大的那种。

以上这段访谈集中在出租车司机对这个行业的看法和认同上面，衢州出租车司机之前开过网约车，后来生意不景气，开始从事客运出租车业务。在他看来，开出租车起早摸黑，不仅十分辛苦，风险高，而且现在生意越来越难做。如果自己有一些技术或者手艺的话，根本不用开出租车。把开出租车仅仅看成是养家糊口或者混口饭吃的活儿，这样的司机实际上占了绝大多数。这样的现状使得司机朋友根本无法对自身的职业产生强烈的归属感，不管是职业认同、情感认同还是群体认同，处处透露出一种无奈的情绪。

出租车和司机群体的边缘化和弱势化趋势，实际上与城市交通的发展趋势密切相关。既有网络发展的原因，更有出租车行业在整个城市交通发展战略中地位下降甚至逐渐被边缘化的原因。

笔者仔细查阅了从 2000 年开始一直到 2019 年杭州市市长做的年度政府工作报告。笔者发现在近 20 年里政府对杭州交通的描述中，2010 年以前的重点是拓展外部交通，构建一小时半交通圈①，从 2010 年开始，在主城区重点是解决交通拥堵问题，除了建立大交通系统之外，就是建设轨道交通和快速路。滴滴打车出现之后，2016 年的政府工作报告又提到出租车："加快大交通管理体制改革，有序实施传统出租车行业管理体制改革和网络约租车规范管理。"②2017 年《杭州市政府工作报告》中有两处提到出租车，"三是扎实推动改革开放创新举措落地……出台网络预约出租和私人小客车合乘管理实施细则""深化大交通体制改革，加强出租车行业规范化管理"③。而在《杭州市客运出租汽车管理条例》中，更是明确规定了杭州市城市交通的原则："第三条 市和区、县（市）人民政府应当优先发展公共交通，适度发展客运出租汽车，优化城市交通结构。"④显然，

---

① 2005—2007 年的政府工作报告中都谈到了"一小时半交通圈"，例如：2007 年，杭州市市长孙忠焕做的《政府工作报告》中，提到"基础设施建设向县（市）和农村延伸。杭千、杭徽高速杭州段建成通车，一小时半交通圈基本完成"。

② 张鸿铭. 2016 年杭州市政府工作报告 [R/OL]. (2016-02-01) [2021-01-12]. http://www. hangzhou. gov. cn/art/2016/1/26/art_1093923_413351. html.

③ 徐立毅. 2017 年杭州市政府工作报告 [R/OL]. (2017-04-17) [2021-01-12]. http://www. hangzhou. gov. cn/art/2016/1/26/art_1093923_413351. html.

④ 杭州市人民代表大会常务委员会. 杭州市客运出租汽车管理条例 [EB/OL]. (2018-04-16) [2021-01-12]. http://hznews. hangzhou. com. cn/xinzheng/tongzhi/content/2018-04/25/content_6855827. htm.

杭州市的城市交通战略是在主城区着重以轨道交通和快速路为核心构建大交通体系，在外部联系上重点抓好高速铁路、高速公路和航空站建设，构建杭州都市圈。由此看来，从交通工具的选择来看，客运出租车在杭州市大交通战略中的地位越来越边缘化，从重要组成部分蜕化为适度补充，在主城区甚至成为可有可无的一种补充。

与此相应的是出租车司机群体在整个城市不同人群中地位的急剧下降和边缘化，甚至沦落成为一种边缘群体。

所谓"边缘群体"，通常根据身份和职业来区分，具有一种错位的特征，例如工人身份的干部、干部身份的工人、农民身份的知识分子都属于此类。从文化本质来分析，"边缘群体"是指处于社会边缘状态，游离于主流文化、意识与体制之外的所有人群，例如挣扎在城市底层的民工，还有游民、乞丐乃至城市下岗工人等。[①] 因此，他们经常遭遇社会的不公平对待：是政治权利上的"沉默阶层"；同工不同酬，在经济上享受"非市民待遇"；因为没有城市户籍，因而成为教育权益和医疗卫生上的"域外群体阶层"……正因为如此，他们普遍有严重的"相对剥夺感"，也缺乏对城市的深度融入和社会认同。

如果对照边缘群体的以上属性，城市出租车司机无疑也是边缘群体。他们在权利博弈中处于末端，不知道表达诉求的平台，也不知道争取权利的方法，是政治权利上的"沉默者"；他们在经济上是"利益的被支配者"，辛苦工作，所得却不多。在访谈过程中笔者发现，他们当中真正离开这个行业的却不多，因为这个行业虽然收入不高、压力很大，但出租车司机好歹是一个工作，能够养家糊口。但在采访的过程中，他们又不时地流露出无奈、无助的情绪，甚至不知道如何投诉和表达自己的内心想法。

在访谈中，他们谈论最多的就是管理和处罚。出租车司机们不止一次地表示，运输管理部门、交警部门和出租车公司动不动就实施处罚，而且细则十分严苛，处罚很不合理。比如针对过斑马线时不避让行人，公司罚 300 元，交警罚 150 元，扣 2 分，运管扣 10 分。"我们开一个月车不过七八千元的收入，两个月是 1.8 万元。如果拒载，一次就要被处罚 200 分，差不多要停运两个月，这不一

---

① 郭国祥,郭曙祥.边缘群体关怀与和谐社会的构建[J].探索,2007(03):89-94.

年都白干了吗?"①

除此之外,在出租车司机的表述里,虽然考核细则中有奖有罚,看似公平公正,但是在真正执行时,司机们看到的是"只罚不奖"。考核合格奖励一年营业期,却鲜有人能满足条件。双方缺乏有效的沟通与信任:"只要乘客有投诉,无论对错,我们就得停运,我们说话的地方在哪里?"

在出租车司机群体看来,在诸多方面的权力角逐中,顾客的投诉,交警的执法,运输管理部门的内部处罚,还有出租车公司的"份子钱"都时刻挤压着出租车司机群体,他们不仅处于权力的弱势地位,而且还不知道如何表达自身诉求、维护自身权益。更为重要的是,在城市的快速发展中,伴随着出租车交通地位的急剧下降,出租车司机群体开始沦为现代化城市中的边缘群体。

(二)出租车司机群体的比较性劣势地位和怨恨情绪的表达

在对出租车司机们的调查和访谈中,我们可以比较清晰地勾勒出出租车司机群体在一个独特的权利关系网络中的比较性劣势地位。这个关系可以用下面的简图来表达。

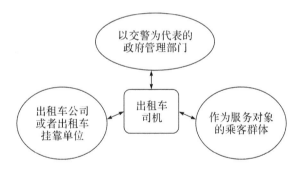

---

① 《杭州市客运出租车单车考核细则》,2010 年实施,确实较为严苛。该细则中的扣分项目达 80 项,最高一项可扣 400 分。例如,未按规定安装市民卡刷卡系统等科技设备的扣 100 分,无正当理由拒载扣 200 分,段打运管人员被司法机关追究责任的扣 400 分,利用出租汽车进行犯罪活动的扣 400 分。但是加分项却较少,例如出租汽车司机在营运过程中见义勇为的视情况加 5～20 分,出租汽车司机在营运过程中救死扶伤的视情况加 5～20 分,出租汽车协助查处违法违章行为的视情况加 2～10 分,出租汽车参加社会公益活动的视情况加 2～10 分,出租汽车有其他优秀事迹、产生较大社会反响的加 2～10 分。这些细则在某种程度上让司机们头痛不已,极其为难。

在这个简图中，出租车司机作为一个群体，在日常互动交流中，主要会与三个群体相关联：以交警为代表的政府管理部门、出租车公司或者出租车挂靠单位，以及作为服务对象的乘客群体。

1.与政府主管部门互动过程中彰显的权利关系

政府管理部门，包括交通警察、城市运输主管部门，以及城乡建设、公安、财政、税务、城乡规划、市场监管、质量监督、城市管理、价格、网信等部门，当然其中与出租车司机联系最紧密的还是交通运输主管部门。这些相关的管理执法部门之所以在与出租车司机群体的博弈中演变成为优势群体，就是因为它们拥有执法权和制定行业管理条例的行政权。而这种行政权的实施和运作，恰恰很出色地展现在与出租车司机群体的互动过程中。

来自执法部门的交通警察是出租车司机每天都要面对的拥有支配权的群体。交警扮演着交通法规执行者的角色，在面对违反交通规则的出租车司机时，拥有处罚权。站在交警的立场上，他们的执法对于所有的驾驶员是一视同仁的，但有的出租车司机并不这样认为。有司机说："一般的私家车每天在路上的时间并不长，因此一年 12 分是合理的；但是我们出租车几乎一天 24 小时在开，12 分显然不合理，可是也没有办法嘛！"这样的质疑是长期存在的，不过伴随着质疑的往往是一句"那有什么办法"。

城市运输主管部门管理出租车司机的行政条例有很多，有《杭州市客运出租汽车管理条例》《杭州市客运出租汽车单车考核细则》《杭州市客运出租汽车驾驶员职业道德规范》《杭州市客运出租汽车驾驶员服务资格证管理办法》等，在出租车司机和乘客之间，运输管理部门只能处罚司机群体，因此管理的天平在无形之中失去了平衡。在大部分司机看来，这么多的管理条例犹如沉重的枷锁，把出租车司机捆得死死的。以《杭州市客运出租汽车单车考核细则》为例，其中的扣分项目不仅多，而且非常严苛。例如针对拒载问题，只要有乘客投诉，一律是出租车司机挨罚。

在"杭州出租车司机的博客"中有位"杭州的哥"留言说：

> 《杭州市客运出租汽车单车考核细则》，一个为出租车司机加压的
> 政策。都说要让司机减压，我不知减在哪里。油价一路高涨，营运期只
> 能加不能减，目前本车加一年营运期奖 2000 元（两司机分），如果减一

年,那一年的份子钱都得要你交上,那可不是小数目呀![①]

2.与出租车公司等商业单位互动过程中彰显的权利关系

与出租车司机存在本质利益关系的主要是出租车运输公司、网约车等,它们在利益分配中具有优势地位,甚至是支配性地位。对于网约车,在前文中笔者已有所涉及,在此不再讨论,这里主要还是探讨一下出租车运输公司。

对于出租车运输公司,出租车司机十分无奈,因为出租车司机与出租车运输公司之间做利益分割是必经之路。杭州市决策咨询委员会办公室(以下简称决咨办)的调研报告显示,2016年年初,杭州市区有出租汽车9973辆,在出租汽车的发展历史中,形成了企业自营(1357辆)、承包经营(3672辆)、买断经营(2380辆)、半买断经营(543辆)、挂靠经营(990辆)、个体经营(1031辆)等6种合法的经营模式。与出租车司机密切相关的有两个问题:第一是出租车的经营权,或者说营运牌照;第二就是份子钱。

政府以拍卖等方式向市场发放牌照,在历史上出现了每块牌照从3万元到38.7万元不等的交易价格;民间自发的牌照买卖行为,每块牌照的交易价格在60万元左右。[②] 新华网报道浙江温州出租车牌照从20万元到126万元不等,山东出租车运营权转让费也达到50万元。[③] 根据我们的访谈,2016—2018年期间,由于生意越来越难做,牌照的交易价格也急剧下跌,现在只需要20多万元就可以,但还是没有人购买。无论牌照的交易价格如何,牌照作为出租车行业的稀缺资源被出租车公司所垄断,而司机群体是牌照高昂成本的负担者。

我们的调查显示,份子钱一般在5000元左右,但由于出租车运输公司营运方式多种多样且数量庞大,份子钱的额度也各不相同。根据杭州市决咨办课题组提供的数据[④],杭州市一辆出租汽车每月要上交份子钱8700元,除此之外,司机承包出租车公司的车,还会一次性付给公司一笔押金。以杭州市大众公司(国

有企业,拥有出租汽车 442 辆)为例,杭州市大众公司份子钱以前为每年每车 8 万元,目前因网约车冲击降至每年每车 5 万元。2014 年 4 月的《新京报》公布的北京市发改委核算的出租汽车公司单车每月运营成本,结果为 5275 元。出租车公司除了坐收份子钱之外,几乎不用承担任何包括油费、保养费以及市场风险在内的其他成本。因此,出租车司机与出租车公司之间的矛盾,从本质上说来自出租车经营特许资格,正是垄断的局面导致份子钱畸高的现实。出租车司机对此无能为力,矛盾日益尖锐的最终结果就是罢工。2011 年 8 月 1 日,杭州发生大规模出租车停运事件,8000 多辆出租车中的一半到 2/3 的车辆停运,而出租车司机的诉求就是:减少份子钱,提高起步价,降低运营费用;由出租车司机推举成立出租车司机工会,参与工资集体协商;要求政府提供廉租房;等等。此外还有多次震惊全国的出租车司机罢工事件,例如:2006 年 1 月 8 日,杭州大众公司所属的 7 辆奔驰出租车集体出逃到河南①。这些出逃或者罢工事件,都折射出长期以来激化的矛盾,以及出租车司机在投诉和协商未果情况下的极端化行为。

份子钱是出租车司机群体十分敏感的公共话题,也是被他们诟病的对象。而围绕份子钱展开的讨论,也展现了出租车司机群体与出租车公司之间权利关系的生产和运作,也建构了他们自身在这种关系建构过程中的地位和角色。

编号"2016-12-17-01"的河南司机开出租车已经 5 年,下面一段对话围绕份子钱展开。

2016-12-17-01

访谈人:你们是不是每个月都要给公司交份子钱? 要多少钱啊?

司机:要的啊! 一个月交 5300 元!

访谈人:这么多!

司机:这个没办法,政府又没有明确规定我们交多少钱。要是政府有规定,出租车公司就不会向出租车司机收取这么多钱。你一个规定,它是不是就没有办法了? 否则签了合同就得按着合同走。但现在环境

---

① 搜狐财经.杭州奔驰出租车亏损严重 司机集体开车"出逃"[EB/OL]. (2006-01-12)[2020-01-14]. http://business.sohu.com/20060112/n241404974.shtml.

不同了，公司的规定也应该改一下了。

访谈人：那公司肯定不改的啊！

司机：对对对，这样把我们逼得，我们合同结束了就不再续签了。

访谈人：但是，你跟私人打交道也是一样的，你跟私人签订的很多合同，对你来说根本是不会生效的。

司机：对啊，我就开一天赚一天的钱，很灵活的。

访谈人：那还好。

司机：对，要是跟公司签，那我一签就几年。现在有的公司降到4000多元了，我们公司也还没降，是不是？对，人家别的公司以前也有降价的，我们公司就是睁一只眼闭一只眼：你看人家也没降，我也不行。知道吧！

访谈人：哎，这种公司肯定懒得跟你说降了。

司机：对对对对对，我跟你说，这合同里面有很多条款都是唬人的，你签一次合同就得到教训了！

访谈人：但是这个也没办法！

司机：我觉得应该国家应该有个审核机构，有霸王条款就不给批，因为公司在法律上肯定比我们懂得多。对，应该是这样的。合同就应该先审核，再给我们签。这是对的啊，国家以后应该这样走。

这段访谈人和司机之间有关份子钱的对话，至少向我们表明了两个内容，首先是份子钱的多少。从对话来看，这位师傅每个月交给公司的是5300元，这与杭州市大部分出租车运输公司的规定一致，也符合前面调查的全国的状况。其次是围绕份子钱的合同和权力运作，这也是这段对话的重点。在司机看来，合同是用来保护出租车公司的，对司机而言，合同里有很多霸王条款。司机作为弱势群体，在关于合同的谈判中，根本缺乏足够的协商谈判能力。比如说，原来签订的份子钱是每个月5300元，但是其中一些成本下降之后，公司并没有根据这种变化对份子钱做及时的下调，对司机群体的合理诉求也表现出不理不睬的态度。支配性群体在面对被支配群体的时候，充分表现出了自己的权力和优势。这些权力集中表现为对合同条款的拟定权、对条款的解释权、对条款的修改权，甚至包括对条款的实施权等方面。但是对被支配群体而言，大多数情况下就只能扮演这种被制定、被解释、被实施的角色。因此，这位司机又把希望寄托在政府身上,希望政府能够直接介入合同的制定和实施,甚至对公司的审核上面。

3.与乘客互动过程中形成的服务关系

在与出租车司机的访谈中,笔者也深深感受到乘客对司机的影响。在司机看来,虽然大部分乘客都是好人,但是总有一些乘客素质不高,总会碰到一些令他们沮丧的事情。例如,醉酒乘客在车子里面呕吐,把汽车搞得酒气熏天、一片狼藉。虽然大部分乘客还是不错的,基本上会付一定的卫生费,但也有难缠的,如果不自认倒霉,就只能浪费时间和金钱了。

2016-12-25-02[①]

访谈者:你在接车的时候有没有遇到一些不文明乘客?

司机:这些避免不了的,哪有那么巧,这在服务行业是根本避免不了的。有的客人喝得醉醺醺的,家在哪儿都不知道的也有!

访谈者:那如果说喝醉的人一上车就睡着了,怎么办? 你是把他送到一个地方呢还是?

司机:知道地方的话,你可以把他送到地方;他要跟你说不清地方的话,你说你要怎么弄?

访谈者:那你遇见这种情况一般怎么处理呢?

司机:实在不行的话就报警哦,没有其他办法嘛!

访谈者:那有没有一些喝醉的人一上车就在你车上吐了?

司机:那也有的。

访谈者:那该怎么办? 让他们赔你洗车的钱还是怎么的?

司机:一般情况下,他要付洗车费的,这个少不了的。

访谈者:乘客都会付这个钱吗?

司机:都会付的。

访谈者:那我问一下,如果说遇到了一些乘客,素质不太高的,有没有不付车费的情况?

司机:不付车费的很少吧! 也有,很少很少!

访谈者:不付车费的也有,那你怎么跟他沟通?

---

① 2016 年 12 月 25 日,笔者与助理在杭州打的时对一已婚的河南出租车司机的访谈。

司机：如果只是起步价就不要了，他们好几个人，你有什么办法，报警又浪费时间。所以有的时候就不要，钱多的话就报警，不报警他不会给你的。

2016-12-25-01

访谈者：有没有出现态度特别不好的乘客？

司机：有，但是一般情况下，他们要去的地方说得很清楚，也不存在我故意绕路的情况，所以乘客的态度一般都不会太恶劣。当然也有一开始就很凶的，可能他心情不好吧，但是我们作为服务行业从业者，不说话就行了，他说去哪里就去哪里。我们和乘客不会争吵什么的，可能就是去一个地方，你觉得走这两条路是可以同时到达的，长度也是差不多的，但没提前跟乘客说，结果你走的这条路偏偏堵车了，乘客就会不开心了，就会说三道四的。对此我们也能理解。

访谈者：那有没有遇到喝醉了，一上车就睡着了的乘客？

司机：有，那拉到派出所。我们又不能动他。你看我们车上都有监控，如果他起诉我们都会有证据。车上也有话筒，我们说的话都会传到运管局去。乘客丢东西了都会有效地找回来。

访谈者：嗯，喝醉的人一上车就吐了，怎么办？

司机：吐了一般是给50～100元的清理费用。

访谈者：洗车钱？

司机：对，开到洗车店去清理。

访谈者：那有没有吐了就只付了车钱的？

司机：没有，没碰到过，不给的话就直接拉到派出所去。

访谈者：那乘客素质很好啊。

司机：杭州这边素质整体偏好，杭州治安很好，报警警察很快就到。

这两段对话集中讨论的就是司机在日常工作中面临的不文明行为和相关的处理方法。在编号"2016-12-25-02"中，司机讨论的主要是乘客醉酒以及赔偿洗车费的方式。编号"2016-12-25-01"的对话讨论的虽然也是乘客醉酒或者堵车绕路等问题，但焦点在于司机在处理与乘客关系的过程中，运管局、派出所所起到的作用。

在司机们看来，大部分乘客文明有礼貌，也讲卫生，这与杭州良好的社会风气密不可分，用司机师傅的话来说，就是"杭州这边素质整体偏好，杭州治安很好，报警警察很快就到"。不过也会碰到少量不文明、不讲道理的乘客，其中最多的就是醉酒、态度不好的乘客等。从建构主义的视角来看，这段对话不仅揭示了出租车司机眼里的乘客醉酒现象，更重要的是，建构出了"出租车司机—乘客—交警"之间独特的社会关系。其中，出租车司机和乘客之间的商业关系是基础，而司机与交警之间监管与被监管的关系则是前者良好互动的法律保证。在"2016-12-25"一段对话中的河南师傅看来，出租车司机与乘客之间的关系是通过两者之间的话语互动——司机师傅的宽容和耐心、乘客的谅解和文明——建构起来的，杭州市本身良好的社会治安环境为两者之间良好的人际关系提供了保障，也使得醉酒、迷路、卫生等一系列问题得以顺利解决。编号"2016-12-25-01"中的衢州师傅认为，出租车行业属于服务行业，因此司机就是要做好服务工作。例如：面对对路线不太理解的乘客，就需要表现出良好的态度和异乎常人的耐心，不断解释。而面对那些实在不讲道理的顾客，最终的选择只能是报警。通过互动交流，出租车司机由此建构起了几种基本的社会意识，例如：出租车司机行业是一种特殊的服务行业，遇到醉酒、不讲理的乘客需要依靠优秀的服务态度解决问题；杭州的社会治安环境很好，碰到难缠的乘客，要第一时间找警察来解决。

除了乘客素质本身不佳，在处理与乘客关系时，更令出租车司机头痛的其实是被乘客投诉，尤其是拒载时被投诉。只要有投诉，地方运管部门对出租车司机的处罚是十分严厉的。《杭州市客运出租汽车管理条例(修订草案)》(2017 年 10 月修订)第五十四条规定："客运出租汽车驾驶员有下列情形之一的，由道路运输管理机构责令改正，处 300 元以上 3000 元以下罚款；情节严重的，吊销客运出租汽车驾驶员证：(一)驾驶巡游出租汽车时遇乘客招呼停车后，不载客的；(二)驾驶巡游出租汽车在公共场所空车待租时拒绝载客的；(三)驾驶巡游出租汽车主动招揽乘客后，拒绝载客的；(四)驾驶巡游出租汽车在经营区域内以自定营运目的地等方式挑选乘客的；(五)接受电话、网络预约后未履行约定的；(六)驾驶网络预约出租汽车巡游揽客的；(七)途中甩客、故意绕道、强行拼载的。"[①]

出租车司机在面对乘客投诉时表现出了弱势群体的特点和角色。

---

① 杭州市人大常委会法制工作委员会.关于公开征求《杭州市客运出租汽车管理条例(修订草案)》意见的公告［EB/OL］.（2017-10-31）［2021-01-14］.http://www.hzrd.gov.cn/zxzx/wsgg/201710/t20171031_705530.html.

有出租车司机反映,在认定时,只要乘客投诉出租车司机"拒载""违约""绕道""拼载",运管部门基本上就会对出租车司机予以严厉处罚,而出租车司机申辩的机会很少,胜诉的概率也十分低。因为在乘客和执法者的眼里,"拒载"就是违规,就得惩罚司机。

但一部分出租车司机却认为,对拒载不能一概而论,有时候不拒载是要亏本的。可是面临乘客的投诉和运管的处罚,出租车司机们往往也只能认命。在百度出租车贴吧"可恨又可怜的出租车司机"①帖子下,一个网名为"大黄鸭33"的司机回帖说:"我们开的是出租车,注意了是出租车,不是公共出租车,不是公交车。我们都是自由职业者,所以拒载是天经地义的事。你说可以拒载不,平心而论?"之后他又回帖说:"我个人觉得好司机都会拒载、议价。优秀的司机都要算账啊,将每天的份子钱、油费摊在每个小时,自己能挣多少? 拉这个生意是亏本还是赚得少? 我们自由职业者都是商人啊,朋友!"

在一系列巨大的权力体系中,出租车司机群体无疑是最为弱小的一个点,不同的外来势力可以依据法律和管理条例来制约处罚司机,甚至可以利用舆论的力量来谴责司机群体。例如百度出租车贴吧中的"可恨又可怜的出租车司机"帖子下面,只有两位乘客说了出租车司机的好话。其中一位乘客"曙光是郑群"说:"我今天在出租车里丢了 1 万元和一部电话,人家出租车司机还我了,我给他5000 元他也不要。别一棒子打死一群人。"还有一位乘客"qianlieli"说:"公交司机是吃'皇粮'的,出租车司机吃啥? 只是活在社会最底层,为生活挣扎!"但是除此以外,该主题帖下面大多是谴责。"他们没有一点点职业道德,可憎得很。""今天很愤怒,大清早的一个黑心出租车司机居然漫天要价,说堵车一分钟加一块钱,他想钱想疯了吗,有明文规定吗?"这些谴责皆言之凿凿,似乎都占据了道德制高点,竭尽攻击和谴责之能事! 在百度贴吧这样的公共空间中发此类帖子,已经形成一种话语方面的霸权,出租车司机群体的"集体失语"恰恰印证了群体性的话语弱势和边缘地位。

(三)出租车司机群体的生存性话语和生存意识

在与那么多出租车司机的交谈中,笔者深深体会到这一群体生存的艰辛与

---

① 这些言论都是楼主"可恨又可怜的出租车司机"主题帖之后的跟帖评论。该主题帖一共有 24 条回复帖,司机身份的"大黄鸭 33"留言 2 条,还有 2 位网民留了正面评论,其余 20 条都是负面评论。

不易,也体会到他们内心竭力挣扎的生存意识。虽然多数出租车司机对从事这个行业有诸多的不满,多次想要离开,但是最终还是继续默默坚守着,究其原因,还是因为人需要"活着"。

这不禁让人想起余华的小说《活着》。如果说人的命运一开始就是注定的,那么活着的意义是什么? 小说的主人公福贵能做的只是目睹一件件事情的发生,接受生活给予的苦难,然后忍耐! 在艰难的求生本能中,为了活下来,人性的黑暗与自私被无限放大。这是活着的代价,必须要承受,福贵把一切都归结于命运的安排,这也许才是忍受的意义所在。作者余华说:"活着,在我们中国的语言里充满了力量,它的力量不是来自叫喊,也不是来自进攻,而是忍受,去忍受生命赋予我们的责任,去忍受现实给予我们的幸福和苦难、无聊和平庸。""我相信,《活着》讲述了人是为了活着本身而活着,而不是为了活着之外的任何事物而活着。"对于普通小人物来说,活着就是存在本身,它甚至可以没有任何其他意义。

用余华的《活着》所阐明的生命意义来解释出租车司机群体的生存状态,不知道是否确切,但是在访谈和查阅相关文本资料的时候,笔者确实明明白白感受到这一点。那么,如果从活着本身就是生存的意义的角度来理解,这一群体的生存性话语又是怎样的呢? 我们之所以把他们的话语概括为生存性话语,就是因为从话语表达的主题和内容、表达形式和情态等多个方面来看,其话语均围绕"生存"来开展。城市出租车司机群体的生存性话语所表现的主题意识主要有:(1)小人物活下来的活命意义;(2)普通人养家糊口的家庭责任意识;(3)城市外来出租车司机低人一等的"他者"意识以及融入城市的渴望。

1.出租车司机群体的活命意识

对于多数出租车司机而言,开出租车的目的,甚至是唯一目的就是活着。由于份子钱很贵,油价不停地上涨,因此出租车司机只能拼命开车。许多司机反映:"自己每天眼睛睁开就欠公司钱,病都不敢生,更别说休息了。而且每班都是满负荷工作,想偷懒两小时根本不可能,因为前 7~8 个小时的工作时间都是在为公司和加油站打工。"①一个 53 岁的河南师傅告诉我们:"除了十分重要的事情之外,就是开车,不能休息,因为只要休息,就是赔钱。辛苦开车还赚不到钱,

---

① 由杭州市决咨办的调研报告《我市出租汽车经营体制改革及服务质量提升路径研究》中的信息整理而成,报告提供的时间为 2016 年年初。

那休息就更赚不到钱了！"①

2016-12-27-01②

访谈者：师傅你开晚班啊？一般几点下班？

司机：下班啊？我等会儿就不跑了。

访谈者：啊？

司机：呵呵，一晚上最多一两百嘛，不如回去了。

访谈者：这么轻松啊，人家不是都得到凌晨嘛，这不亏了吗？

司机：你傻啊，为了班费也得好好开啊！

访谈者：嗯！

司机：下午3点钟就开始开了，开到凌晨一两点累了。

访谈者：白班、晚班一样的话，不都没人上晚班了？

司机：我们累啊，但是有的人想上晚班。晚班不怎么堵，但今天特别堵。

访谈者：嗯，今天不是平安夜吗？咱这边好像河南的很多的，特别是开出租车的。

司机：对！

访谈者：我问过几个师傅，好像他们都是从广州那边过来的。

司机：对啊。开出租，他们都是全国各地跑。我就在这一个地方开，不开就彻底不开了。一个地方熟了，换一个地方就又要好长时间才换下一个。

访谈者：既然开出租车这么累，为什么还坚持啊？

司机：现在收入明显下降了，可是你有本事不开？你现在没本事，那就开呗！既然开，证明还能吃口饭。呵呵呵……

访谈者：那倒是！

司机：好工作没能力干，那就做这个吧！前两天，我拉了个小姑娘，让我帮她开两天私家车，才20多岁，年薪百万了。你怎么办呢，呵呵

---

① 2016年12月12日晚上，笔者对一个司机的访谈。司机为男性，53岁，妻子在杭州一个饭店里做服务员，孩子27岁，现在在广东打工。

② 2016年12月27日，笔者对一个司机的访谈。司机为男性，河南人，从业六七年。

呵……

2016-12-01-03

访谈者：你平常工作压力挺大，那怎么放松？

司机：放松？就平常这个点下班。

访谈者：喝喝小酒？

司机：见见老乡，一起吃吃饭、喝喝小酒，一个人花个二三十元，回家睡觉。

访谈者：谁请客呢？

司机：对钱嘛！

访谈者：哦，对钱？

司机：就是平摊。

访谈者：平常还是跟老乡玩得多？

司机：嗯，其他也没什么业余活动的。下午车子回来了，还是开车，下了班喝点酒，没什么业余活动。

访谈者：是的，是的，也没什么时间，对吧？

司机：是的，也没时间。你假如玩得太久了，你比如说，我是3点出来的，玩得太久，玩到四五点，还能休息几个小时？你下午出来，连开车的精神都没有了，这不行的，所以还要保持一定的精神，才能赚到钱。

2016-12-01-01

司机：而且开这个出租车啊，职业病很厉害的！

访谈者：我知道。

司机：我在老家开那个大货车。

访谈者：嗯，嗯！

司机：这个颈椎啊，一点都不痛，那是一点事情都没有的。

访谈者：一点都没有的。

司机：现在开这种小的车子，坐的时间久，而且说句实在话，你下去方便一下都很急的！别说下来活动，我停都没有办法停的，你知道吧？一上来就拼命地跑，拼命地跑！

访谈者：这个……这个辛苦的！出租车司机职业病有肩周炎、腰椎间盘突出，还有什么啊？

　　司机：前列腺炎。

　　访谈者：嗯！

　　司机：前列腺炎！老憋着嘛！一个乘客好不容易送到了，刚想上厕所……又有个人招手了，那接还是不接呢？

　　上面一共有三段对话，其共同主题就是出租车司机为了生存而经历的日常生活。

　　编号"2016-12-27-01"的对话讲，司机师傅为了生存不仅每天拼命地开车，几乎没有休息的时间，即便如此，也只能维持基本温饱。而且，为了获得更高的收入和更好的工作环境，不少出租车司机从广州到杭州，在全国范围内流动，过着流浪的生活。用司机本人的话说，就是"下午3点钟就开始开了，开到凌晨一两点累了"。"你现在没本事，那就开呗！既然开，证明还能吃口饭。"说到底，开车是司机师傅们赖以生存的手段。虽然每天需要交纳高昂的份子钱，但是依然可以留下赖以生存的口粮。我们的调查基本如此：一般的份子钱是5000～8000元，也就是每天150～250元，此外还有油费、维修费之类的成本，一般司机每个月收入在5000元左右。如果再减去租房费用、餐饮费用等，出租车司机几乎没有多少积蓄。

　　编号"2016-12-01-03"的对话针对的是出租车司机的休闲生活。为了生存，司机师傅们除了开车，几乎没有业余的时间。从对话来看，他们所谓的娱乐时间就是交班回家之后。在交班回家之后，司机们也会与老乡一起喝酒，但这只是为了放松。

　　编号"2016-12-01-01"的这段对话强调的是出租车司机的工作特点和职业病。开出租车作为一个在马路上载客的服务行业，司机们常常是超负荷工作，整天蜷缩在狭小的空间，缺乏活动的空间，再加上上厕所极不方便，很多出租车司机患上了胃病、前列腺炎、腰椎病等职业病。

　　这三段对话具有实际的关联性，第一段强调的是超负荷的工作，第二段针对的是少得可怜的娱乐活动，第三段则是严重的职业病，这三个特点共同建构起出租车司机群体的生存生活和生存意识：他们为了基本的生存，几乎抛弃了休息、健康、自由、娱乐。或者说，他们之所以承受着各种各样的无奈和艰辛，就为了能够顽强地生存下去。正如余华《活着》小说所阐述的那样，活着的意义在于活着本身。

2.出租车司机群体的家庭责任意识

由于大部分司机已经结婚,并且有了孩子,在我们的接触中,这些外地的司机家庭,基本上有两个孩子,在小学或中学,还有少量的则已经上了大学。开车挣钱,更多的是在扮演家庭经济支柱的角色,更多的是用自身的身体来顶起家庭的保护伞。

2016-12-02-01①

访谈者:大哥,本地的?

司机:我啊? 长兴边上,广德的。

访谈者:大哥,小孩几岁啦?

司机:我孩子大了,大女儿当高中老师都四五年了,小女儿在中国海洋大学,在青岛。

访谈者:这个大学很好!

司机:都一样的,都要干,不干都不行,你说对吧?

访谈者:是啊,其实你现在开车也是打发打发时间嘛!

司机:要赚钱养家的,小孩要上学的呀! 小女儿的消费我要去挣的呀,一年学费两三万块钱呢,消费一个月1500块,一学期六七千块。

访谈者:她读出来就好了呀!

司机:还要读研呢,哎呀,麻烦大着咧!

这个司机师傅来自安徽广德县,50多岁,家里一共有两个孩子:大女儿在杭十中当高中老师,都四五年了;小女儿在位于青岛的中国海洋大学读书。这个师傅开车的目的就是给小女儿挣学费,每个月能够挣7000元左右,小女儿的生活费在1500元左右。他说:"要赚钱养家的,小孩要上学的呀! 小女儿的消费我要去挣的呀,一年学费两三万块钱呢,消费一个月1500块,一学期六七千块。"至于要不要读博士,他说:"哎呀,学历太高也没用,读个研究生就行了,博士生就不要去读了,博士生读了就不好了!"在访谈中,笔者深深地意识到,这位司机开车就是为了保障女儿的成长,他不仅关心她们的生活费,还关心孩子未来的学业和工作。养家成为他开车的意义。

---

① 这是2016年12月2日笔者与学生助理在杭州对一位出租车司机的访谈。

2016-12-01-03

访谈者：哥，你结婚了吗？

司机：我小孩都 10 岁了。

访谈者：看不出来！

司机：我 38 岁了！

访谈者：你小孩在杭州上学吗？

司机：在老家，在这里没社保。

访谈者：上不了是吧？

司机：上不了的。

访谈者：哎……

司机：再说了，小孩在这里一年的开销也很大的。

访谈者：物价高，还是要收入高才行啊！

司机：收入太低！

访谈者：社保是政府不让办吗？

司机：政府让办，但需要我们自己花钱，一个月要花 900 多元。

    编号 2016-12-01-03 中的司机也来自外地，38 岁，孩子 10 岁，在老家上学。他之所以没有把孩子带到杭州上学，根本原因在于收入过低，无法承受高昂的物价、房租以及养育孩子的费用。因此对于他来说，在杭州开出租车主要是为了抚养老家的孩子，希望他们有一天能够有足够的能力来到大城市。

    为孩子挣学费，为家庭挣生活费，这些来自家庭的原因成为外来出租车司机群体工作的重要理由。这种来自家庭的责任感虽然让师傅们觉得有很大压力，但是也让他们充满动力。我们发现，在谈到家庭的时候，师傅们的话往往特别多，人也精神，充满活力。这种来自家庭的动力赋予了开车一种特别温暖的意义，使他们的生活和工作有了一种巨大的价值。

3. 出租车司机群体的"他者"意识以及融入城市的渴望

    我们在访谈中，还会谈到有关户籍与城市的话题。我们会问："你对杭州这个城市怎么看？ 喜不喜欢啊？"也会问："有没有打算一直待在这里？"对于杭州，大部分师傅基本流露出赞誉，在接受访问的近 20 个司机中，几乎没有人说杭州不好。有个甘肃的师傅，在 1999 年他 20 岁出头的时候来的杭州，本来只想待个一两年，但是没想到在杭州一干就是这么多年。下面就是访谈对话：

2016-12-27-02①

访谈者:师傅您是河南人啊?

司机:甘肃。

访谈者:开出租车多久啦?

司机:6年多了。

访谈者:6年多啊,一直在这边开的啊?

司机:这6年都是。

访谈者:嗯,老杭州啊!

司机:嗯,在杭州待了十几年了。

访谈者:那之前不是开出租车的呀,之前做什么啊?

司机:之前送报纸。

访谈者:送报纸?

司机:就是给居家小户的信箱里送送报纸和其他什么东西。

访谈者:前几年开出租应该还是很不错的。

司机:我开始开出租的时候,这个行业已经不是很好了。

访谈者:哦。

司机:总体来说,傍晚5点钟接班,到凌晨两三点钟,一个晚上跑300多块钱。交份子钱,各种成本,根本不够。

访谈者:嗯。

司机:最空的时候还要少一点……

访谈者:师傅,你高中毕业吗?

司机:没有,初中毕业。

访谈者:当时为什么选择来杭州? 甘肃离这边很远啊,我去过甘肃。

司机:可以说是阴差阳错吧。

访谈者:阴差阳错?

司机:我们有个亲戚啊,他在这边。那段时间有一次,我妈妈半开玩笑半认真地跟他说:"给××找份工作嘛!"后来呢,他在这边给我哥

---

① 2016年12月27日晚上,笔者对一个甘肃司机进行了访谈。该名司机男性,接受采访时30多岁,来杭州10多年。

哥找了那份送报纸的工作，给我哥哥找好了，但是我哥哥去北京了。

访谈者：嗯，那你就来啦？

司机：我糊里糊涂地就来了。刚来的时候，我想我在这个地方最多待个两年就回去了，结果没想到在这边一直待了近18年！

访谈者：这么久啊！

司机：对啊！

访谈者：本来想着是待两年，为什么后来决定长待下去？

司机：就像混日子，杭州这地方，混混也舒服。第一年将就，第二年将就，也就过来了嘛，这一下就过了10多年的时间呢。想到去别的地方，又感觉还是这个城市比较熟悉嘛！

访谈者：嗯。

司机：这个城市熟悉嘛，别的地方就不想去了，那就待在这边了。

访谈者：感觉就……

司机：反正就这样拖拖拖的，不过到现在也准备要回老家了。

访谈者：要回去啦？

司机：总归要回去的。

访谈者：待了快18年，应该有点不舍吧？

司机：不舍也没办法呀！

访谈者：觉得杭州怎么样？

司机：杭州啊，我刚来杭州的时候整个城市破破烂烂。就像这个小区的房子哦，2004年左右，才多少钱啊！

访谈者：80方大概多少钱？

司机：16万元。

访谈者：这么便宜啊？

司机：嗯，2004年，现在80方最起码160万元。

访谈者：杭州发展这么快吗？

司机：好多人主要靠2008年股票牛市发财嘛，房价涨起来就是2008年开始的呀。那段时间脑袋里面没想法呀，如果那时候随便买一套，就发财了呀！

访谈者：那个时候全国房价都低的。

司机：嗯，我1999年来的。

　　访谈者：那你不是见证了杭州的发展吗？

　　司机：对啊，所以我说现在要回去了，是有点不舍。但我老婆叫我回去，所以……

　　这段编号 2016-12-27-02 的对话有些长，对话集中讨论的话题就是这个司机从 20 岁左右从甘肃来杭州送报纸，后来转行开出租车，如今不得不考虑回到甘肃去的经历。在这近 18 年的时间里，他不仅经历了生活的艰辛和工作的变动，也经历了杭州城市的发展和房价的快速上扬。更重要的是，在近 18 年的生活中，他对杭州这一城市产生了依恋和认同。

　　另外一位 53 岁的师傅，开出租车 20 年，在杭州生活了很多年，孩子一家全在杭州。但是谈到为什么不在杭州买房子，他说："房子啊，房子，不好买啊！"又说："房价便宜点，那还是可以考虑考虑的！"[①]对于他而言，房子就意味着一家的团聚。

　　在与他们的谈话中，这些师傅无不流露出对房子的向往，"房子"在他们的眼里有特别的意义。

　　在美国学者萨利·安格尔·梅丽的研究中，她认为："每一个家庭拥有一套住房具有宗教性神圣意义……拥有住房意味着生活又上了一个台阶，他们也因此而成为更为出众的人……成为一个房屋的拥有者就意味着被社会赋予了权利，就会成为一类特殊的人。"[②]不过，对于城市里的出租车司机而言，房子的意义更多地来自生存的价值。有了房子，就意味着你可以在这里永久地居住下来，有一个安身立命的地方；意味着你是一个城里人，是本地人，不再是别人眼中的"外地人"或者"农民工"。可是如果你没有房子，你就还是一个外地人，即使你再不舍得这个城市，也迟早是要回去的。正如这位甘肃的师傅所说的那样："总归要回去的……不舍也没办法呀！"在他们的心目中，"房子"所承载的社会意义及重要性，甚至超越了户籍。

　　在与他们的交流中，笔者发现，出租车司机的休闲与放松方式就是打牌和喝酒，但是这两种方式似乎也与生存联系在一起。打牌一般是在等待交接班或者

---

　　①　2016 年 12 月 09 日晚上，笔者与助理对一个河南司机进行了访问。该名司机男性，50 多岁，全家都在杭州定居。

　　② 萨利·安格尔·梅丽. 诉讼的话语：生活在美国社会底层人的法律意识[M]. 北京：北京大学出版社，2007：61-62.

等待客人的间隙进行，因此打牌纯粹是为了消磨时间和放松。而喝酒则基本限定在老乡之间，他们一边喝酒，一边交流信息，例如哪里的生意好做，哪里可以卖车之类的。此外，司机中几乎不太有人抽烟。

在调查中，笔者发现，即使遇到不公平、不公正的事情，大部分司机朋友们也不会去投诉，更不会去相关部门交涉解决，其根本原因大概来自一种"命运"的思维。司机们不停地对我们说："我们也很希望社会各界能够看到我们在工作和生活上面临的问题，但是这些有什么用呢，有谁会来管我们呢？"①他们的生活态度普遍很消极，多少显得有些逆来顺受。

在这种生存环境和心境下，他们使用新媒体更多是为了生存，而不是投诉或娱乐。智能手机在司机们的生活中普及率很高，几乎所有的受访司机都会使用智能手机。他们通过微信群、微信公众号、百度贴吧等渠道了解行业信息。他们既用手机来打电话、发短信、玩微信，也用手机来导航，同时他们还靠手机来接单赚钱。

三、出租车司机群体的新媒体表达路径

这里笔者将重点分析微信群"杭州·的哥很努力"和"武汉出租车论坛"②，而并非在出租车司机中影响力巨大的微信公众号"TEXI 地带"和"的士之音"。关键原因在于，笔者的研究对象是出租车司机群体，笔者试图从这一群体的话语中来研究他们的讨论主题与讨论方式，而以上两个微信公众号不是出租车司机自身自发创办的，更像是专业性媒体，无论在帖子的主题还是媒体经营方式上已经偏离了真实的出租车司机群体。我在分析这几个出租车司机的自媒体平台时，重点分析其主题和话语情态两个层面。

① 2016 年 11 月 30 日晚上 11 点，笔者的研究助手杨钱峰在杭州市拱墅区绍兴路某洗车店（二纺机总厂公交站点）进行采访时记录的访谈手记。

② 在比较了百度贴吧、天涯论坛之后，笔者选择武汉出租车论坛（http：//www. wh. whtaxi. com/forum. php）作为研究对象进行研究。首先，这个论坛有五个主要版块，分别是"司机话题""车辆买卖""招聘求职""失物招领"和"专车论坛"，这些版块都是出租车司机本人活跃的空间，他们在这里表达了自己真实的想法；其次，这虽然不是一个全国性的论坛，但是考虑到出租车司机的网络行为更多地围绕日常生活展开，具有十分强烈的地域性和日常生活性，所以笔者认为地方性的论坛反而更有代表性；最后，这里的"司机话题"版块作者数量虽然不多，但文化层次都相对较高，其帖子更能够反映较为深层次的内容，起到补充的作用。

微信群"杭州·的哥很努力"①的活跃度不是很高,所以我选择了2019年2月初至2019年5月15日这段跨度为3个半月的时间。经过统计,一共有16位司机参与交流,但没有一次话题引起了有效的互动。微信一共有92条,主题各不相同,与出租车司机业务直接相关的微信最多,一共是56条,占总数的60.9%;招聘出租车司机的广告一共有52条(占了总数的56.5%),另外还有1条有关买卖出租车的信息、2条有关油价的信息、1条有关驾照扣分的信息。数量排在第二位的是关于娱乐消遣的信息,一共有24条,占总数的26.1%。还有转发为女儿书法竞赛网络投票的信息以及其余信息,一共有12条,占总数的13%。从文本属性而言,大部分的招聘广告信息以及要求帮忙投票的信息属于原创的文字信息,但文字写作水平不高,这一类一共有64条,占总数的69.6%。其余转发类的一般是娱乐类的小视频、笑话等信息。微信群的信息特点与前面访谈和调查的结果一致,司机们使用微信群的目的是生存,主要是为了招聘出租车司机或者找工作;同时,司机朋友们平时开车十分繁忙,又受到文化水平的限制,因此真正在微信群里发言的次数并不多。

武汉出租车论坛于2004年创建,至今已经超过16年,一共开辟了"司机话题""车辆买卖""招聘求职"等几个版块,都以出租车行业为探讨的焦点。其中"车辆买卖""招聘求职"两个版块十分活跃:前者共拥有主题帖1495条,其中最早的一条帖子是2016年12月31日发布的,由此可见这个版块显然不是最早开辟的;后者共有主题帖4869条,最早的第一个帖子是2012年7月27日发布的,发帖、回帖最活跃的是2018年。这两个版块中发布更多的是业务性的帖子,反映了出租车司机群体的生活状态,其功能与前面分析的微信群重叠,在此笔者不做分析。为了取得一种互补关系,笔者在这里重点分析一下"司机话题"版块中的帖子,这一版块可以比较好地体现出武汉出租车司机的思想状态,尤其是对出租车行业的一些想法。

笔者重点研究了发布时间为2018年12月13日—2019年5月14日共5个月的主题帖58条。根据主题帖作者来排序,参与发布的作者一共34人;其中发帖最多的为"淡定哥",一共13条;"吃瓜群众"有3条;还有4个成员发布了2

---

① 该微信群是笔者和笔者的研究助手杨钱峰在调查时创建的。该群于2016年年底创立,创立的目的是方便司机们之间的交流。到2019年4月底为止,该群一共有43位成员,其中笔者本人与研究助手单位为浙江大学城市学院,另外41个成员为出租车司机——这些司机基本都具有浙江省外户籍。以此为研究对象,笔者进行了基本的内容统计。

条;其余网民发布了 1 条。从这些帖子的主题内容来看,交流询问载客业务的共 16 条,有关买卖、维修车辆的有 11 条,谈论政府或者公司管理规定的有 24 条,讨论出租车司机群体、社会风气之类的有 7 条。笔者同时又根据跟帖数量研究了 58 条主题帖,发现总体而言跟帖都不太多,跟帖数量在 10 条以上的一共有 6 条:其中质疑运输管理处的有 2 条——在"办服务监督卡的问题"中,司机们普遍认为这是不合理的收费,属于硬性摊派;讨论开车业务的有 3 条——"开公交还是开的士"(2019 年 1 月 19 日)着重讨论开出租车和开公交车的利弊,"我上了的士贼船但不后悔"(2018 年 9 月 28 日发表,阅读 13937,跟帖 11 条)和"重返的士记"(2019 年 3 月 16 日)着重谈了自己从事这个行业的体验,这 3 条实际上也涉及管理的问题;请教买车经验的 1 条——"求助!准备入手一辆国兴车子,求详解"。

显然,从这 6 个主题帖以及前面 58 条主题帖的主题内容来看,出租车司机朋友们讨论最多的就是两方面内容:一方面,进行个体业务经验的交流,希望能够多拉客、多赚钱;另一方面,对管理部门以及出租车公司的管理规定进行讨论或质疑,认为正是不恰当的管理措施才使得出租车经营变得越来越困难。从表达方式来看,出租车司机更喜欢用直截了当的方式说话,甚至经常爆粗口,情绪上有些激愤和不满。下面进一步以"我上了的士贼船但不后悔"及其跟帖为例,进一步分析出租车司机群体的话语表达特点。

(一)部分情绪性主题帖的话语表达与问题意识

网友"pxp667"于 2015 年 3 月 23 日发表主题帖,质疑武汉市运输管理处治理专车不力,从而使专车影响了出租车的生意。到 2019 年 8 月 15 日为止,该帖阅读量为 42943,跟帖数 91。

这条主题帖实际上包括两层含义:第一,批评交通运输管理部门出台的管理出租车的措施;第二,用情绪化语言表达对相关管理部门的怨恨情绪。

从 91 条跟帖来看,这些跟帖可以被分为四类。

第一类是简单的支持帖。这部分跟帖比例最多,约占总数的一半。这些帖子的关键词是"顶""赞""好",例如网友"加盐咖啡"说"好,顶"。而少部分网友则表达得更为完整些,例如网友"蓝天白云 123456"跟帖"我不骂人,我是来顶贴的"。

第二类表达不满的情绪帖,这些帖子基本上比较粗俗,发帖人有些肆无忌惮。这类情绪性跟帖只是为了发泄不满，并不是为了解决具体问题，当然，他们也压根没有抱任何解决问题的希望。用网友的话说，就是"每次看见这帖子，总有一种出了口恶气的感觉"。

第三类是对交通运输管理部门的批评帖。出租车司机们认为，交通运输管理部门的政策应适用于所有进行商业运营的小轿车。但是目前看来，交通运输管理部门对出租车的管理最为严格，对滴滴专车或者拼车却管理不足，对路上的无证运营车更是无可奈何。出租车司机觉得极为不公平，因此极为气愤。就有网友说，"该管的不管，总管我们这些正规的出租车，是不对"。

第四，对理性表达自我诉求的劝告。能理性表达自我诉求意义十分重大。在这样的论坛中，少数的网友意识到，大部分出租车司机朋友无法用理性话语来表达诉求，这不仅对维护出租车司机群体的利益没有丝毫的帮助，而且也可能会导致自媒体论坛受影响。网友"漂浮的云"说："出租车论坛不是拿来糟蹋的，是探讨共议、寻求了解、互助互帮的出租车大家庭！办这个论坛的初衷被一些司机理解错了，可悲啊！"但这样的呼吁注定是得不到呼应的。

从该主题帖以及跟帖来看，作为网友的司机朋友在运用理性话语表达自我诉求方面存在一定欠缺，他们更喜欢用情绪化的语言来发泄心中蓄积已久的怨恨情绪，这种情绪是长久以来在社会底层生活所积累的压抑与不满，而交通运输管理部门的不作为以及不公平政策恰恰给了他们爆发的机会。情绪化的表达更多是通过爆粗口的方式得以展现，这十分符合这个阶层的日常表达方式。他们即便会运用理性的话语来表达诉求，在表达能力上也有所欠缺，往往只能用道德化话语表达"支持""顶"，或者是"该管管""应该管管"等，至于为什么要管理，以及如何管理等专业性分析和合理化建议基本上都没有，这说明他们对专业性话语或者政策性话语的运用能力相对来说也是缺乏的。

这次讨论所建构的问题意识集中在一点上：出租车司机群体是一群受欺负的弱势群体。这种问题意识因为缺乏足够的社会深度、缺乏足够的说服力，也难以引起相关部门与有识之士的重视。

（二）"我上了的士贼船但不后悔"主题帖的话语表达与问题意识

由于缺乏专业性话语以及政策性话语的运用能力，出租车司机群体在论坛中并不活跃。不仅在主题帖的发布上，在跟帖上也是如此。在前面关于主题帖的分析中,我们发现,这些跟帖中有建设性的或者分析相对深刻的理性跟帖极为稀少,其原因可以被归结为这一群体话语表达能力不足。再来分析一下"我上了的士贼船但不后悔"这个主题帖,它的叙述重点是自身从事出租车行业的经过和体会,这条帖子的总字数达到了4000余字,这在整个论坛中是极为罕见的。

1.对"我上了的士贼船但不后悔"主题帖的话语分析

该主题帖4135字,一共由"21年来开出租车的经历以及体会"两部分内容构成。第一部分是楼主"Hanping"开21年出租车的主要经历,从内容来看可以细分为"挑土做夜班"和"'非典'期间自己买车"两个阶段:在前一个阶段,楼主主要写了如何掌握经验,提高运营效率;在后一个阶段中,楼主谈了很多经历和经验,主要有"吃夜宵学经验""1998年长江洪水""1999年听世纪钟声""经历'非典'""见证3元起步价和加油难""做好事""做坏事""经历飞单"等。第二部分楼主总结了21年开出租车经历的人生感悟,他说:"开了21年出租车,那就是我一本人生的书,好人坏人,好事坏事,怪事奇事,听说的看到的,积极的负面的……什么都见过,长见识呀。"

在人生感悟中,他谈到了对金钱的体会,他说:"一名客人告诉我,钱用了才是你的……嗯,有些道理。""开出租车,过生活,把孩子养大是必需的……除此以外,把身体搞垮了,赚的钱还不够塞医院的牙缝呢。"金钱只有使用才有价值,赚钱不能把身体搞垮,这显然是开出租车几十年来的体会。也有对岁月的理解,他说:"时间如流水,哗啦啦地带走了我人生的时光。"此外还有对出租车平台的认识,他说:"我要感谢这个论坛……我没事就在论坛上晃悠,也在论坛上学了不少东西,让我从外行变成内行。2006年试着在论坛上找了个卖家,我东扯西拉凑了几个钱又买了辆车。手头有两辆车,副班是个问题。我就在论坛上看副班信息,我的副班基本上都是在论坛上找的……后来我在论坛上找了个卖家,卖了一辆车,留一辆接着混。这回我退出行业,车也是在论坛上卖的,卖车帖子置顶17天车就脱手了。"他真正把论坛看作一个信息平台,很好地利用信息买车卖车,还找到了副班。

在该主题帖中,楼主利用文学性的语言描写了21年开出租车的生活与感悟,建构起了一个积极乐观的出租车司机的个人形象,同时建构出这样一个重要的问题意识:即便是经济并不富裕、工作十分紧张的出租车生活,同样可以培养出积极乐观的感恩情绪,获取生活的乐趣。他说:"开出租车成了我人生的主体内容,开出租车也耗费了我人生的大好时光。不过我不后悔,毕竟的士让我把孩子拉扯大了，房子也买了。人嘛，不求大富大贵，只求平平安安过家家就行了。咱没有官的头脑，没有商的眼光，只有百姓子弟的活法，当然不与官商比高低了，这叫知足常乐，定位准确。"该主题帖没有深刻的术语，采用更多的是生活性话语，但其中情绪性话语较少，并不像之前我们所说的帖子那样表达的都是怨恨性情绪。我们同时也发现，情绪的不同（或者积极，或者怨恨）与出租车司机个人的生活观与人生观是密切相关的，在某种意义上，政治地位与经济地位上的弱势，以及出租车管理条例的严酷不一定是怨恨情绪产生的必然因素。

2.跟帖所建构的"我们"群体和积极情绪

我们发现，这个主题帖在 2018 年 9 月 28 日发表，阅读 13937 次，但是跟帖只有 11 条。这种现象显然是出租车司机论坛有别于其他政治类、社会类论坛的地方。跟帖不活跃的现象同样出现在该论坛的其他主题帖上，这只能说明，在出租车论坛，不仅主题帖的发表不够积极，跟帖同样不活跃，主要原因在于出租车司机群体文化水平普遍不高，社会参与度不高。下面继续分析这一主题帖下面的这 11 条跟帖。

> abcde8：情真意切，文笔也好！还有吗？请继续，我转发了。
>
> woAx305：嗯，写得接地气。
>
> 渔民：这就是出租车文化，有悲有欢，有起有落，有风有险，有正有邪，它不是电视塔最高处的那一点，也不是泥巴地里的游虫，它就是实实在在、有血有肉的人的一种生活生存的方式。是市民桌上的一壶老酒，喝一口爽身，喝多了醉身，还伤身。
>
> Hanping 回复 abcde8：胡编乱造，见笑了，谢谢转发。
>
> Hanping：论坛也转发了，谢谢论坛。
>
> 18919610807：微信号上看了，上来点个赞。
>
> 2498111631：你和我的经历差不多。
>
> Douniushi：感同身受啊！
>
> 淡定哥：都是司机们的心声，真实写照。
>
> 17182298：写得好，写出了广大司机们的心声。我也是一不小心上了出租车的贼船，搞得现在进退两难，家里上有老下有小，真不知道以后的路该怎样走下去。
>
> Yifanoscar：楼主好文采！

　　这些跟帖真正属于其他网友发布的只有9条,对于1万多阅读量的主题帖而言,这样的跟帖数应该说是十分惨淡了。跟帖稀少,除了出租车司机群体参与度普遍不高这个原因之外,也说明这个主题帖的内容缺乏社会的参与积极性。一方面,从该主题帖的内容中我们可以发现,该主题帖谈论的基本上是个体的出租车行业从业经历。另一方面,从前面的调查来看,出租车司机特别关心的、与他们的工作密切相关的内容,包括交接班、生意以及与之相关的管理规定等,该主题帖涉及不多。至于该主题帖所描述的生活感悟等相对意识形态化的内容,也不是出租车司机关注的焦点。

　　如果从内容和表达上分析9条跟帖,大致有这样几个显著特点值得我们重视。第一,这些跟帖在内容上可以分为两类:一类是赞赏楼主文笔好、感情细腻的,这样的帖子一共有3条,关键词是"情真意切""文笔好""好文采"等;另一类跟帖主要赞赏楼主写出了出租车司机的心声,体现了出租车司机群体真实的生活和精神状态,关键词是"接地气""司机们的心声""感同身受"等。第二,这些朴实的评论也建构了一个共同的"我们"——出租车司机群体,"你和我的经历差不多"等。他们虽然每日为生活而奔波,但是他们同样有自己的喜怒哀乐,有自己的追求和生活,这构成了独特的的士文化——一种基于生存意义上的最接地气的群体生活方式,正如网友"渔民"说的那样:"这就是出租车文化,有悲有欢,有起有落,有风有险,有正有邪,它不是电视塔最高处的那一点,也不是泥巴地里的游虫,它就是实实在在、有血有肉的人的一种生活生存的方式。是市民桌上的一壶老酒,喝一口爽身,喝多了醉身,还伤身。"第三,在话语表达上,受到主题帖的影响,大量的跟帖采用了朴实的文学话语,不仅表达了"感同身受"的群体情感,还体现出的司机群体积极务实的一面。

四、出租车司机群体的生存意识和情绪性话语

　　20世纪八九十年代的城市出租车司机群体以本地人为主,收入丰厚,属于高收入群体,而且社会地位很高,用大部分出租车司机的话来说:漂亮的小姑娘排着队等着嫁呢！然而社会的快速发展迅速改变了这种局面。起初是私家车快速发展,经济条件好的不再选择出租车出行,乘坐出租车的顾客群体从社会富裕阶层逐渐转向普通阶层。再就是全国大城市越来越堵,为了改善交通,这些大城市开始大规模地发展快速公交和轨道交通,而出租车在城市交通规

划中的地位也逐步边缘化,用司机的话来说:"往东是堵,往西是限流,往南是不能走,往北是排队等候,你咋整?设轻轨、挖地铁、架高架桥,楼盘工地到处都是,时常工地围着我逗我、气我,我那破车还参加'街头车展'。施工声当了好客工地的留客声,可我不能做工地的客呀,我得多拉快跑,交租子、养婆娘呀,对不对?"[①]近几年,滴滴等一系列网约车公司开始大肆扩展,出租车的生意越来越差,本地的司机逐渐退出出租车行业,司机、乘客、公司和管理部门之间的矛盾时有发生,问题也越来越多。

我们以访谈、社会调查以及新媒体平台的文本为研究基础,进一步总结城市出租车司机群体的问题意识,以及生存性话语的特色。

(一)为生存而活的问题意识

目前城市里面的出租车司机群体由于其自身群体特征决定了他们只能是生活在城市里的外乡人,他们的经历与生活现状决定了他们的问题意识。

1. 普通人养家糊口的生活意识

亚伯拉罕·马斯洛在论述人的心理需求时,认为人的需要是从低往高发展的,这些需求由较低层次到较高层次依次排列分别为:低层次的生存需要包括生理的和安全的需要,中层次的社交需要包括爱及归属感、尊重的需要,最高层次的为自我实现和自我超越的需求。卡尔·马克思则把人的需要分为生存需要、社会交往的需要和自我实现的需要三个层次。在调查访谈以及文本分析中,笔者发现处在生活压力之下的司机群体对钱和工作特别敏感。很少参加社交和娱乐活动,即便有,也基本上就是与同乡一起吃吃夜宵、打打牌而已。即使生病了也不敢休息,大多数情况下就是硬扛。这一切都是为了省一些开销,多攒一些钱,能够养家糊口。

2. 房价重压下的"本地人"意识

就笔者对杭州市出租车司机的调研来看,杭州本市户口的司机只有 1/4 左右。出租车司机大部分来自外省(以河南和安徽居多)以及浙江省除杭州市以外的其他地方,而且户口以农村为主。他们之所以来这里开出租车,主要是由亲戚朋友介绍。这些在杭州从事出租车营运工作的司机们,多年来保持着外来户的

---

① Hanping. 我上了的士贼船但不后悔[Z/OL]. (2018-09-30)[2021-01-18]. http://wh.whtaxi.com/thread-309824-2-1.html.

身份。对于他们而言，"本地人"是一种权利和象征，成为本地人，不仅不用到处流浪搬家，可以一家团聚，更重要的是，可以活得有尊严和自信。但成为本地人，他们有着太多的无奈，或者没有钱买房子，或者家属都在老家，或者还是留恋着老家，等等。"本地人"的身份对于他们而言是可望不可即的美梦。

3.多重权力制约下的弱势群体意识

笔者无论是在访谈还是在文本中均发现：出租车司机在面对政府管理规定、面对公司份子钱、面对网约车的竞争时，往往无法利用法律、政策等手段来有效维护自身的权益，也无法通过信访、媒体等渠道理性地表达自身的诉求与意见，而常常采用情绪化语言，甚至是极端化的话语来表达自身的诉求。从本质上来讲，这种情绪化的意识实际上体现了一种无助感，这种对出租车公司的怨恨情绪，抑或对网约车司机群体的愤怒，是出租车司机这一弱势群体的情绪化表征。

4.新技术及社会变革带来的忧虑和恐慌

一方面，新技术带来了网约车，也抢走了出租车司机的生意，威胁到他们的生存，让他们产生了一种本能的抵制情绪。另一方面，智能手机快速普及，新技术的出现引发了自媒体的大量涌现，原本在大众媒体中没有任何话语权与自我表达机会的他们，开始有了自我表达的可能。他们对网约车、出租车公司等表达意见、宣泄不满也有了自己的渠道，不仅有了贴吧、微信群等平台，也有深受出租车司机喜欢的微信公众号和网络论坛——"好歹有人为我们说话，把我们的故事说出去"。不管有没有效用，甚至不知道有没有人关注，司机们已然把以"TAXI地带""的士之音"为代表的一系列自媒体平台作为一个宣泄烦恼与压力、进行自我安慰的窗口。

(二)接地气的生存性话语与出租车文化

出租车群体作为现代化都市发展过程中出现的一个特殊群体，有着鲜明的历史性和时代性，也形成了一套完整的群体文化体系，既表现为一套专门的话语系统，由许多相互关联的词语构成，又表现为一套系统的解释模式。

从访谈和文本来看，这套话语体系首先表现为一系列的独特概念，体现为"拉客""攒钱""份子钱""不敢休息""不敢生病"等与生存密切相关的关键词。即便在讨论管理部门或者出租车公司，出租车司机挂在口头上的也是这些围绕生存、工作展开的词语。从话语表达来看，这种生存性话语更多地以道德性话语和情绪性话语为主。

在面对面的交谈中,司机们基本上使用情感色彩浓厚的话语来叙述日常生活和工作,例如"我们就是跑路""时间很重要的""12 分对我们来说太少了"等。在面对出租车公司的"剥削"和部分难缠的顾客时,他们也会时不时地流露出激动的情绪,甚至会爆粗口,这些情绪性话语更多地表达了一种象征性的抵制和无奈。正如学者让·科马洛夫所指出的那样:"一种对权威文化和规范的微妙而系统的背叛行为,由于植根于广泛分享的结构性困境和受剥夺体验中的特性,传达了十分清晰的抗议信息。"①

这套强调生存的生活话语以及强调情感宣泄的情绪化话语体系,恰恰表现了出租车司机群体鲜活的出租车文化,这种文化扎根于司机群体的日常生活和工作中。有时的确会有一些关于出租车司机的负面信息,比如:开车不老实,经常抢时间,能闯黄灯一般就会闯黄灯;时不时唯利是图,捡到遗失在车内的物品不归还……但是这个群体又是最为真实的,他们没有太多的社会奢望,只求开车多赚一点钱,能够使自己的家庭生活能够过得好一些。

---

① Jean Comaroff. *Body of Power*,*Spirit of Resistance*;*Culture and History of a South African People*[M]. Chicago;University of Chicago Press,1985;196.

第四章 环境污染风险区居民:环境话语和公众参与意识

 本章提纲

- 伴随着中国城市的快速扩展和经济的飞速发展,空气、水、土壤等受到前所未有的污染,而污染源主要来自工业排放、城市垃圾,由此也不时引发城市大型垃圾站或垃圾处理中心,以及化工基地等周边居民的集体抵制和抗议。

- 环境污染风险区周边居民,虽然从身体状况、经济条件、职业发展、社会地位等方面来看,并不一定处于社会底层,但是在大型环境类公共设施的项目论证、建设、实施过程中,依旧缺乏足够的决策参与、媒介表达等方面的环境话语权,从而成为社会参与方面的话语弱势群体。

- 笔者选择了三类环境污染风险区居民的抗议行为:江苏常州垃圾中转站周边居民的"反建设"行动,杭州天子岭垃圾处理场周边居民的"拒绝臭气"运动和宁波镇海区石化经济技术开发区的对二甲苯(P-xylene,以下简称 PX)事件——它们分别代表了目前国内三类典型的环保抗议行为。

- 环境污染风险区居民建构的环境话语呈现多元态势:从以搬迁和追求经济补偿为目标的生存式环境话语,到以避邻为目的的原始生态话语,再到希望获取行政决策参与权的权利分享话语等。这些话语旨在维护环境的可持续发展。促使多元主体共同参与的生态话语应该是下一步积极构建的环境话语。笔者还发现,随着智能手机和自媒体的高度普及,自媒体平台成为公众信息获取和传播、意见分享与社会动员的公共空间,促进了政府机构和商业团体的权利分享,同时更激发了公众参与公共事务讨论的意识。来自环境污染风险区周边居民的社会怨恨情绪是他们环保行为的内在驱动力。

中国特色社会主义改革开放,经济快速发展。2020 年中国 GDP 总值稳居全球第二,仅次于美国[1],但中国也因此付出了环境污染的巨大代价。从国家生态环境部的报告[2]来看,目前我国空气、水、土壤等方面的污染十分严重,干净的饮用水、清洁的空气、纯净的土壤成为稀缺资源。现代制造业的高度发展以及各类工业废水、废气等有毒物质的排放,是造成环境污染的首要源头,其次是现代生活方式所造成的污染,例如汽车尾气、生活垃圾等。2018 年,全国 338 个地级及以上城市 PM2.5 浓度为 39 微克/立方米,同比下降 9.3%。京津冀及周边地区、长三角地区、汾渭平原 PM2.5 浓度也有大规模下降的趋势,北京市 PM2.5 浓度为 51 微克/立方米,同比下降 12.1%。全国地表水优良(Ⅰ—Ⅲ类)水质断面比例为 71%,同比提高 3.1%;劣Ⅴ类断面比例为 6.7%,同比降低 1.6%。虽然相比上一年度,水和空气的质量都有了提高,但是"不稳定、不确定因素增多,打好污染防治攻坚战面临多重挑战"。"打好污染防治攻坚战,是党的十九大作出的重大决策部署。"[3]

伴随着环境污染以及环境危机,环境类群体性维权事件也大量涌现。2005—2014 年,在西方媒体中一共有 47 次关于环境类群体性维权活动的报道。2005—2012 年,中国相关部门处置的环保事件共 927 起(重特大事件 72 起),其中 2011 年比 2010 年同期上升 120%,特别是重金属和化学危险物品突发环境事件显现上升趋势。"在中国信访总量、集体上访量、非正常上访量、群体性事件

① 国家统计局.《新闻直播间》国家统计局公布 20 年经济数据 GDP 破 100 万亿元 综合国力跃上新台阶[EB/OL](2021-01-18)[2021-01-18]. http://www. stats. gov. cn/tjgz/spxw/202101/t20210118_1812478. html.
② 中华人民共和国生态环境部. 2018 中国生态环境状况公告[R/OL]. (2019-05-12)[2021-01-18]. http://www. mee. gov. cn/hjzl/sthjzk/zghjzkgb/201905/P020190619587632630618. pdf.
③ 李干杰. 国务院关于研究处理大气污染防治法执法检查报告和审议意见情况以及有关决议落实情况的报告[R/OL]. (2019-03-01)[2021-01-18]. https://baijiahao. baidu. com/s? id=1626804328288606940&wfr=spider&for=pc.

发生量实现下降的情况下，环境信访和群体性事件却以每年30％的速度上升。"[1]

对于环境污染、环境危机或者环保维权等问题，不同学者关注的焦点也不同。对于笔者而言，周边居民作为一个特殊的群体，他们算不算弱势群体？这一群体关注环境污染的问题意识如何？他们是如何利用新媒体来表达这些问题和情绪的？这些问题都将被笔者置于当代环保意识成为公众自觉的背景下来思考，通过对这些群体和事件的分析，笔者将揭示这一特殊群体的环境话语形态和环境问题意识。

一、环境污染风险区及作为弱势群体的周边居民群体

对这一群体自我表达进行研究，首先要厘清两个基本概念，即"环境污染风险区"和"作为弱势群体的环境污染风险区居民"。

第一，对"环境污染风险区"的理解。"环境污染风险区"实际上包括两类地方：其一，由于水、空气或土壤等环境要素受到了实质性的污染，这些区域成为实质性的环境污染区，从而导致居民无法保证正常的生产生活以及身心健康；其二，区域没有构成实质性的环境污染，但是因为通过行政或商业的渠道，在此类区域准备规划建设具有环境污染风险的环境类项目，例如垃圾场、化工厂等，给地方居民造成环境污染的心理恐慌，这类区域属于预期的环境污染风险区。笔者把这两类地方统称为"环境污染风险区"。

从以往研究来看，大部分学者把这些区域统称为"环境邻避区"。垃圾焚烧厂、垃圾填埋场、发电厂、化工厂等环境项目建设所引起的抗争性事件，往往被诸多学者称为"邻避事件"或者"邻避抗议活动"[2][3]。"不要建在我的后院"就是指"当地居民因担心建设项目对自身身体健康、环境质量等带来负面影响，被激发出嫌恶情绪，以至于采取强烈的、高度情绪化的集体反对甚至抗争行为"[4]。这

① 张萍，杨祖婵. 近10年来我国环境群体性事件的特征简析[J]. 中国地质大学学报（人文社科版），2015(02):53-61.

② Michael O. H.. Not on My Block You Don't: Facilities Siting and the Strategic Importance of Compensation[J]. *Public Policy*,1977,25(04):407-458.

③ 诸大建."邻避现象"考验社会管理能力[N]. 文汇报,2011-11-08.

④ 寇江泽. 垃圾焚烧项目"一建就闹一闹就停"如何走出困局？[N].人民日报,2017-01-14.

个命名的本质含义就是强调此类项目虽然符合公共利益或国家利益,但是对个体利益是有所损害的。

在本书的相关研究中,笔者之所以用"环境污染风险区",而不是"环境邻避区",原因在于,"环境邻避区"这一概念强调的是周边居民为了维护个体利益不受损害,置公共利益或国家利益于不顾。从立场上看,这样的命名体现了命名者站在政府或国家的公共利益视角,对这些居民群体持批判的态度。也就是说,在使用这个概念的时候,学者们实际上已经带有一种批判性的意识形态偏见,认为这些居民所进行的环境抗争实际上只是为了维护个体利益而置公共利益不顾的自私行为。本研究力图避免这种高高在上的批判性立场,试图站在弱势群体的角度,通过弱势群体自身的发声和意见表达,来建构相关的社会问题和问题意识。基于这样的研究立场,笔者不希望采用"环境邻避区"这个具有明显道德批判色彩的概念,希望使用"环境污染风险区"这个具有价值中立特征的概念。

第二,有关"作为弱势群体的环境污染风险区居民"的理解。前面部分已经对"弱势群体"做了界定。它可以分为相对弱势群体和绝对弱势群体两大类:绝对弱势群体主要指那些因自然和生理方面的缺陷而造成经济或政治地位边缘化的人群,例如残疾人、老年人、难民等;而相对弱势群体是指由于经济、政治,甚至媒介等资源分配不均,使基本可行能力部分被剥夺或被削弱的社会群体。而所谓的"基本可行能力",主要指具有自主选择避免各种困苦及接受教育、就业,享受政治参与的基本能力,当然也包括自身各种意见、建议方面的表达能力或权利。

目前学术界和政府的关注焦点在于,因自然或生理原因所造成的生存能力的弱势。但是随着社会的发展,公共事务参与、参政议政、言论表达等更多的社会性权利开始与生存取得同等重要的地位,甚至有过之而无不及。社会事务参与能力的不足和社会性权利的缺失成为当代弱势群体形成的主要原因,这也是笔者本研究中理论的出发点。因此,对弱势群体的内涵,笔者认为有必要进行补充完善。

因为其在政治经济活动的参与能力或社会性权利方面较为弱势,话语表达上处于边缘处境,弱势群体因此无法在有机空间中完整地表达自己的正常诉求。然而随着互联网,尤其是微信、论坛、新闻跟帖和社交网络等社会化媒体的日益普及,这些在传统大众社会中近乎失声的弱势群体,往往会把网络空间作为自己表达诉求、倾诉冤屈、发泄怨恨的重要渠道。Tom Postmes 研究发现,处于社会权利底层的边缘群体相对于普通群体而言,似乎更加愿意把网络作为表达意见的公共平台,也更容易被动员起来参与网络群体性事件①。

本章的研究涉及环境保护、环境参与等公共事务方面话语权的合法性问题。也就是说,某个群体在公共空间中的话语表达是否具备法律、政策或社会普遍意识方面的正当性。具体而言,这种环境话语权包括话语权力和话语权利两个层面。前者既包括法律和政策方面的权力形态,又包括知识、学术或文化方面的精神控制力量;而后者更多意味着公民进行利益表达、参与公共事务和决策的权利。因此,要想获得环境立法政策方面的参与决策权利,就需要拥有法律或政策方面的话语权力,从而使自己群体的利益主张和诉求建构成为主流话语,或者利用自身认同的价值元素和表达方式来重组主流话语,从而使主流话语为自身群体服务。由此看来,环境话语权实质上就是有关环境法律、政策、决策等一系列主流文件措施的制定与使用权。

根据环境话语权力和权利的生产与传播主体来看,环境污染风险区周边居民群体,具备"弱势群体"概念的基本条件。以往研究已经告诉我们,目前我国规模较大的环境类群体性事件或者环境危机,其来源主要有这样两类:第一是工业排放对周边生活用水、土壤和空气造成危害;第二是城市生活污染,尤其是城市垃圾处理过程中所引发的垃圾场建设、垃圾焚烧和掩埋造成污染。根据"邻避效应"理论,居民们显然不会希望自己的居住地周边是污染源。但是他们的村庄或小区周边为什么会存在废气、废水的排放地,或者是垃圾处理场呢?毫无疑问,其重要原因就是这些居民在城市政策制定方面缺乏足够的影响力和参与机会,同时在居住区选择方面也缺乏足够的经济能力。正是基于公共事务参与能力和公共空间表达能力的缺乏和不足,环境污染风险区周边居民无疑具备作为"弱势群体"的本质性特征。

二、弱势群体的公众参与

新媒体,尤其是自媒体的快速发展,为弱势群体提供了一个自我表达的通道,也促进了公众参与意识的建构和发展。

---

① Tom Postmes. Social Movement Participation in the Digital Age: Predicting Offline and Online Collective Action[J]. *Small group research*, 2002, 33(05):525-554.

在以政府或国家为主导的政治空间与以家庭为中心的私人空间以外,存在着第三种空间,即所谓的"公共空间"。这个空间,实际上就是指"围绕共享利益、目标和价值而进行的非强制性群体性行为所发生的区域"①,或者是指"一种特殊的社会,那里的非政府组织和机构代表的是市民的利益和意志"。

社会个体往往需要依托公共空间中的组织或个体才能与政府官员或国家部门进行对话,或者进行权利分享。社会个体参与公共事务的讨论、协商、决策等行为的过程,就是我们经常谈论的"公众参与"。究其本质而言,这个过程就是体制外的弱势群体通过表达与行动争取进入体制内,并与决策者分享决策权利的过程,是对权利资源的一种再分配。② 雪莉·阿恩斯坦区分了公共参与和权利分享之间的关系,以是否通过权利的分享并且影响参与结果的程度为重要标志。③ Bert Enserink 和 Joop Koppenjan 进一步提出了"有意义的参与"的概念④,赋予参与公共事务决策进程的利益攸关方真正的发言权和可能的磋商机会,让他们能够充分表达他们的关注点、问题所在以及真实想法,并让计划、方案或政策的发起者能够认真对待他们的言论和想法。因此我们也可以说,公众参与是促进现代社会不断完善发展,以及社会政治不断清明的核心途径。公众参与不仅包括行动筹划、组织动员,也包括信息传递、主题建构、民意激发、咨询安抚等象征性行为,当然也包括权利的分享和协调解决等实质活动的参与。

从社会个体与政府、国家之间的互动关系来看,这种"公众参与"还具有温和与激进的差异。也就是说,在社会公共事务的审批、决策或实施的过程中,如果政府或国家部门采取开放、公开的方式,强调政府公共治理过程中公众的有效参与,那么代表私人或社会利益的公众参与就有可能以温和的形式出现,相反就可能是对抗性的。

在西方传统社会中,为了争取共享的权利或价值观,自发组织起来的组织或团体往往会采取对抗的形式与政府或国家进行对话沟通,由此也使得这种对抗

---

① Centre for Civil Society. What is Civil Society? [EB/OL]. (2010-05-04)[2021-01-18]. http://www.lse.ac.uk/collection/CCS/what_is_civil_society.htm-accessed.

② Sherry Arnstein. A Ladder of Citizen Participation [J]. *Journal of American Institute of Planners*, 1969,30(04):216-224.

③ Sherry Arnstein. A Ladder of Citizen Participation [J]. *Journal of the American Planning Association*, 1969,30(04):216-224.

④ Bert Enserink, Joop Koppenjan. Public Participation in China: Sustainable Urbanization and Governance[J]. *Management of Environmental Quality*, 2007,18(04):459-474.

性行为成为公众参与的主要形式。而社会弱势群体向代表权利主体的被挑战者发出的抗议则常被视为是对政治体制开放度的挑战。在一个体制完全开放或完全封闭的情况下，抗议都不会产生。① 在西方，以抗议和冲突为特征的环境类群体性事件以及公众参与性运动成为学者们集中研究的对象。

在中国文化的背景下，以分享权利和以对话为沟通形式的公众参与形式有很多，例如政治协商会议、领导下基层、领导信箱、领导接待日等，但是也存在一种被动的暴力形态，即公众以暴力抗议的形式来谋求获取进入公共决策的程序，使公众参与获得合法性。对处于转型期的我国社会而言，抗议事件的发生正表明体制本身具有一定开放性，公众抗议议题虽然难以通过体制内管道被迅速吸收，但公众可以通过抗议开启体制内的议事管道，促成政府决策的民主化。②

中国式的"公众参与"更多地立足于中国历史，立足于实际情况，强调个体、组织与政府就一系列社会公共事务进行有效的协调和对话，而不是片面强调围绕言论自由、政治决策参与等政治性权利的分享，而展开一系列对抗性行为。因此，中国式的公众参与虽然难以避免一定程度的对抗性行为，但是最终目的就是与政府协商合作，促进民意的传递与实现。因此在研究中国现代社会的时候，与其寻找一种类似西方社会的、具有对抗性特征的独立组织或公共空间，不如研究中国社会中的个体和组织如何与社会单位及政府合作，以及个体、组织、社会单位与政府各自所发挥的功能。

随着自媒体的快速发展和在弱势群体中的普及应用，自媒体在促进弱势群体参与公共事务决策方面的作用也越来越显著。黄成华认为，自媒体不仅提高了公民的政治参与意识和民众的话语权，还提供了政治治理参与的路径。③ 笔者认为，在社交媒体或自媒体阶段，草根实现了对"麦克风"的控制权和使用权，他们开始改变参与公共事务协商的传统策略，不再先去找政府或者社会能人，而是先在自媒体平台爆料、咨询和议事，再进一步采取社会行动。自媒体平台在为社会草根群体(话语权上的弱势群体)提供抗争信息和行为支持的过程中，自身

---

① Peter K. Eisinger. The Conditions of Protest Behavior in American Cities[J]. *The American Political Science Review*, 1973, 67(01): 11-28.

② 尹瑛. 环境风险决策中公众参与的行动逻辑: 对国内垃圾焚烧争议事件传播过程的考察[J]. 青年记者, 2014(35): 10-11.

③ 黄成华. 基于"自媒体"的市民社会治理参与[J]. 辽宁医学院学报(社会科学版), 2014(04): 24.

也成为信息发布、活动动员、策略协商的公共空间,也促进了现代社会的建构和发展。

三、环境污染区周边居民的公众参与以及研究方法

笔者本章的研究对象是环境污染风险区周边居民,主要选择了三个具有代表性的案例:江苏常州新北区大型垃圾压滤中转站"反建设"事件,杭州余杭天子岭垃圾场周边居民"拒绝臭气"运动和宁波镇海区石化经济技术开发区居民的"反PX事件"。从参与主体来看,这三个案例代表了目前我国环境类群体性事件的三种典型。"反建设"事件代表了一种可能的环境污染风险区的类别,体现了一种朴素的原始生态主义理念。该事件的参与者主要是城乡接合部居民,垃圾压滤中转站还仅仅停留在规划阶段,并没有造成实际性污染,他们采取的抗议性活动既有和平协商形式,也有集体散步和局部冲突形式。在"拒绝臭气"行动中,参与主体是大城市的居民,具有较高文化程度、较好的经济条件,他们采取网络投诉、行政投诉、法庭听证和打官司等现代文明途径,体现了环保行动中民主协商的诉求主张。宁波镇海区石化经济技术开发区居民的"反PX事件",其参与者是当地村民,也是大众媒体中的"沉默者",他们的诉求就是拆迁安置和经济补偿,这样的诉求可以被称为"生存主义的环保诉求"。这三类参与主体和诉求表达代表了我国环境污染风险区周边居民基本的环保诉求类别。

而自媒体中的网民则扮演了环保活动代言人的角色,他们是环境污染事件中的间接受害者,他们的议题更多落实在社会个体的公共参与以及绿色环保方面。

本章研究采用网络民族志的方法,这样的研究方法与之前采取的调查访谈的方法有所区别。传播学领域的民族志可以被理解为谈话民族志,即把参与者的交流谈话以及相关的文本记录作为情境行动来看待。这种研究方法在跟踪分析集会、游行等群体性行为方面具有灵活、全面和客观的优势。克利福德·斯托特和约翰·德鲁里认为,在群体性事件的传播研究方面,这种方法具有两大优点:第一,民族志方法可以很准确地接近参与者主体本身的观点与类别,具有高度真实性;第二,作为一种研究框架,这种方法的资料来源既包括半结构式的访

谈,又包括各种资料,文本的、声音的和图像的。① 网络民族志研究者们希望借助网络空间,尤其是社会化媒体中网民的对话材料,来理解人们在数字空间中如何建构身份、创造关系和建立社区,而且研究为什么人们认为网络空间中的生活与现实空间是重叠的。②

笔者所采用的网络民族志,是以网络虚拟环境作为主要的研究背景,利用自媒体表达平台和网络互动工具来收集资料,尤其是通过文件收集、聊天记录查询、焦点访谈等形式,来研究环境污染区周边居民在关注和参与环境类群体性运动中自媒体应用与中国社会的公共参与及公共参与意识建构之间的关系。就具体分析内容来讲,我们重点研究在环境污染风险区周边居民组织环保维权运动的过程中,他们是如何运用自媒体来传递信息、汇聚民意、动员参与的,从而来完善公众参与的策略,建构公众参与意识。

四、常州新北区大型垃圾压滤中转站"反建设"事件

(一)背景介绍

新北区龙虎塘街道是江苏省常州市大型居住社区之一,主要由九洲花园、祥龙苑、玲珑花园、香树湾4个小区组成。2015年10月31日,常州市环境卫生管理处采招网发布了《大型垃圾压滤中转站项目配套处理设施》的公告,提出要在新北区龙虎塘街道建造一个日处理200吨垃圾、占地约2万平方米的大型垃圾压滤中转站。该垃圾站的选址离龙虎塘小学和幼儿园较近,距离在500米左右,距离最近的小区只有200米左右,与此同时,大多居民区位于垃圾压滤中转站的下风向。

2015年12月下旬,当地政府提出元旦之后将尽快开工,此消息在媒体报道后快速地在垃圾压滤中转站周边小区传播开来。业主们开始通过自媒体来关注

---

① Clifford Stott, John Drury. Crowds, Context and Identity: Dynamic Categorization Processes in the Poll Tax Riot[J]. *Human Relations*, 2002, 53(02):247-273.

② Dan Farrell, Peterson James. The Growth of Internet Research Methods and the Reluctant Sociologist[J]. *Sociological Inquiry*, 2010, 80:114-25; Laura Robinson, Jeremy Schulz. New Avenues for Sociological Inquiry: Evolving Forms of Ethnographic Practice[J]. *Sociology*, 2009, 43:685-98.

和传递垃圾压滤中转站的建设进展,同时纷纷加入各种形式的抗议活动中。其中九洲花园小区由于距离最近,九洲花园小区的业主最是积极,最后形成了以九洲花园小区为阵地中心并且辐射相邻小区的活动格局。从开始集体维权到2016年3月初政府决定重新选址,抗议活动才结束。

(二)混合型的"反建设"行为和环境诉求

1.自媒体应用

这次抗议活动除了传统的口头通知、参与动员之外,业主论坛、QQ群"维护家园"、业主的自建网站等自媒体渠道都介入整个抗议和协商活动中,为笔者研究自媒体与群体性事件、公众参与提供了很好的案例。[①]

业主论坛不仅是相关业主获取有关物业信息的重要平台,也是社区居民意见表达的虚拟空间。常州新北区九洲花园小区业主论坛,每天在线人数平均达到4200人。"维护家园"QQ群是由九洲花园小区业主"超级马甲"创建,是基于各个小区业主群、以抵制大型垃圾压滤中转站而建设的主题群。群里成员一共有389人,主要由各个小区业主组成,其中以九洲花园小区的最多,属于封闭的内部群,限于群成员内部进行信息沟通、经验分享和意见互动。此外,该小区地处江苏省常州市,为中国高科技发展的集中区。几名在IT行业工作的小区业主在九洲花园小区业主"雷特星宇"的带领下创立了自有网站——ourthy.com(下文简称"抵建网站"),用来专门抑制大型垃圾压滤中转站的建设。为了保护参与者和激发交流的活跃度,该网站的注册运营完全匿名化,发布信息仅仅显示IP地址。

在小区业主从一盘散沙发展为"反建设"的自发性组织的过程中,自媒体起到了重要的自组织作用。以"维护家园"QQ群为例。该群对成员进行了严格管理,需要进行严格的信息验证才能加入该群,并且群成员被要求必须通过在名片前备注字母来表达自己为抵制垃圾压滤中转站建设所付出的努力程度:A—愿意组织动员,B—积极参与行动,C—愿意做事,D—加油鼓气。部分群成员的群昵称也有标注例如A+B、B+C等字母组合的,意思为"都",如A+B代表既愿意组织动员又愿意主动行动。据笔者观察,大多成员群昵称中的字母备注随着

---

① 有关江苏常州新北区垃圾站选址抗议事件中的资料均来自本人以及学生王钰潆的合作调查,具体可见其毕业论文《垃圾站建设中居民网络意见表达:以常州新北区为例》,浙江大学城市学院2016年。

"反建设"事件的进展而不断变化,大部分群成员完成了"反建设"运动中的"组织者—积极分子——一般参与者—舆论支持者"的角色确认。

再以"抵建网站"为例。"抵建网站"主要用于信息交流与行动动员,从2015年12月23日直至抵制建设行动取得成功之日的2016年2月28日,网站内网民留言数量将近3000条,每日平均23条。通过成员的不断鼓励、动员,尤其是随着"抵制垃圾转运站投票系统"的推出,参与抵制的人数不断上升,点击投票总数高达1.9万次,每日平均118次。有网友说:"不管它能不能起到作用,我每天早醒来的第一件事情就是上网点支持,与此同时号召朋友们共同支持。"在线投票和线上表达已成为周边居民重要的意见表达方式和生活常态,居民的环保意识和市民意识也得到了强化。"反建设"组织正是在自媒体的动员下完成的。

2.对"反建设"的行动动员

从2015年10月31日开始,最初只是传闻,之后演变成大讨论。笔者对"九洲花园小区业主论坛"、"维护家园"QQ群、自创"抵建网站"这些舆论主阵地进行了观察,其讨论的主题集中体现为两个。

第一,对新北区建大型垃圾压滤中转站,是反对还是支持?

大多数业主坚决反对在新北区建大型垃圾压滤中转站,认为在人口密集的居民区附近兴建日处理200吨垃圾、占地约2万平方米的大型垃圾压滤中转站,会严重影响居民的身心健康,而且垃圾压滤中转站选址离龙虎塘小学和龙虎塘幼儿园只有500米,严重威胁到了儿童的身心健康,倡导垃圾压滤中转站选址应该避开人口稠密的区域。

而支持建设垃圾压滤中转站的人认为,每家每户都有垃圾产生,既然有垃圾,就要有地方建设垃圾处理站。而且这是垃圾站,又不是垃圾填埋场,不会污染空气,为什么要拒绝呢?

到了2015年12月26日,一条名为《大家行动起来!让政府听到我们反对建设垃圾中转站的心声吧!》的帖子被转发超过3000次。随后,九洲花园小区业主论坛里陆续发布了有关垃圾转运站的选址规划图、相关建设进展情况以及对健康的负面影响等帖子,并且大多数带"荐""精"标识,点击率高达千次。而最初支持建站的帖子也随着反对帖的增多而逐渐沉默,反对建站是民意所向。

第二,对"反建设"行动策略的组织动员。

在"反建设"意见取得支配地位后,组织者开始号召大家在政府开放日去抗议。组织者布置了清晰的行动方案:于2015年12月27日召开业主集体会议,讨论反对垃圾站建设相关事宜,希望大家积极参与;制作反对建设垃圾压滤中转站的横幅,统一制作反垃圾站建设的 T 恤;挨家挨户扫楼,征集到 6000 多个反对在居民区建垃圾站的签名;于 2015 年 12 月 28 日组织集体散步维权;2016 年 1 月 6 日政府开放日,通过与政府部门对话来表达"反对建设"的诉求……

在对话策略上,小区居民强烈希望进行理性沟通,例如 2016 年 1 月 5 日"大洋彼岸 CCC 陈"将有关上访的准备材料、上访的路线图片上传至"维护家园"QQ群,群主"超级马甲"当晚发出了群公告:"明天是政府开放日,请有意前往的业主明早 8 点在九洲花园小区正门集合,届时我们将一同坐车前往。郑重声明:第一,我们坚决反对任何违法语言和过激行为(如示威、静坐等);第二,严格按照规定的程序上访,不得干扰政府部门的工作。"从事法律工作多年的小区居民"果子红"认为:"垃圾站选址明显违法,我们有理有据,有法律做靠山,我们有权维护自己的利益。"有的业主将选址违反《中华人民共和国环境保护法》等材料整理成书面文件,前往市政府递交。

自媒体很好地起到了舆论扩散、意见汇聚、行动组织和动员的作用。

五、杭州天子岭垃圾场周边居民的"拒绝臭气"运动

(一)基本情况介绍

杭州市天子岭生活垃圾卫生填埋场,地处杭州市北郊的半山镇石塘村天子岭山的青龙坞山谷。围绕半山以及半山国家森林公园的是半山路和天鹤路,分布在这两条大路两侧的主要是余杭区的崇贤街道、拱墅区的康桥街道和半山街道,以及江干区的丁兰街道,有联合畔上居、朗诗田园绿郡、田园牧歌、金隅田员外、宋都相悦郡、广厦天都城、城发云锦城、杭钢南苑和北苑社区、金星桃源居、广宇锦绣桃源等一系列居民小区,核心人口近 10 万。冬天受西北风的影响,天子岭垃圾场臭气的覆盖人口可能涉及杭州市城北近 50 万居民。

杭州市环境集团有限公司提供的资料显示,天子岭生活垃圾卫生填埋场位于本市拱墅区临半路 138－1 号,属于国家 I 级卫生填埋场,是杭州市生活垃圾末端处置的重要保障设施,设计填埋量平均为 2671 吨/日(初期 1949 吨/日,终期 4000吨/日),2017 年日均填埋量约为 6655 吨,2018 年上半年日均填埋量约为 4600 吨。

天子岭垃圾填埋场项目始建于 1991 年 4 月,到 2019 年 4 月初为止,各项目情况罗列如下。

已经完成的项目(取得环评批复和验收批复)有:(1)杭州市第一垃圾填埋场;(2)杭州市第二垃圾填埋场;(3)杭州市第二垃圾填埋场污水处理厂;(4)杭州市第二垃圾填埋场污水处理改造工程;(5)杭州天子岭垃圾填埋场填埋气体利用项目(杭州市第一垃圾填埋场沼气发电工程,沼气发电厂一工段);(6)杭州市第二垃圾填埋场沼气发电工程(沼气发电厂二工段);(7)杭州市厨余垃圾分选减量暨生化利用一期工程;(8)杭州市餐厨垃圾处理 ·期工程。

已经建成但未完成的项目(未取得环评批复或验收批复)有:(1)沼气发电厂三工段(一期);(2)杭州市天子岭静脉园区建筑(装修)垃圾资源化再生利用项目(中试项目);(3)杭州市生活垃圾机械生物消融技术中试项目(RMBT 中试项目)。

在建项目有:(1)杭州市第二垃圾填埋场污水处理厂扩建提标工程;(2)杭州市第二垃圾填埋场安全运营坝体加固工程;(3)天子岭分类减量综合体项目(生活垃圾压缩转运 2000 吨/日、厨余资源化 200 吨/日、大件垃圾 200 吨/日,前期审批中);(4)杭州市餐厨垃圾处理二期工程(250 吨/日,前期审

批中）；(5)第三污水处理厂（天子岭水资源再生利用中心,2000 吨/日,前期审批中）。①

该项目上马至今30年,杭州市环境集团有限公司严格控制各种污染源,然而周边居民依然能够不同程度地感受到污染的存在,包括污水、臭气,还患上因为污染而产生的各种疾病等。在项目运行的早期(2010年前),由于周边并没有进行大规模的商品房建设,受到影响的区域主要是周边农村。后来部分村庄得到搬迁,旧的污染风险得到排除。但是随着周边商品住宅区的开发和使用,天子岭垃圾场排放对人体危害极大的废气,其污染已经深深地影响了杭州市城北20多个小区,尤其是半山、田园、丁桥、长睦乃至崇贤地区。为此,周边居民开始采取各种措施来投诉、抵制天子岭垃圾场,以此来维护自身的权益。他们向杭州市12345市长热线拨打投诉电话,向人民网地方领导留言板写投诉信,同时在杭州19楼论坛、口水杭州等一系列公共论坛发表各种评论。在持续的投诉未果之际,最终酝酿成千人原告杭州市环境集团有限公司的局面。有关天子岭垃圾场污染的抗议运动始终坚持理性、合法的途径,积极争取与政府对话协商的机会。

(二)自媒体平台上的意见表达

我们再来看余杭天子岭垃圾场周边居民的"拒绝臭气"运动②。抗议在初期针对的对象主要是垃圾的气味,但是随季节和气候的变化,臭气有轻有重,所以抗议一般停留在个别居民的投诉层面。但是从2018年8月份开始,随着厨余、沼气等垃圾处理项目的集中上马,污染变得十分严重,其中距离最近的就是崇贤街道,再者就是半山南边和东边区域的居民小区,这里有田园牧歌、杭钢南苑社区、田园社区、中兴御田清庭、广厦天都城、锦昌年华、佳源名城、北秀向阳苑等大型居民区。随着臭气的扩散、污染的加重,已经有部分居民患上皮肤过敏、鼻炎,甚至白血病、肺癌等各类疾病,当地居民把出现的问题归因于天子岭垃圾场有毒气体的排放。这里的抗议和投诉,除了传统的信件、人员、电话、网络信访之外,

① 该资料来自微信群"拒绝臭气新2",为群成员投诉时由杭州市环境集团有限公司提供的资料。
② 天子岭垃圾场周边居民的投诉持续多年,在2018年10月中旬,天子岭垃圾场厨房垃圾及相关发电项目的投入使用使得周边居民笼罩在臭气之中,居民们建立了"拒绝臭气"微信群,该群也成为居民交换经验的公共空间。

还有传统的听证会，以及集体性的网络动员和现场签名。

我们发现，在这里集中应用的自媒体主要有两类：一类是开放的公共平台，例如 19 楼、口水杭州、人民网地方领导留言板等，在这里自媒体主要是业主投诉的渠道；第二类就是各小区的业主微信群、新浪微博，以及"崇贤新城生活圈""半山发布"等微信公众号等。我们集中关注了 2018 年 10 月 15 日—2019 年 6 月的部分留言。从留言业主的分布范围来看，以半山为中心，涉及崇贤、康桥、半山、丁桥、石桥等多个街道的诸多楼盘，都受到了天子岭垃圾场恶臭的影响。经过不断的抗争，虚拟空间中逐渐形成了相对松散而分工明确的结构关系，其中有负责诉讼的律师、负责组织行动的环保领袖、帮忙筹款签名的积极分子，也有提供维权技术的环保专家，他们通过"拒绝臭气"的环保维权行动组成了一个自发组织。

他们有关污染的讨论集中于几个关联主题上。

第一，天子岭垃圾场的污染已经严重危害到了居民健康。

周边居民认为，原有天子岭垃圾填埋场一期和二期即将完成自己应尽的使命，而目前天子岭这一带周边是密集的居民区，不应该再继续扩建。周边居民认为原有天子岭垃圾填埋场一期和二期即将完成自己的使命，而目前天子岭周边都是密集的居民区，网民"xhualeng"在"口水杭州"中说，"近日，有其他媒体报道：2019 年 9 月 2 日凌晨 1 点 40 分至凌晨 3 点，杭州天子岭臭气冲天，周边多个小区居民半夜被熏醒。为此，天子岭周边小区业主还建立了一个有 476 个城院的'拒绝臭气'微信群①"。网友"159＊＊＊1991"在杭州民主民生权威平台杭网议事厅中说："丁桥、崇贤、半山，这么多人口，这里竟然设置了一个垃圾填埋场！这几天夜里真的臭得可怕，第二天早上起来喉咙极其不舒服，试问有关部门是否在积极开展调查？让你生活在这里，你愿意吗？""旭润和府 9－1101 薛学良"在"拒绝臭气 3"微信群中的留言："我们来杭也 10 多年，这些年一直在天子岭附近水洪庙村租住。这下好了，2015 年龙凤胎儿子生下便患上呼吸窘迫综合征转巨细胞感染，2018 年 3 月份女儿白血病确诊，这让我们不得不退租，搬到西子湖畔的儿保附近。这与空气到底有没有关系，我不敢说！②"随着各种自媒体平台的传播，大家对天子岭的污染源取得了共识，认为"恶臭的根源是：天子岭已

---

① xhualeng. "垃圾场臭气冲天！杭州多个楼盘业主半夜被熏醒……"[Z/OL]. (2019-09-10) [2021-02-25]. https://zzhzbbs.zjol.com.cn/thread-21651657-1-1.html.

② 摘自网友"小青蛇"原创的帖子《天子岭，何时才能不再臭？连续多日再爆恶臭，崇贤、半山、康桥、丁桥》，"崇贤新城生活圈"微信公众号 2018 年 10 月 20 日转载。

在运行的一期餐厨、厨余、沼气发电项目，以及目前正在计划、招投标和公示的10多个新项目"①。

第二，目前即将运营和正在论证的天子岭餐厨、厨余及沼气发电项目存在严重违规，需要停止整顿，直至关停。

有居民从环境保护的角度强调了关闭垃圾填埋场的理由，网友"Judy 肖敏"说："现在杭州天子岭垃圾场上的厨余发电项目已经影响到周边50万居民的日常生活……水系、山体、空气已被严重破坏和污染，前期臭味的问题未解决，现在还在不断扩大项目。5A 国家森林公园生态带被侵蚀，山上都是臭味！"还有从项目违规的角度予以反对的，网友"Hatcher·Chen"说："要求杭州市环境集团有限公司必须立刻停止运输垃圾过来进行填埋和处理。原有的填埋垃圾厂已经不可能搬走，但必须提升工艺和管理水平，同时还要接受群众的日常监督。另外天子岭垃圾场正式员工必须全体在天子岭置业和生活。"②

也有部分居民对杭州市环境集团和杭州市环保局的作为、权利和责任提出了质疑，呼吁维权的必要性。网友金牛质疑："政府部门不是为人民服务的吗？对人民有害的东西为什么不改正？"网友"不一样的烟花"说："昨晚上又是恶臭一大片！这些职能部门难道不管管吗？"

第三，对维权行动的呼吁，维权行动包括拨打各种投诉电话、发布投诉邮件，张贴各种投诉文章，以及众筹打官司。

只有上升到组织化的抗议性行动，才能被称为真正的环保活动。在这次抗议天子岭垃圾场臭气的环保行动中，由于中国独特的政治和社会生态，NGO（非营利性组织）并没有发挥大的作用，相反由居民自发组成的"拒绝臭气"组织扮演着组织者的角色。网络自媒体上关于污染的倾诉和对抗议的动员，弥补了缺少固定组织的不足。天子岭周边居民创建了多个特定的微信群，例如"拒绝臭气""拒绝臭气新1""拒绝臭气新2"等。通过现实行动与网络动员，涌现了多个"拒绝臭气"行动的意见领袖以及一部分积极分子，例如田园社区的律师、天都城环保协会会长、网民"小青蛇"等。他们利用自己的智慧和行动提出了一系列行动纲领，例如万人投诉，例如通过众筹律师费状告杭州市环境集团有限公司和杭州

---

① 摘自网友"小青"在"拒绝臭气2"微信群2018年11月18日的发言。

② 摘自网友"小青蛇"原创的帖子《天子岭，何时才能不再臭？连续多日再爆恶臭，崇贤、半山、康桥、丁桥》，"崇贤新城生活圈"微信公众号2018年10月20日转载。

市环保局等企业和机关。2018 年 8 月 28 日,田园牧歌和周边的 12 个小区,21 名业主代表碰面,座谈天子岭恶臭危害 50 万百姓的案件,一致通过走法律途径的倡议,聘请专业律师,征原告签名,众筹坚决制止二期餐厨、厨余及沼气发电等新项目的投入。

维权行动也获得了相关部门的回应和支持,2018 年 9 月 28 日下午 2 点,人大代表、市检察院、业主代表于之江路 866 号检察院 6 楼会议室座谈,公益诉讼部主任高度赞扬了城北 50 万百姓是一个高素质的群体。

虽然天子岭周边居民"拒绝臭气"的环保行动还没有最终结束,但是笔者发现自媒体的运用切切实实地推动了环保行为的发展。

目前与之相关的投诉、官司等纠纷依然存在,可以预见在未来的一段时间里,有关城市垃圾填埋场、垃圾处理场所造成的污染纠纷问题不仅在杭州存在,也会在其他城市持久地存在。如果从纠纷的视角来研究,那么这就是一套由多方面权利驱使的话语体系。萨利·安格尔·梅丽认为:"纠纷概念强调了纠纷过程的普遍性……现在的问题不再是是否所有的社会都有法律,而是在各种不同的社会条件下处理各种纠纷或冲突过程如何？所有的社会都有纠纷;重要的是它们是怎样产生、怎样被表达以及怎样解决的。"①关于天子岭垃圾填埋场的争议,也可以被看成一起持久的纠纷,有多种力量介入了事件和争议中:首先是代表地方政府的环保局或环保部门,它们负责制定政策、监督政策的实施,理论上属于中立的一方;其次是实施环保项目的杭州市环境集团有限公司,它是企业方,也是被投诉的主要当事人;最后是垃圾填埋场周边的居民,他们是投诉方,也是污染的受害者。这个纠纷之所以持续那么久,无法得到协商解决,还演变成冲突,一个重要的原因就是对问题本身意义解释的分歧。作为环境污染受害者一方的居民群体,因为缺乏支配性的解释能力和解释权,从而演变成为纠纷过程中的弱势群体。

---

① 萨利·安格尔·梅丽.诉讼的话语:生活在美国社会底层人的法律意识[M].北京:北京大学出版社,2007:122-126.

六、宁波镇海区石化经济技术开发区周边居民的"反PX事件"

（一）基本情况

宁波镇海反PX事件的胜利,被普遍认为是一场环保维权运动的胜利,但引发该事件的导火索,却是部分村民希望被纳入镇海石化征地补偿规划而引发的集体上访。

2012年10月初,中国石油化工股份有限公司镇海炼化分公司(以下简称镇海炼化)根据几年前已经做的规划,准备开始建设新的项目。棉丰村、南洪村、后施村以及湾塘村等几个周围的村庄希望借助这个机会彻底摆脱居住在重污染区的命运。

2012年10月22日,湾塘等几个村近200名村民集体到区政府上访,要求尽早将村庄拆迁纳入新农村改造计划。区政府不同意集体接见,以分批次不同形式接见村民,并且宣称该项目环保达标。

2012年10月24日,宁波市镇海区政府发表声明称,该化工项目执行最严格的排放标准,环保总投入约36亿元。2012年10月25日,镇海区政府负责人表示,镇海炼化扩建一体化项目目前尚处在前期阶段,下一步将充分听取各方意见,严格履行审查程序。

2012年10月26日,镇海区市民聚集在公路上游行示威,市民高举横幅"我们要生存、我们要活命",在市府门口许多人高喊:"保护宁波！"①

2012年10月27日早晨,有超过1000人在宁波市中心聚集,警方带走部分民众。同日,镇海区政府发表《告全区市民书》,呼吁民众理性表达诉求,正确反映民意,维护社会和谐稳定。

2012年10月28日,镇海区市民游行示威,与警察发生了一定的冲突。

在巨大的舆论压力面前,宁波市政府于2012年10月28日被迫做出抉择,在宁波市镇海区政府网站发布公告:坚决不上PX项目;炼化一体化项目前期工

---

① 凤凰周刊.利益 or 环保:宁波镇海反PX事件始末[EB/OL].(2012-11-15)[2021-01-20].http://blog.sina.com.cn/phoenixweekly.

作停止推进,再做科学论证。

2012 年 10 月 29 日,宁波市委、市政府召开领导干部会议,称市民聚集影响社会稳定,要求干部到基层去维稳。镇海区区长发表电视讲话,并于当天接受群众信访,倾听群众意见。宁波市官方召开记者会,宣布 51 人被扣留,13 人被依法采取刑事强制措施。宁波公安就"特警打死大学生"一事进行辟谣,对散布谣言的史某进行依法处理。

这场"反 PX 事件"此后就渐渐得到平息。

(二)"反 PX 事件"行动和网络意见表达

笔者在前面的案例中已经说过,冲突是纠纷的激化,而纠纷的起因是对问题的不同看法。例如对 PX 项目的环境评估、对周边居民受到的影响的理解、对居民抗议事件的看法,镇海区石化经济技术开发区周边居民、政府、石化企业都有各自的理解和不同的解释,这些不同的诉求和理解构成了不同的意义冲突,也是各方的根本分歧所在。

由于本研究的重点是网民意见,因此笔者在收集资料和分析民意的过程中,会更多地考虑网民对这次"反 PX 事件"以及相关环境话题的讨论。笔者的研究资料主要来自新浪微博,宁波市政府、公安局和镇海区政府官方网站的相关文本,以及不同传统媒介的相关采访稿。时间上分为三段:2012 年 10 月 22 日之前,为群体事件的酝酿期;2012 年 10 月 22 日—2012 年 10 月 29 日,为事件的发展与爆发期;2012 年 10 月 30 日之后,为事件平息期。

虽然政府、镇海区居民对宁波镇海"反 PX 事件"的现场描述有着巨大的差异,但是共同的事实是:由大量游行示威者参与的冲突事件是在警察的介入之后发生的;而且在冲突事件的发展过程中,参与者和媒体因为立场差异逐渐分裂为不同群体。我们关注的焦点是:本来拒绝暴力冲突的和平上访是如何一步一步发展成为声势浩大的环保行动的?在这个性质的转变过程中,政府、警察、镇海居民等利益群体的言论是如何建构这个事件和推动其发展的?

1. 镇海居民对整个事件的看法

从整个"反 PX 事件"的进展来看,镇海区居民的作用主要体现在事件发生的前期和后期,即 2012 年 10 月 22 日大规模上访之前和 2012 年 10 月 29 日整个事件平息之后。在冲突最为激烈、网络争论最为火爆的中间阶段,他们几乎处于隐身状态,立足网络与现实空间重叠的理论,笔者认为,他们的态度依然起着举足轻重的作用。

如前所述，镇海炼化一体化项目很早就已通过国务院的立项，而镇海区石化经济技术开发区棉丰村、南洪村等几个村庄与化工企业几乎唇齿相依：棉丰村周围有海达化工、泰纳化工、灵海涂料厂、亮亮电泳涂装公司、仁和化工、新龙欣化学有限公司等；南洪村周围有远泰化工、泰达化工、华利石油化工，还有五星电镀、骆驼电镀等一连串电镀工厂或企业。

村民希望拆迁，一个原因是镇海区污染严重。"我们每天都在呼吸毒气，南洪村成了吸毒村！"南洪村众多村民告诉《凤凰周刊》记者[1]，南洪村村民的哮喘和癌症发病率都很高，哮喘患者以孩子居多。《凤凰周刊》记者采访时也发现，在镇海炼化老厂区的棉丰村，空气中弥漫着鱼腥味，路边一条小河的水呈现出夸张的蓝黑色。

居住在镇海的网民"Bright0574"则认为："因为一些事件，PX 名声在外，但其毒性真算不上猛的。如果把哥所在的地方，方圆 10 千米内的化工厂排放的毒物一个个排列出来的话，足够把 PX 甩到月球去。另外，还有一个规模极其庞大的国家储备油库。说白了，这个地方就是一个超巨型的燃烧弹＋毒气弹。"

村民希望拆迁，还有一个原因是钱。村民俞建宏（化名）对《凤凰周刊》记者说，一旦拆迁安置房分到手，希望有房产证，这样就可以把房子卖掉。按他家的原有面积，假如可以分到三套房子，把其中一套卖掉，那就赚钱了。"能赚个五六十万元也好，我们做一辈子，也没那么多钱。"

南洪村居民的集体上访都是在与镇海区政府和平协商的友好气氛中进行的，在第一次集体上访的当天，镇海区区长热情接待了来客，并派了 5 辆大巴把村民代表送回村。到了 2012 年 10 月中旬，南洪村终于被列入"新农村改造"拆迁计划。

2012 年 10 月 22 日，湾塘村等的 200 多个村民集体到区政府上访，区政府以不同形式分批次地接见了村民，但并没有答应村民的拆迁要求。

"拆迁的项目本来就是在新项目中解决老问题。新项目在海边，不涉及卫生防护距离等问题。"朱剑秋说："本来可以分几轮方案，逐步解决这些历史遗留问题，如果要政府一次性解决，确实很难。但是湾塘等地村民的心态是，无论如何

---

① 凤凰周刊.利益 or 环保：宁波镇海反 PX 事件始末[EB/OL].(2012-11-15)[2021-01-20].http://blog.sina.com.cn/phoenixweekly.

都要赶上拆迁这趟千载难逢的末班车,如果不拆,下一趟什么时候不知道了。"

因此,镇海区石化经济技术开发区周边村庄村民的希望就是被列入"新农村改造"的范围内,一方面可以离开污染源,另一方面可以获得一笔拆迁补偿款。而这一切的想法都需要得到政府的支持,因此针对政府,镇海居民始终抱着信任与依赖的态度,后来发生规模巨大的"反 PX 事件"也是完全出乎他们的预料的。

2. 网民对政府和警察的态度

在冲突事件发生之前,网民对政府与警察的态度是友好的。在 2012 年 10 月 21 日之前,网友基本没有对政府的负面评论。到 2012 年 10 月 22 日,镇海居民举行了大规模的集体上访,网民逐渐把矛头指向政府以及参与维持秩序的警察。从新浪微博的大量博文来看,网民对政府和警察的评论与现场事态的发展密切关联,一方面事态发展促进了网民的积极参与,而网民对政府与警察的态度又对事态发展起着推动作用。网民的争辩集中在政府执政目的与方式,以及市民言论自由权等方面。

第一,对政府执政目的的讨论。

对于执政目的,网民的讨论集中在政府是"执政为民"还是"执政为官"上。在具体理解时,网民往往把"执政为民"理解为倾听百姓声音、考虑百姓生活,而把忽视环境和谐、过于追求经济发展理解为追求政绩,即所谓的"执政为官"。网友所谓的"执政为民"实际上就是给百姓安稳的生活环境,让百姓安居乐业,那些以牺牲生态环境为代价的经济发展就是官员追求政绩的表现。

因此,当镇海区政府与宁波市政府决定停止 PX 项目,宁波市委书记表态"一切发展都是为了人民群众,要把生态环境问题放在更加重要的位置……老百姓的事就是党委政府的事情"时,网民们开始叫好。"宁波德安俞建德"就说:"停止项目才是民意。"①

第二,对政府协商能力的议论。

随着时间的推移,由于政府并未有效处理镇海居民的集体上访,网民们开始把讨论的议题转移到对政府协商能力与处理方式的批评上面。

与此同时,一些大众媒体以及其网站也纷纷批评政府以往的决策机制与决策方式。《新京报》指出:"宁波镇海 PX 项目引发数百村民上访。如此敏感

---

① 宁波德安俞建德."停止项目才是民意"的微博[Z/OL]. (2012-10-28)[2021-01-20]. https://weibo.com/u/2026120853.

的项目上马,政府在做决策时应该先充分听取民众意见。"①新加坡联合早报网、凤凰网、腾讯网和《东方日报》等均对这一事件的发展发表了足够多的言论,也对政府的执政方式提出了自己的思考。

第三,对市民言论自由权的讨论。

到 2012 年 10 月 26 日,镇海村民开始堵路示威。在网络空间里,一些网友开始@一些网络名人,一部分主流媒体也介入了讨论。批评议题也从政府的执政方式演变为市民的言论自由权。各种猜测同时纷纷出现。

那么,什么是网民心中的言论自由呢?网友"假装在纽约"认为就是"能自由说话和批评,不致因言获罪;能自由获取信息,不被防火墙围困;能看到不经审查的新闻和文艺"②。对于另外一些网民而言,言论自由权除了表达自由、信息获取自由之外,还包括言论传播的自由。网民们在网络空间中@一些名人或朋友的行为,恰恰也是传播自由的表现。例如网友"牧 hans"@郎咸平和克里斯托夫-金,网民"纯纯单色"@雯雯 2433500223、董董_0118_、EELILY-GAO、慧慧-珈珈、加一的亲亲妈咪、梦 1020、Iloveyou 涵涵宝贝等诸多网友。网友之间的@见证了言论传播自由的一面。

作为这种自由传播的结果之一,一些微博大 V 表达了对这一事件的关注,以及对言论表达与传播自由的渴望。微博名人王冉说:"今夜,宁波无眠。每一次这样的对峙,都在逼迫中国做出选择——是对话还是对抗,是文明还是暴力,是透明还是封闭……让我们勇敢选择。"③姚晨、陈坤等名人微博也纷纷转发并评论。与此同时,一些传统媒体以及一些知名网站也开始纷纷卷入这一场论争。《环球时报》于 2012 年 10 月 25 日发表了《用改革防止镇海 PX 等群体事件反复上演》④一文,对群众采取了适度的批评,引起了不满。对言论自由权的争论,不仅鼓动了越来越多的网民参与了讨论,而且进一步动员了宁波当地的居民参与现实行动,最终完成了宁波天一广场游行示威活动前的动员组织准备工作。

---

① 新京报."宁波镇海 PX 项目引发数百村民上访……"的微博[EB/OL].(2012-10-24)[2021-01-20]. https://weibo.com/u/1644114654.

② 假装在纽约."2013 年的愿望是……"的微博[Z/OL].(2012-12-31)[2021-01-20]. https://weibo.com/u/1645101450.

③ 王冉."今夜……"微博[Z/OL].(2012-10-27)[2021-01-20].

④ 环球时报.用综合改革突破重化工立项困境[EB/OL].(2012-10-25)[2018-05-15]. http://www.haiwainet.cn/n/2012/1025/c232574-17628752.html.

3.网民对 PX 项目以及环保的态度

在这次事件中，我们发现从宁波镇海的"反 PX 事件"最终发展为一场环境保护与市民权利的讨论，而宁波镇海的拆迁上访也最终演绎为一场轰轰烈烈的环保大行动。

显然，在上访还未出现之初，网民们已经开始讨论宁波当地的 PX 项目以及当地的环境问题，态度比较理性。"Bright0574"也提到了镇海当地化工厂林立，存在着潜在的环境污染危险，他说："因为一些事件，PX 名声在外，但其毒性真算不上猛的。如果把哥所在的地方，方圆 10 千米内的化工厂排放的毒物一个个排列出来的话，足够把 PX 甩到月球去。另外，还有一个规模极其庞大的国家储备油库。说白了，这个地方就是一个超巨型的燃烧弹＋毒气弹。"对 PX 项目与石化项目危害的认识，实际上为后来的抗争活动做了知识储备上的准备。

但是理性讨论很快被充满火药味的斗争所取代。镇海区居民通过 QQ 群里的谣言、亲朋好友间的短信乃至街头巷尾的谈论，迅速构建了一个包括 PX、生存权、环境保护等在内的公共知识体系，完成了一种包含着集体认同感、风险社会下的群体心理和环保主义逻辑在内的意识形态总动员。在这场环保大战中，镇海区居民无疑属于弱势群体，他们不仅被认为是恶劣环境的受害者，更是保护环境的中坚力量——无论是痛苦的呻吟还是愤怒的呼喊，都是他们保护环境的一种行动。

正是有了对 PX 项目的环保共识与群体认同，网民们的网络表达与网络动员显得异常积极，其中不乏自己的亲身体会。网民"西藏小狼"说："PX 即对二甲苯，易致癌，能引起生殖系统病变！"[1]网民"君君君棍"更是说，拒绝 PX 项目等同于"生存""活命"与"子孙后代"。[2] 网友"行者无我自在"说："的确，当夜幕降临，大概在晚上 9 点左右，你路过镇海石化区，就会闻到一股非常难闻、令人恶心想吐的气味，而白天未曾闻到，这是什么现象？当我们的妻子儿女进入梦乡，他们在不知不觉中进入了污染的炼狱，每天慢慢地积累……请问假如你的亲人朋友

---

① 西藏小狼."PX 即对二甲苯……"的微博[Z/OL].（2012-10-27）[2021-01-20].https://weibo.com/u/1645101450.

② 君君君棍."要生存，要活命，要子孙……"的微博[Z/OL].（2012-10-26）[2021-01-20].https://weibo.com/u/1802706490.

身处这样的环境,你是冷漠,是默默忍受,还是为经济的发展欣欣鼓舞?"①网友"就是不喝可乐"说:"这里已经有太多的化工厂,我们被各种化工厂包围着,我们要求安全健康的生存环境。今天宁波人民自发去散步,要求理性对话。"②

通过这样的知识普及与网络抗争,网民们在社会认同上也取得了高度的一致。他们把网络抗争与现实抗争看成关乎子孙后代健康的责任,把自己当作环境的保护者。这种争论或抗争,在环保主题的庇护下又逐步上升为对官员、政府和警察的攻击。

4.政府对示威游行的态度

我国政府在处理群众和平示威游行方面的经验十分缺乏,在镇海区群众"反PX事件"中,镇海区政府同样体现出了态度不明朗、措施不得力的缺陷。而政府的态度变化,是导致镇海区"反PX事件"恶化发展的关键因素之一。这里,我们要分析的是:随着事态的发展,作为政府主体的镇海区政府、宁波市公安局以及宁波市政府三级机构,它们的态度变化是如何影响网民的环保活动的?

从整个事件的发展来看,政府的态度经过了三次重要变化。

第一次发生在2012年10月21日之前:镇海石化区居民的利益抗争活动是在与区政府友好的气氛中进行的;而镇海区政府也是站在积极为地方居民着想的立场努力向镇海炼化争取利益。

随着镇海石化的快速发展,宁波市开始面临发展经济兼顾环保的困境。针对这一现状,镇海布局规划的基本思路是"双向分离":工业到海边去,村庄与城市尽量朝内陆走。因而镇海炼化上一体化新项目之初,宁波政府提出拆迁安置需要100亿元,双方不断拉锯,最后镇海炼化同意拿出90亿元支持地方农居拆迁改造等工程。

在2012年10月21日之前,镇海区部分村庄居民无论是争取补偿款还是表达希望拆迁的诉求,基本上与政府的规划立场保持一致,因而也得到了政府的支持。例如,一体化新项目中被列入农居拆迁的有棉丰村、后施村等三个村,后来南洪村经过村民上访及与政府的多次协商,他们的诉求也得到了认可。

第二次态度变化发生在2012年10月22日之后,政府与宁波居民以及网民

① 行者无我自在."的确,当夜幕降临……"的微博[Z/OL]. (2012-10-26)[2021-01-20]. http://weibo.com/u/2933488254.

② 就是不喝可乐."臭名昭著的PX化工……"的微博[Z/OL]. (2012-10-27)[2021-01-20]. http://weibo.com/p/1005051752553200.

产生了分歧。由于拆迁以及拆迁补偿没有落实,2012 年 10 月 22 日,镇海石化区村庄的部分民众聚集在区政府门口;2012 年 10 月 25 日又到宁波天一广场聚会。参与示威活动的除了当地村民,还有在宁波工作学习的其他本地人与外地人。镇海区政府的工作重心开始从原来的拆迁补偿协商过渡到维护社会稳定上,因此相关的态度与发布的公告内容也发生了根本改变。

镇海区政府办在 2012 年 10 月 24 日发布了《关于镇海炼化一体化项目有关情况的说明》,里面高度强调镇海炼化一体化项目的环保投入达到 36 亿元,呼吁村民理性表达诉求,而"对于极少数别有用心造谣煽动、有违法行为、组织违法活动的,将依法惩处"①。镇海区政府办公室在 2012 年 10 月 27 日发表《告全区市民书》特别强调了通过合法渠道表达自身诉求的必要性,也提到了个别危害社会治安秩序的行为,是国家法律所不允许的。《宁波日报》2012 年 10 月 27 日再次发表"共同维护稳定发展大局"的评论。② 显然,这个时期的镇海区政府只是希望百姓安定情绪。

第三次变化是 2012 年 10 月 28 日之后,镇海区民众游行示威。2012 年 10 月 29 日傍晚,宁波市政府新闻办召开新闻发布会,副市长陈仲朝、市公安局副局长励健就近期镇海炼化扩建一体化项目等市民关注的问题进行了回答,宣布了坚决不上 PX 项目,停止推进炼化一体化项目前期工作,再做科学论证的决定。同时澄清事件中人员死亡传闻,有力地回应了谣言。③ 此后宁波市政府、镇海区政府连续举行各类座谈会:2012 年 10 月 29 日听取镇海区居民群众代表意见;2012 年 10 月 30 日又举行区部分人大代表、政协委员和区级老领导座谈;镇海区招宝山街道、蛟川街道等也纷纷召集部分群众代表进行座谈,听取民意,宣传政策。经过宁波市、镇海区多级政府部门的积极努力,当地官方逐次落实民意,使得持续高涨的舆情态势得以有效回落。

在这场"反 PX 事件"中,"地方政府—镇海石化区周边居民—网民"构成了这个权利关系网络中的三角,他们自身不同的利益立场构成了他们现实行为的背景与语境,支配着他们自身的话语表达体系。就政府官员而言,不管是充当石化企业与周边居民协调者还是维稳的实践者,他们都是代表政策文件的执行者。

---

① 镇海区人民政府办公室网络发言人. 关于镇海炼化一体化项目有关情况的说明[EB/OL].
(2012-10-24)[2021-01-20]. http://www.zhxww.net/zhnews4071/xwzx/bdyw/20121024002745.htm.

② 宁波日报. 共同维护稳定发展大局[N]. 宁波日报,2012-10-27.

③ 宁波日报. 市政府新闻办召开新闻发布会[N]. 宁波日报,2012-10-30.

而居民无疑是这场游戏中的弱势群体，他们不仅在政策的制定中缺乏话语权，而且在自身居住区域的选择上也往往缺乏足够的能力。在面对环境污染时候，居民无法有效地在大众媒体和自媒体上充分表达自身诉求，一旦自身的诉求受到阻碍，又往往缺乏进一步有效表达诉求的能力。正是因为居民缺乏自我表达的能力，网民就充当了代言人的角色，但是因为网民的发言缺乏生存需要这一有效背景，导致他们的讨论更多地陷入一种乌托邦式的狂欢，既有环保主义的问题意识，也有试图摧毁一切的愤青情绪。立场的差异决定了问题意识以及话语表达的不同。

七、公民参与中的环境意识：从生存、避邻到生态可持续发展

在现代社会中，地方居民正快速地从农业社会中的自然个体向法制社会下的社会公众转型，开始对公共议题和公共事务表现出足够的关注与较高的参与度。而环境以及环境污染话题作为现代工业以及现代城市发展过程中经常出现的问题之一，无疑是现代社会公众最为关注的重要议题。通过对以往环境污染源周边居民环保行动与言论进行研究，笔者认为，环境保护或者维权事件，本质上是由多方力量在不同立场下对污染事件或环境现象的不同认识与理解差异导致的：政府关注的是政策的制定与落实，专家考虑的是全局性的战略，企业注重经济效益，而周边居民更看重自身的生存与发展。正是由于立场的差异，环境污染风险区周边居民群体所表达的话语，在主题内容、关注对象、表达背景等方面都体现出了差异性。

根据前面有关"公众参与"的研究分析，我们把公众参与以及公众参与意识分为三个有机关联的内容：信息的生产与传播方面，包括信息传递、主题建构、民意激发、咨询安抚等象征性行为；虚拟空间中的行动动员方面，包括行动目的、行动筹划、组织动员等；现实空间中的公众参与，指的是权利的分享和协调解决等实质性行为。

西方学术界对公众参与更多地强调社会运动中公众组织或个体与政府之间的对抗属性，公众组织的独立性，参与主体的言论权、司法权等；对于中国社会而言，学术界普遍赞成中国社会的特殊性，例如中国的社会组织与政府之间更多地强调对话协商的策略，社会组织除了少量的 NGO 之外，也应该包括自发组织起

来的临时团体等。基于对以上三个案例所做的分析，我们进一步总结自媒体运用与公众参与之间的关系。

第一，智能手机和自媒体的高度普及，突破了信息获取和传播的限制，激发了公民参与公共事务讨论的意识和积极性。

无论是江苏常州垃圾压滤中转站的"反建设"活动，天子岭垃圾场"拒绝臭气"的行动，还是宁波镇海区的"反 PX 事件"，自媒体平台在过程中被大量创建和应用。例如"反建设"运动中的自建网站、QQ 群"维护家园"和业主论坛，"拒绝臭气"运动中的"拒绝臭气"微信群以及大量新浪博客和微博等。通过参与自媒体空间中关于环境保护以及环境污染的讨论，居民的环保意识被一次次地启蒙，公众的参与意识开始苏醒。在这些环保抗议运动中，多数居民在开始阶段不是忍气吞声，就是事不关己高高挂起的态度，但是随着参与程度和抵抗活动的深入发展，大量的旁观者逐渐被改造成积极的参与者，他们的环保知识和环保意识得到极大的增强。有学者认为："这种存在于公民之中的自我意识是迈向现代社会至关重要的一步。"[1]

在常州新北区垃圾场的个案中，这种环保意识的觉醒是与居民自身的身体健康密切相关的；而在杭州天子岭垃圾场的个案中，除了身体健康之外，这种环保意识还与公众个体的生命安全、房产价值，以及言论自由、参政议政等公民权利密切联系在一起。天子岭垃圾场附近社区居民除了向中央、省、市媒体，中央和省、市环保局，浙江省纪律检察厅等职能部门投诉外，还充分利用了居民众筹方式筹措费用进行行政诉讼，参与重大公共建设工程听证会，抗议天子岭垃圾场新上项目。从环保意识的被唤醒和被激发到进行一系列现实投诉、众筹、听证以及行政诉讼等实质行动的过程中，"拒绝臭气"微信群、微信公众号、社区群、投诉网站、论坛等自媒体平台起到了制造声明、传递信息、收集情报、组织动员的作用。

第二，自媒体逐渐成为公众意见分享与社会行为动员的公共空间，也促进了政府机构和商业团体的权利分享。

从以上个案来看，自媒体平台在成为信息分享空间的同时，也具有将零散意见汇聚在一起形成组织化行动纲领的功能。周边居民不再像初始阶段那样处于

---

[1] Johann L. Thibaut. An Environmental Civil Society in China? Bridging Theoretical Gaps through a Case Study of Environmental Protest[J]. *International Asian Forum*, 2011, 42(1/2): 135-163.

旁观者的角色，他们之间也形成了意见领袖、组织者、动员者和一般参与者等不同的角色分工，而且在现实行动方面形成了鲜明的行动纲领。例如在天子岭垃圾场个案中，居民认为在原有臭气问题还没有得到解决的情况下，坚决抵制新的污水处理和沼气发电项目。在微信群中得知这个消息之后，居民很快团结起来，一方面由律师居民做代表参与新项目开工听证会，另一方面由全体业主签名抗议，整个过程体现出了极高的效率。正是因为一次又一次的行政诉讼，无数次全国性的投诉都获得了中央环保局等最高行政机构，以及中央电视台这样最具影响力的全国性媒体的关注，杭州市环保局开始召集杭州市环境集团有限公司多次举行听证会、座谈会、投诉回访。例如2018年12月26日，杭州市环保局应多位居民代表的听证要求，决定就《天子岭水资源再生利用中心环境影响报告书》采取行政许可事项听证会。而在江苏常州的垃圾压滤中转站选址事件中，通过居民的努力，地方政府与民对话，最终做出停止建设垃圾压滤中转站的决定。因此我们发现，自媒体在为用户环保行动赋权的同时，也促成了相关商业团体和地方行政部门的分权，让居民代表有机会参与重大项目的决策。

第三，从对身体健康和经济利益的诉求转向对环境话语权的争取是弱势群体环境话语的核心主题。

从社会学的视角来看，环境污染之所以会成为一个社会问题，原因不在于环境污染本身。因为自古以来环境污染都是存在的，而且在不同地域之中，环境污染的程度也不同。为什么同样的环境污染，在一些地方长期存在，却没有人投诉，也没有成为社会问题，但是在另一些地方却恰恰成为地方居民关注投诉的焦点？这与地方居民的环境意识和环保观念密切相关，也与地方居民的公众参与意识密切相关，因此可以把它理解为社会现象的意义生产问题。

所谓问题，就是在面对带有冲突或者争论的现象或事实时，不同的参与者有着不同的理解和解释，而且这些理解和解释往往相互对立，甚至不可调和。这是因为不同的参与者在理解和解释同一现象的时候，总是从自身特定的立场和背景出发，不同的阐释背景影响了不同的理解和解释。而这些理解和解释又集中体现为一套完整的话语体系，代表着特定群体的立场和利益。环境污染风险区的周边居民作为特殊群体，无疑也有一整套自身的话语体系与话语内容。

从这些环保案例来看，围绕环保主题展开的环境话语就是不同权利和立场展开角逐的领地。话语是意义的外在化，也是意识形态的外在化。这里我们可以将环境污染风险区居民的话语内容分为有机构成的四个基本层面。

首先是环境污染的生理体验。在浙江杭州天子岭垃圾场周边居民的"拒绝臭气"活动中，居民们反反复复地说着"很臭""臭死啦""臭得整夜不敢开窗""臭得人恶心""头晕"。但是杭州市环境集团有限公司却认为周边居民的描述是不够准确的，其工作人员解释说臭气的排放是有时段的，而且由于空气有带动作用，因此臭气的体感应该与气压以及地理区域有关，具有很强的随机性。

其次是环境污染对人体健康的影响以及经济赔偿话题，这个话题是生理体验意义上环境污染话题的延伸，周边居民普遍认为环境污染已经威胁到自身的健康。在"拒绝臭气"运动中，居民和企业争论的焦点之一就是臭气是否有毒，是否威胁到居民的身体健康：周边居民认为臭气一定有毒，因为人会因为臭气而恶心、头昏，天子岭垃圾填埋场边上村庄里村民的癌症患病率也比较高；但是杭州环境集团有限公司引用浙江大学参与环评的专家意见，认为这些时断时续的臭气对人体没有伤害，而且符合国家相关环保标准。在镇海石化区，周边居民希望能够搬迁或者获得经济补偿，但是因为缺乏有效的行政条例，一些村庄也无法获得经济赔偿。

再次是对环境污染的治理诉求。对于不同环境污染风险区的治理，大家的意见是不同的。在镇海区石化经济技术开发区，因为镇海石化企业几乎是无法关停或搬迁的，因此居民们希望自己搬迁，但是政府限于条件，没有同意诉求。而对于天子岭垃圾场周边居民而言，他们的呼吁就是停止餐厨、厨余、沼气发电等项目，但他们的呼吁至今没有得到有效反馈。

最后，在环境项目决策过程中公民对话语权的分享。无论是天子岭垃圾处理项目的听证会、网络投诉，镇海区石化经济技术开发区居民与政府部门的对话，还是江苏常州居民在市长日的抗议，实际上都反映了在垃圾场、化工厂等此类环境污染企业选址、投入运营的决策与监督的过程中，周边居民对拥有足够的决策、咨询和监督的话语权的要求。这也直接反映出国家在环境项目决策治理过程中相关法律法规，以及行政决策机制的建构思路问题。

从环境污染风险区周边居民的立场来看他们自身的环境权益诉求，我们发现在环境治理过程中公众参与的基本逻辑：对环境污染或风险有基本感知，形成对环境污染危害程度的认识，提出下一步的行为目标，是继续忍让还是采取行动——如果忍让，将积累更多的怨恨情绪；如果采取行动，是采取暴力冲突还是走法律途径？而在自媒体空间中，环境污染风险区弱势群体的环境权益诉求都会表现为一套系统的话语体系。

以上三个案例中居民的环境话语建构出了环保维权过程中的一系列环境主张。就镇海区石化经济技术开发区的农民而言，因为石化区的建设导致土壤、水、空气等一切赖以生存的自然要素受到了不同程度的损害，影响了他们的生存环境，因此他们的环境诉求集中在拆迁安置和经济补偿方面，我们可以称之为"以生存权利为导向的环保主张"。与之相应的那些网民，其环境主张看似形形色色、各不相同，实质都集中在对权利的分享渴求上，或者说，他们追求的是以知情权、评论权、决策权为核心的公众参与。江苏常州"反建设"事件体现了环保议题中典型的避邻现象，实际上是一种社会性恐慌情绪作用的结果，反映了希望居住地周边不要有污染源的朴素生态主义主张。至于杭州天子岭垃圾填埋场的案例，除了环境决策的知情权、评论权、决策权之外，还淋漓尽致地展现了居民对诉讼权①的渴求与运用，具体方式不仅包括网络投诉、电话投诉、舆论媒体投诉以及中央巡视组的投诉，而且包括向核心企业部门进行法律诉讼，其诉求的环境主张除了生存之外，更多地倾向垃圾处理的可持续发展和生态现代化②主张，以及决策过程中公众参与的民主协商机制。他们的主张可以被理解为一种"公众参与的可持续生态主张"。

第四，怨恨情绪是周边居民或者环保主义者环保行为的内在驱动力。

怨恨情绪根本上来自比较性差异以及由此形成的敌意。也许弱势群体一开始没有明确的怨恨对象，但随着怨恨情绪的四处扩散，就会寻找发泄情绪的假想敌。一旦找到怨恨对象，这种敌意就转化为愤怒并且四处蔓延，即使对其进行约束与控制，也往往无能为力。在镇海石化"反 PX 事件"这个案例中，来自网民心中的怨恨情绪被"合法化"为"爱国""环保"的思想与行为。网友们的逻辑是：因为你爱国，才会发现现实中的不公平；因为无能为力，你因而产生失望、怨恨甚至愤怒；因为这种情感只能在网络空间里发泄，所以这样的失望、怨恨与愤怒的表达旨在改变现实或者引起人们的关注，最终达到推动环境治理进步的目的；网友因而是爱国的。

根据马克斯·舍勒的怨恨思想，"比较性差异"是个体产生怨恨心理的重要根源。他们认为自身在这种比较性差异中处于被压制的弱势方。在这些环境污

---

① 罗伯特·考克斯.假如自然不沉默：环境传播与公共领域（第三版）[M].北京：北京大学出版社，2016：91-117.

② 蔺雪春.相互建构的全球环境话语与联合国全球环境治理机制[J].南京林业大学学报（人文社科版），2008（02）：63-70.

染的群体性事件中,参与者普遍有种不平等的感受。以镇海石化的"反 PX 事件"为例,这些比较性差异集中体现为以下几点。

首先是镇海石化区不同村庄所获拆迁待遇的差异。这种差异的产生不是因为各个村庄所处地理位置不同,而是镇海区政府对各个村庄有不同政策。镇海区石化经济技术开发区周边有许多村庄,棉丰村、南洪村、后施村以及湾塘村都被化工厂包围。在这次"以新带老"的拆迁计划中,南洪村和棉丰村经过上访,同后施村一起被列入拆迁范围,但是同样被油罐区包围的湾塘村却无法被列入拆迁计划。在政府看来,由于资金紧张,只能一步步实现搬离化工区的目标;但是作为村民,他们觉得自己受到了不平等待遇,不平等待遇完全是由不平等政策所致——正是政策和政策执行上的不平等,才导致他们经济利益受损、生活环境恶化。

其次,同一空间上居住环境的差异。到 2012 年,借临港优势、长三角的广阔市场,以及中小企业群建立起来的完整产业链,镇海炼化已经由当初的小炼油厂成长为中国最大的炼化企业,而且是"中国技术最好,效益最好,管理也最好的炼化企业"①。

伴随着镇海炼化成为中国经济效益最好的炼化企业,环境也开始急剧恶化。对于当地居民而言,他们对生活环境的理解不是来自对生化知识的理解,而是依赖自身的感官体验。这里有化肥厂、造纸厂、皮革厂、医药厂、水泥厂、化工企业……行走其间,鼻子和喉咙会受到各种有毒气体的刺激……在南洪村和湾塘村,几乎每个村民都可以说出自己的邻居、亲戚、家人得了癌症的例子。一位湾塘村村干部告诉《新闻周刊》的记者,湾塘村 5300 多人,被查出癌症的有 100 多人,还不包括已经死去的。②

与此同时,那些在镇海炼化上班的技术人员、管理人员却大量居住在宁波市区,因为那里的污染比较小;在村民们看来,他们除了要承受严酷恶劣的生活环境之外,来自镇海炼化经济或社会的回报却又微乎其微。村民们觉得,自己付出了世代生活的美好家园,却没有就业的保障与经济的补偿,这是极为不公平的。

再次,参与政府决策权力上的比较性差异。镇海区"反 PX 事件"表面上看

---

① 三联生活周刊.镇海炼化不断消耗当地资源 原住民欲搬离[EB/OL]. (2012-11-12)[2021-01-21]. http://hb.sina.com.cn/news/d/2012-11-12/162431615_2.html.

② 三联生活周刊.宁波市民反对 PX 始末:附近村庄长期受化工之害[EB/OL]. (2012-11-12)[2021-01-21]. http://hb.sina.com.cn/news/d/2012-11-12/162431615.html.

是镇海居民与政府以及镇海炼化之间有利益上的矛盾，但实际上体现了普通市民希望广泛参与重大政策制定的期望。居民无法决定化工企业的选址，化工企业的选址由政府、专家和企业共同决定——他们普遍认为，"宁波不需要化工业"的说法实在"太天真"。一位当地石化产业园区的官员对《新闻周刊》记者说："化工产业的布局事关国家安全。全世界成熟的化工园区都在临海港口选址……宁波这么好的地理位置，如果这个地方都不搞化工，中国的化工业放到哪里去做？还要不要发展？"专业人士也从项目审批程序的专业视角对这次"反 PX 事件"的处理十分不理解，他说："化工项目是否开建最重要的依据有三个——环境评价，安全评价，能耗评价。这个项目已通过后两个评价，环境评价正要公示，计划环保支出 36 亿元，准备的环评材料有 1000 多页。在几千米范围内把老百姓迁出去、迁几个村庄，都是专家按照装置规模、污染物叠加论证过的。"①

在重大项目的决策过程中，民众缺乏足够的参与是这些项目难以推进、规划难以获得百姓支持的根本原因。这次事件过后，一些著名的媒体发表了一系列评论，其焦点也集中在政府信息的透明度与公众对公共事务决策的参与权方面。《新京报》社评认为"五年来，'反 PX 事件'发生了多起……如果所有的地方政府都能够真正理解'权为民所用'，让权力在阳光下运行，保障民众对地方重大公共事务的知情权、表达权、参与权和监督权，那么事件何需闹大，公众对 PX 又怎会如此敏感？"②《中国经济周刊》也说："宁波等地一再发生的事情清楚地表明……只有公众自身参与了决策，才会更容易接受政府决策，并产生对政府的信任。"③

正是因为多方面的差异和不平等，宁波镇海区石化经济技术开发区居民乃至网民都觉得自己是属于弱势群体。也正是这种在参与权方面的缺失，引发了长期以来的心理失衡与不满，积累成社会性的怨恨情绪，在自媒体的赋权作用下，这种心理失衡和不满最终外化成怨恨性的环境话语与环保抗议行动。

① 三联生活周刊.村民称喉炎在乡村很常见 不少村民得了癌症[EB/OL].(2012-11-12)[2021-01-21].http://hb.sina.com.cn/news/d/2012-11-12/162431615_4.html.

② 新京报.如何才能避免下一次"PX 事件"[EB/OL].(2012-10-30)[2021-01-21].http://www.bjnews.com.cn/opinion/2012/10/30/230457.html? from=timeline&isappinstalled=0.

③ 中国经济周刊.公众参与决策才能消除宁波之困[EB/OL].(2012-11-12)[2021-01-21].https://www.chinanews.com/gn/2012/11-06/4303877.shtml.

第三部分

话语权与协商对话机制

第五章 社会怨恨情绪、抵抗性 话语与问题意识

 本章提纲

- 出租车司机、环境污染风险区居民和癌症患者家属等群体,其群体属性 各异,社会成因也不尽相同,但是都处于公共事务决策中的被支配地位, 缺乏决策的参与权或者在公共空间(包括大众媒体)里的话语权。作为 社会性弱势群体,他们在优势群体及其支配性权力面前只能认命和隐 忍,怨恨情绪的积累推动着怨恨性话语的表达。

- 网络时代下手机和互联网的高度普及以及弱势群体表达自身需求能力 的提升,促成了他们自我表达的可能,自媒体空间由此成为他们情感宣 泄、表达利益诉求和话语互动的公共空间。

- 在多种利益主体的共同参与互动下,社会弱势群体不仅从自媒体空间获 得了权利,而且建构起多种话语类型和表达策略。话语主要有三种不同 的类型:在不同领域中的支配性话语(政策话语、医学话语或法律话语 等),强调感同身受的道德性话语(生活话语),重在相互安慰体谅的治疗 性话语。多种话语间的转换在弱势群体身上是一种常态。

- 社会怨恨情绪驱动下的自我表达和社会互动,使弱势群体进一步建构起 了一系列社会问题和问题意识,集中表现为:弱势群体公众参与的机会 问题,弱势群体表达自我诉求的能力问题,弱势群体表达自我诉求以及 整合多元主体的自媒体平台问题,弱势群体社会怨恨情绪的社会疏导问 题等。

　　对社会弱势群体及其社会怨恨情绪的分析，笔者除了追溯其理论基础和社会成因之外，重点关注了三个弱势群体的问题意识与话语表达策略，其中既有在城市公共交通战略改革中边缘化的城市出租车司机群体，有现代工业发展和城市化背景下环境污染风险区周边的居民群体，也有医疗保险制度改革背景下的癌症患者家属群体，他们都与城市化、现代化发展背景下政府和国家相应决策或政策调整密切相关。当然，我们这里强调"弱势群体"，本质上是强调由公共参与不足而导致的话语权上的弱势。他们普遍缺乏精神关爱和社会支持，也缺乏充足的自我表达机会和能力。

　　这三大弱势群体同古往今来的弱势群体一样，在遭遇自然灾难、生活困顿、精神困扰、社会不公等一系列自然的、经济的、社会的和精神的差异化待遇时，在开始阶段一般采取隐忍和认命的态度，默默承受着，内心积聚的怨恨情绪在个体渠道上无法发泄，也往往得不到传统媒体和相关管理部门的理解和支持。常规渠道申诉失败的经验迫使他们转向网络空间，尤其是微信群、QQ群、微信公众号、论坛等自媒体手段。各种社会问题的表达、怨恨情绪的宣泄，是他们深思熟虑之后的无奈选择，因为这样做可能会使纠纷升级为冲突，也可能使原本的利益共同体分裂瓦解。当然，这些问题意识的传播和各种话语策略的巧妙使用，也重新建构出了一系列新的问题意识，在促进信息流通的同时，也进一步教育和动员了弱势群体表达利益诉求，更重要的是促进了命运共同体的建构。下面从话语批评的视角进一步从理论上来阐释弱势群体在自媒体空间中的话语表达逻辑。

一、纠纷、隐忍和认命

　　以往学者对"弱势群体"的研究，更多地从社会学的角度展开，侧重从静态的、固化的视角进行分析，强调其弱势地位是由"资源分配的不公"与"能力的丧失或被剥夺"导致的。随着社会的多元化发展和研究的多学科化，有些学者也开始把信息获取方面能力不足的群体称为"信息弱势群体"。但这些研究依然存在不足，比如说过分强调了资源或能力的缺陷，而忽视了公众参与权利的丧失。在研究以上三类群体的过程中，笔者发现，他们作为个体，其经济能力也许很强，地位也不低，但是他们之所以被称为"弱势群体"，更多是因为在信息时代，其在表达自身利益诉求时的机会和能力都较为缺乏。而这种话语权方面的弱势更多地来自行政权力和社会资源占有方面的不足，这直接导致他们在当前管理部门政策制定和执行过程中无法建构自身支配性的话语体系,也导致自身经济利益受损和社会地位下降。

经过 30 年左右的发展,出租车这种交通方式在城市发展战略上的地位,从 20 世纪八九十年代的重要组成部分退化为 21 世纪的边缘地位,城市出租车司机在经济地位上一落千丈,从 20 世纪八九十年代中期的高收入群体,演变为 21 世纪的低收入群体,而且在人口构成上从以本地人为主转变为以外来农村人口为主。他们不仅收入低,而且因为外地户籍以及缺乏自有房产等原因,对所工作的城市缺乏足够的认同感,服务质量也经常无法令城市居民满意。出现这种情况,主要原因有以下几点:其一,大部分大中型城市都把发展地铁、快速公交等作为战略方向;其二,城市家庭基本实现了私家车的普及;其三,网约车如雨后春笋一般涌现,出租车原本越来越狭小的生存空间进一步被挤占;其四,原本高昂的份子钱之类的费用依然居高不下,进一步压缩了原本越来越少的利润。"一睁眼就欠出租车公司几百元"成为出租车司机的生存写照。一年到头不敢休息,也不敢生病。出租车司机群体生存条件的恶化,直接引发了他们与网约车司机、与出租车公司之间的纠纷与冲突。

针对环境污染风险区周边居民群体,笔者选取的是浙江宁波镇海区化工基地、浙江杭州天子岭垃圾填埋场、江苏常州新北区大型垃圾压滤中转站三个建设项目所在区域的居民。我们看到,这些化工或垃圾处理项目都具有较大的环境污染风险,直接对周边居民的生活和身心健康产生危害。杭州天子岭项目周边居民不得不日夜接触臭气,不仅无法正常吃饭、睡觉、散步等,而且出现了身体条件下降、自身房产贬值等问题。在这种状况下,周边居民从 2016 年开始进行投诉,之后投诉逐渐发展为打官司等高级别的抗议行动。宁波镇海则是国家重点建设的化工基地,密密麻麻分布了大量的化工企业,周边多个村庄居民的身体深受影响,可是很多村庄又无法被列入政府拆迁范围之内,在多次协商沟通无果的情况下,宁波镇海区爆发了大规模的"反 PX 事件"。江苏常州的这个项目还处于规划阶段,还没有真正实施,周边居民之所以团结起来抗议,就是因为对环境污染感到担忧,最终居民的努力取得了成功。我们看到,这三起环境事件具有很多相似之处,其爆发的根本原因都是项目在规划论证阶段缺乏周边居民的有效参与,在发生环境危机的过程中又没有很好地通过协商沟通来解决问题,最终导致周边居民与环境污染风险项目实施单位及地方环境管理部门之间的纠纷,甚至冲突。

从表面上看，癌症患者家属群与任何人、机构都不存在纠纷或冲突，实际不然。因为患者被查出患了癌症，打乱了整个家庭正常的生活和工作节奏。这些患者家属同时背负了沉重的经济、生活和精神等多方面的负担。在这个过程中也产生了种种纠纷或冲突，例如：有的是家庭成员之间为了照顾患者或者承担医疗费用所导致的纠纷；有的是由患者受癌症折磨导致的情绪恶化，以及治疗所需的巨额费用，引发的患者与其家属之间的纠纷和冲突；当然也有因为医疗方案的争论引发的患者及家属与医院之间的医患纠纷；还有的是因为报销制度的差异导致患者与政府管理部门间的纠纷等。

这些纠纷背后潜藏着难以调和的问题或者矛盾。从法律的视角来看，所谓纠纷，实际上是由卷入纠纷的双方或多方当事人对特定问题持有不同意见看法而产生的争执。这是对行为过程的关注，例如重要的社会问题是怎样产生的，又是怎样被表达、怎样被解决的，等等。学者们研究之后发现，纠纷的产生往往经历过几个相互联系的阶段：首先是一方当事人对事件的过程或结果感到不满意，向另一方表达了这种不满，而另一方无法坦然地接受这种不满，于是双方产生争执，最后在一个公共场所、在有第三方介入的情况下（少数情况下，只有矛盾双方）进行某种处理的过程。萨利·安格尔·梅丽认为，这种纠纷尽管有时可以得到解决，但不总是如此。有时这种不满会长期持续下去，但不会闹到公共场域去。[①] 因此，针对所谓的纠纷，学者们还是基本赞成从私人空间往公共空间进行调停处理。在出租车司机群体中，他们因份子钱、与网约车的竞争等与不同群体有争执；在环境污染风险区居民群中，来自企业有害气体的排放以及相关部门不恰当的处理方法和态度引起了双方的争执；在癌症患者家属群里面，他们要求在医院之外也能够得到很好的医疗咨询服务，以及各种合格的低价药品，但是这些要求因为受到一系列医疗制度或者药品管理制度的制约而无法得到满足，两者之间的矛盾引起双方的争执。

这三个案例中的争议点，有些是具体的、显性的，例如对污染源的认定、份子钱的多少、出租车经营权的拍卖等；有些是隐性的、制度性的，例如靶向药价格高昂涉及专利权、进出口管理制度、药品利润等问题，医院专业人士的医院外咨询服务涉及医疗资源的调配等问题，这些争议所涉及的内容毫无疑问是

---

① 萨利·安格尔·梅丽.诉讼的话语：生活在美国社会底层人的法律意识[M].北京：北京大学出版社，2007：123.

公共话题。然而,对待这些争执,作为话语权劣势方的弱势群体长久以来采取了一种隐忍的态度,即把这种情绪压抑在内心深处,使其逐渐演变成一种普遍性的社会情绪,这体现了他们坚韧的一面,但是也潜藏着一定的危险——也就是说,这种情绪在特定语境下有可能爆发出来,演绎成为报复性的怨恨情绪,或者抵抗性行为。

例如在浙江宁波镇海区石化经济技术开发区的周边居民,在以往的几十年里面虽然也遭受化工企业的污染,但是一直隐忍着。从一些谈话中可以发现,虽然他们居住的环境(水、空气和土壤等)不再干净,但是他们之所以长期隐忍,有多个原因:一部分是因为很多村民本就在这些企业里面上班工作,当然就不会抗议;一部分原因是,土地被征用,他们也获得了经济上的补偿;还有一部分原因是,"隐忍"已经成为中国老百姓的一种群体心理或者集体无意识。

癌症患者及其家属的想法也是如此,一旦得了这样的疾病,他们普遍存在双重心理:一方面自认倒霉,觉得这是运气不好,只能默默地承受下来,由他们自己及家庭来抵御由此带来的一系列心理痛苦和煎熬,用舍勒的话来说,就是"不停地翻腾着";另一方面,这种内心的隐忍在压抑一部分情绪的同时,也有可能导致更为强烈的不满、报复、仇恨等冲动性情绪。这两方面在弱势群体的内心深处不停地斗争着,演绎成为一种集体无意识。

在出租车司机的案例中,由交通技术和交通工具的变革,以及城市交通战略调整带来的出租车行业的整体萧条,导致了出租车司机群体收入下降、人口结构外籍化以及服务质量下降等一系列问题,在引发与网约车冲突等一系列社会矛盾的同时,也促使这些社会矛盾和不满情绪积蓄在出租车司机群体的内心深处。这些情绪不断积蓄,最终成为社会怨恨情绪。

这种社会怨恨情绪之所以被隐忍着,是因为许多中国人普遍有一种"认命"的传统文化心理。而且传统文化强调尊卑有序,强调承认社会等级差异和安于现状,这是维护社会稳定的必然条件。所以弱势群体一方面认为,自身社会地位低下、社会处境艰难、时不时地遭受来自自然或社会的打击,是上天安排的,或者说是命中注定的。在癌症患者家属群中,很多患者及其家属认为自身遭遇癌症的折磨,主要是自己或家庭运气不好,或者说这是老天的安排,是自己的命。另一方面,在茫茫的历史长河中,中国的社会底层群体没有掌握太多的社会资源,一旦面临各种社会困境,缺乏自我救助的能力和机会。因此,"命"的观念和文化成为超越个人能力之外的决定性因素。"命"的不可动摇,来自"天"的意志。所谓"天命不可违"就是这个意思。不管是儒家思想,还是道家思想,都承认命的存在,同时接受命的安排,这是主流,也就是"认命"。这在以上三个案例中,这一点都也体现得比较清晰。

二、现实行动、抵抗性话语和怨恨性情绪

传统的天命观对"认命"的行为原则也有两种基本解释:一种是消极的,即把一切的灾难、不顺和不公都归为命运的安排,被动地接受,不做任何解释或抗争;一种是试图积极窥视"天命",寻求其运行的规律,从而对其进行积极利用,想方设法化险为夷。正是这两种不同理解和应对方式的存在,一方面大量的社会不良情绪被隐忍下来,另一方面这些积聚在弱势群体内心深处的怨恨情绪时时刻刻存在着爆发的可能。虽然一直隐忍着,然而在遭遇一系列导火线式的社会事件时,这种隐忍情绪就可能爆发成为怨恨性的抵抗性行为。

在社会学的研究中,这种抵抗性行为可以被分为两大类:一种是象征性的对抗性言论,主要针对的是权力优势阶层所控制的权威文化与维护这种文化的管理制度和社会规则;另一种则是具体的暴力或非暴力的集体行动。目前的研究更多地把后者作为重点,在中国的环保行动中,学者们关注最多的就是抵抗性的集体环保行动。通过在中国知网进行搜索,有关"反 PX 事件"的论文有上百篇。在这些论文中:从社会学视角进行研究的,更多地倾向研究集群行为;从传播学的视角来分析的,大多数关注的是媒介角色和媒介话语方面。

笔者的研究主要是在传播学领域展开的。从传播学视角看,中国百姓抗议或者抵制有不同的话语类型。第一种,其抗议的对象不是政府或者制度,而是具体执行政策的部门或者官员个体。因此,在调查大量集体性抵抗行为的时候,我们会惊讶地发现这些集体行为有一个基本的共同点,就是一方面打着"拥护×××""坚持×××"之类的标语口号,一方面又进行着抗议行动。这些抗议性行为的目的并不是推翻什么部门、什么人,而是进一步地协商对话,直至最终解决问题。也就是说,抗议的目的是不抗议,是通过抗议的形式促使政府主管部门能够出来主持公道,协助弱势群体解决问题,帮助弱势群体达成目的。这也就是前面"公众参与"的内涵,就是通过分权的形式,改变或者修正行政决策。我们发现,无论是浙江镇海"反 PX 事件",还是江苏常州的反垃圾压滤中转站建设事件,弱势群体集体性抵抗行为的目的就是达成协议。那些

暴力或非暴力抵抗行为另外具有一种象征性意义,是为了引起支配性权力部门的关注或妥协而已。这种象征性意义在出租车司机的抗议行为中又有了新的变化。他们或者开车离开工作的城市,或者与网约车司机对峙,或者到政府部门门口"散步",这些消极对抗、怠工、逃避、细小的破坏性行为的目的都是希望与相关部门协商谈判。或者说,它们不是为了挑战权威,相反是以承认权威与权威部门为前提的。

第二种,中国百姓的抵抗性行为是对权威部门利用特定话语构建问题的企图进行挑战,也就是挑战权威的话语逻辑以及话语策略。这在一系列抵抗性运动中往往表现为:弱势群体在与强势对象谈判时,他们往往会通过坚持自己原来的主张意见和对问题的理解,坚持用自己原来使用的话语形态来表达这一问题,从而试图抵制优势对象的观点想法或者优势文化。这在天子岭垃圾填埋场的抗议行为中体现得特别显著。在这个"反臭气"事件中,参与抗议的居民坚持认为导致目前臭气的根源是最近上马的餐厨、厨余和沼气发电项目,而垃圾填埋场泄露臭气的情况并不严重。但是杭州市环境集团有限公司坚持认为,臭气是由垃圾填埋场中垃圾腐烂造成的,同时遇到天气阴冷气压低,而且吹西北风的时候,臭气就会比较严重。而杭州市环保局更多的是按照文件来办事,例如根据国家环保局的环保标准、政府的规划文件等。因此,作为不具有政策制定权以及政府决议参与权的周边居民,可以被认为是权利方面的弱势群体,他们的抵抗性话语就是对权利优势群体所构建的话语体系(污染来源、污染程度、污染治理标准等)进行挑战。他们坚持认为,无论是杭州市环境集团有限公司还是地方政府部门,他们采用的标准都是不符合实际情况的,而且他们所做的解释也是不符合事实的。周边居民坚持认为,臭气是存在的,而且愈演愈烈,对自己的身体健康以及生活有巨大的危害。

当然,我们还可以把非理性的怨恨情绪当作第三种抵抗性方式,这些情绪也往往以抵抗性话语的形态出现。在各种正式与非正式场合中,一些参与者拒绝以理性方式平静地处理他们面临的问题。他们也许根本就拒绝谈话,固执地坚持他们自己的观点,或者他们表达问题的方式。他们不是从主张出发展开针锋相对的争辩,而是直接攻击对方,指责对方在许多地方做出的不当行为。在指责过程中,参与者不断发泄自身的情绪——愤怒、不幸、不公、痛苦、嫉妒等。在"拒绝臭气"微信群里面,有市民甚至把拱墅区天子岭周边地区比作杭州市的厕所,把其他区域比作书房、客厅等。如此看来,天子岭就成为政府整个城市规划中的排污之地。在出租车司机的采访中,笔者经常会因为出租车司机们的情绪化语言而无法继续访谈,他们经常使用的一些情绪化语言包括:"有什么用?""以前做过很多调查,有什么改变?""没用的!"在癌症患者以及家属群体中,这种情绪化的语言更是极为普遍。他们无法找到一个具体的发泄对象,但是巨大的悲痛、忧郁、压抑等情绪又得不到疏导,因此在微信群、QQ群和论坛中,经常会无来由地发泄情绪,其中最常见的表述就是:"没钱了,只能等死!""没有办法了,求求大家!"

弱势群体的怨恨情绪积聚的时间越长,一旦遇到导火线,所爆发出来的破坏力也就越大。从我们的研究来看,一般而言,文化程度越高的参与者越倾向采用理性的话语抵抗方式,例如投诉、寻求调解、走法律途径等。而文化程度低的参与者,更多倾向采用感性的抵抗方式,例如集体性抵抗行动或情绪化的话语抵抗方式等。

三、自媒体空间中弱势群体的话语类型和话语转换

在法院或办公室之类的公共空间以及传统媒体所构建的媒介空间中,弱势群体往往是缺乏话语表达权的。他们之所以成为话语权方面的弱势群体,有两方面原因:一方面是因为他们自身在话语表达能力方面存在一定的不足,例如因为个性内向导致缺乏在公开场合表达自身想法的欲望与能力,例如由文化程度低导致口头和书面表达能力不足;另一方面是因为由于不具备精英身份,无法在政府办公室、会议室,甚至大型传统媒体等公共空间里进行自我表达。

但是到了自媒体空间中,无论是机会还是能力,这些方面的缺失已经不会影响他们的自我表达,这也是大量自媒体用户数量快速增长的原因。从笔者的研究来看,微信群、QQ群、论坛和贴吧等空间都是弱势群体极为喜欢的地方,他们利用话语建构社会问题、表达自我诉求。

下面笔者将进一步概括他们最常运用的三类话语形态:支配性(行政、医学或法律)话语、治疗性话语和道德性话语(生活话语)等。弱势群体在自我表达的过程中,会根据具体的语境,有时候使用单一话语,有时候交叉使用多种话语。比如:在与政府部门工作人员谈话时,会交叉使用政策话语与生活话语;患者家属在对话的过程中,也会交叉使用医学话语和治疗性话语。他们运用什么类型的话语,什么时候运用,以及如何转换不同类型的话语,其所表达的意义是完全

不同的。下面进一步阐述这三类话语及其具体运用。

（一）支配性（行政、医学或法律）话语

从我们的研究来看，不管是哪一类群体，他们在一个共享的公共空间进行自我表达或互动对话时，都会采用一种约定俗成的正式话语（或者官方话语）。而这种话语类型，无论是话语内容还是话语修辞，长期以来都是由具有话语权的优势群体所决定的，这样的正式话语实际上恰恰表现出一种支配性的权力运作。对于弱势群体而言，他们表达自我诉求的过程，实际上就是谋求与支配性群体分享权利的过程，因而大部分情况下，他们只能选择优势群体所经常采用的那种正式话语，笔者在这里暂且称之为支配性话语。在本研究中，医学话语、法律话语和政策话语构成了政府管理部门、企业单位和弱势群体共同使用的正式话语。这些正式话语并不是指条文本身，而是指对这些条文的理解和运用——显然，这种主观意义会随着理解主体或对话语境的不同而不同。

在癌症患者家属群体中，医学话语成为名副其实的支配性话语。它们是在疾病诊断过程中经常出现在医生与患者之间的一种话语，是医生和患者运用医学术语对疾病、用药等诊疗内容进行的理解、描述和解释。一方面，医学作为历史悠久的科学门类，已经形成很多约定俗成的规则规范，具有客观的一面；但另一方面，对规则的理解和使用，也会因医生和患者的差异而使医学话语呈现不同的内涵，表现出主观性的一面。例如：对同一个症状，不同医生可能就会诊断为不同的疾病；对同样的疾病，不同患者也会呈现不同的心理反应。这就是医学话语的主观性。

在出租车司机群体中，支配性话语体现为司机们对交通管理部门有关出租车管理条例等官方文本的一种解释，而管理部门工作人员和出租车司机对同样条文的解释与理解显然也会因为立场的差异而不同。

在环境污染区周边居民群体中，对来自环保部门的官方文件或者决议，以及有关环保的法律规定的文本解释就是专业性环境话语，因此，对与环境相关的法律或政策的理解解释，就成了弱势群体与企业和政府部门进行协商对话时运用的支配性话语。

在这里我们先讨论第一种形式——法律话语。"法律话语在这里不是指特定的法律或法律条文，而是指人们对法律关系和程序、合同概念、财产，以及对以

理性讨论和'确凿无疑'的证据为基础做出决定的过程的理解。"①这是一种需要很高专业技术水平才能熟练运用的话语形态，因而弱势群体使用得并不频繁。它一般会被那些有极强的法律意识和较高文化水平的人士所采用。由于弱势群体并不具备法律制定和法律执行方面的参与权，他们也往往成为法律条款的执行对象。由于这些相关法律条款在一些方面并不具备适用性，或者甚至是无效的，这也使得它们成为弱势群体质疑的目标。弱势群体的抗议性话语，往往带有"骚扰""攻击""侵犯""违反合同""损害公民利益""破坏环境"等内容，这些内容以此构成了法律话语的核心。这些话语除了文字之外，还包含大量的照片、录音、证词、签名、文件等相关证据，弱势群体通过权衡自身所掌握的相关证据，寻求适用的法律条款，并从中找到解决问题的方法。

我们在前面的研究中，杭州天子岭垃圾填埋场周边居民的文化层次最高，他们希望通过一系列诉讼、调解来赢得环境污染治理方面的胜利，同时在投诉中大量运用政策及法律话语，希望以此达到"拒绝臭气"的目的。这些法律话语和政策话语具有很强的代表性，不管是投诉还是在法庭，抑或在自媒体空间中，都得到了很好的运用。

我们先看法律用语。运用这类正式话语更多地是为了与相关企业或政府部门辩论天子岭部分项目与《中华人民共和国环境保护法》等相关法律相违背。这是发表在"拒绝臭气 2"微信群中的一段话，最初发布在"田园环保史慧峰"的微博上②：

> 近日，收到一份浙江省高级人民法院邮寄过来的传票，我们 15 位田园牧歌邻居起诉杭州市政府行政复议违法的上诉案件，要开庭了，开庭时间是 2018 年 12 月 24 日下午 2 时 30 分，地点在浙江省高院 9 号法庭。请邻居们互相转告，可以到庭参加旁听。
>
> 这个案件的基本情况是这样的。
>
> 2017 年 5 月起，半山田园牧歌邻居们因无法忍受天子岭恶臭，向 12345 和环保部门进行了大量投诉。

---

① 萨利·安格尔·梅丽.诉讼的话语：生活在美国社会底层人的法律意识[M].北京：北京大学出版社,2007:153-154.

② 田园环保史慧锋."关于天子岭环保维权诉讼事宜的情况说明"的微博[Z/OL].(2018-12-22)[2021-01-22].https://weibo.com/u/1242175261.

2017年8月20日,杭州市环保局对杭州天子岭发电有限公司未批先建、配套环保设施未经验收即投入使用4台沼气发电机组的违法行为做出了"责令停止使用、罚款28万余元"的行政处罚。

2018年1月20日,15位田园牧歌邻居认为杭州市环保局做出的上述行政处罚决定处罚过轻,且责令停止使用的处罚决定并未得到实际执行,便依法向杭州市人民政府申请行政复议,要求撤销被申请人杭州市环保局做出的上述行政处罚,并要求重新做出行政处罚决定。

2018年4月3日,杭州市人民政府做出杭政复〔2018〕38号行政复议决定,称:"……申请人与案涉处罚决定并不具有法律上的利害关系,其提出的本行政复议申请不符合受理条件,依法应予驳回,对其提出的复议请求,不予支持。"

2018年4月10日,14位邻居不服上述复议决定,以杭州市人民政府为被告,向杭州市中级人民法院提起行政诉讼,要求撤销杭政复〔2018〕38号行政复议决定,并重新做出行政复议决定。

2018年9月29日,杭州市中级人民法院做出(2018)浙01行初192号行政判决,认为原告所在小区距离沼气发电机组2.1千米,而沼气发电机组环境影响范围只有1千米,所以沼气发电机组对原告不会产生影响,原告与行政复议事项就没有利害关系,并据此驳回了原告的诉讼请求。

如此判决自然无法令邻居们信服。2018年10月10日,14位邻居依法向浙江省高级人民法院提起了上诉。

这段文字叙述了天子岭周边居民进行维权的过程,时间为2017年5月—2018年10月共一年多,其内容包括行政和法律两个方面。行政方面:半山田园牧歌邻居们因为无法忍受天子岭的恶臭,不停地向12345和各级环保部门投诉,而政府部门根据这些投诉严格调查杭州天子岭发电有限公司并对其进行行政处罚;随后居民们认为行政处罚过轻,再度向杭州市政府提出行政复议的请求,之后被驳回。法律层面:这些居民认为政府部门的行政处罚并不到位,也没有达到自身投诉的目的,因而向杭州市中级人民法院提起行政诉讼,要求撤销政府行政复议决定,杭州市中级人民法院也根据法律程序做出了行政判决。

再来看政策话语。以往并没有多少学者对政策话语进行研究,在笔者看来,所谓"政策话语"，实际上是弱势群体和政府工作人员对相关办事程序、政策条例、领导精神等方面内容的理解阐述和运用，是政策条例的具体实践。因此，解释主体不同，对政策的理解也显然不同。而且，就政策本身而言，因为它们的诞生并不如法律条文那么严谨，往往是在特定社会背景下出现的，而且随着社会形势或者适用对象的变化，这些政策条例在某些方面难免会出现不适用的情况。正因为政策条文具有很强的随机性和情境性特征，再加上受政府工作人员解释能力的限制，它们意义的多元性十分明显。"按照什么文件""某个领导认为""合乎规范""符合规定"，或者"与什么文件精神相违背""与领导精神相冲突"……它们经常以领导的题词、讲话、报告、批词或者会议纪要、决议、通告等形式出现，以这些文件或领导精神为依据的解释和理解就构成了政策话语的核心，对这些材料的阐释与应用成为行政行为的重要表现。对社会问题的争执，包括弱势群体在内的各种参与者也往往会对这些依据进行运用，以支持自身的想法和意见，从而希望使问题得到解决。

在城市出租车司机群体的案例中，我们也讨论过杭州市出租车司机的若干管理条例以及相关出租车司机对此条例的评价。这种对行政条例的理解和解释就是典型的政策话语。下面笔者将进一步就"办服务监督卡的问题"①做话语分析。

> 吃瓜群众：办理当天可以拿到吗？
>
> dwl1117：各个公司都代报名办卡，要排队等，一天拿不到。
>
> 吃瓜群众：那被抓到不是完蛋，所以说先办卡再上车。
>
> dwl1117：就知道针对出租车，怎么网约车不办证就没人查？网约车有营运证？
>
> 139139139：还真有。网约车办证比的士快！
>
> 139139139：办网约车从业资格证的我信，私家车有道路运输证我不信，没有的话该不该查？算不算无证运营车？

服务监督卡是政府运输管理部门为了监督出租车运营服务质量而采用的一

---

① 吃瓜群众."办服务监督卡的问题"主题帖［Z/OL］.（2019-04-05）［2021-01-22］. http://www.whtaxi.com/forum-43-1.html.

种手段。武汉市运管部门推出服务监督卡的举措,是在 2019 年年初发布的。这样一项旨在提升服务质量的举措在实施过程中并不是很顺利。从以上对话可以看出,并不是所有的出租车司机都支持,其原因是多方面的:第一个原因是,安装这套设备的费用一部分需要出租车司机本人承担,很多司机当然是不愿意的;第二个原因是,并不是所有营运性质的车子都需要办理服务监督卡,从事网约车业务的私家车就不需要办理,这显然是不公平的;第三个原因是,整个办理过程要排很长时间的队伍,对于时间就是效益的司机而言,这无疑造成了经济损失。因而,办理服务监督卡在部分司机眼中就成为一件费时费力的事,是特意与司机们过不去的管理规定。

不管是法律话语还是政策话语,其核心都是围绕公民的基本权利和基本利益施展的。不同的是:法律话语的核心来自法律条文所赋予公民的权利,例如财产权、言论自由权、出版权等;而政策话语则可以被理解为这些法律条文在实际工作中的具体化或生活化,例如《中华人民共和国知识产权法》赋予公民各项权利,在各个机关单位中这些权利被进一步演绎成政策条文以及相关的行动方案等,当然也包括对具体执行的解释和理解,这些构成了政策话语的核心。

最后是医学话语,主要发生在医生、患者和患者家属之间,是有关疾病诊断或者药品使用方面的专业性话语。医学话语的核心是疾病的诊断和治疗:前者表现为对病情的诊断,比如出现什么症状、是什么疾病、由什么生理原因引发等;后者则强调对什么疾病应该用什么方法治疗,也就是采用什么疗法和什么药物。在医院里面,医学话语主要发生在医生与患者之间,而且以医生为话语的发起者和终结者,而患者则是对话关系中的附属者,是权力的实施对象。在医患关系中,双方的信任来自医生的绝对权威。这种权威性如果受到质疑,那么相互之间的信任就会被打破。

笔者的研究对象为医院之外的患者、患者家属,以及其与类似医学专家之间的对话,传统的医患关系不在笔者的研究范围之内。医院外的医学话语实质是对医生处方、治疗方案、患者症状等方面的理解和解释。由于参与者基本上是患者家属,他们基本上没有医学方面的专业背景,或者说其职业背景极为复杂,经历也不尽相同,因而他们对相关医学问题的理解也是五花八门的。另外,这些患者及其家属所做的医学解释基本上是以原有的治疗经验,而不是专业化的医学知识为基础,所以他们在回答其他家属的治疗问题时,基本上以"根据我的经验""我妈妈也有这种情况,我们是这样治疗的"等话语来进行表达。从内容而言,这种业余的医学话语大致可以被分为以下几类：第一类，对具体治疗方案的咨询讨论，一般在一些偏僻地方或者医疗条件相对比较落后的地方，患者家属往往对地方医院所提出的治疗方案不够信任，因此经常会把当地医生的诊断结果和治疗方案在自媒体平台上提出来，请其他人帮忙出主意；第二类，患者出现身体问题，可是又没有合适的专业医生可以咨询，就在群里面把这种症状提出来咨询群友；第三类，关于药物方面的咨询，主要是关于费用的问题，由于治疗癌症的药物很多是进口的，这些药物受专利、关税等成本影响，价格非常高昂，不是普通患者能够承担的，因此许多患者及其家属就把目光投向仿制药或者原料药，对各类药品的使用以及价格的咨询就成为自媒体平台的主要话题。

从我们的研究来看，弱势群体在表达自我诉求时，都会运用支配性话语（或者说正式话语），这是他们与权利优势群体讨论时不得不遵守的会话惯例。例如，在天子岭周边居民"拒绝臭气"的运动中，他们会使用法律话语进行投诉和申请诉讼，会采用政策话语与政府各部门工作人员讨论行政处理的各种措施是否合乎规定。再如城市出租车司机群体，他们虽然文化层次普遍不高，而且基本上为外地人口，但是也会使用相关政策规定与出租车公司和管理部门交涉自身的利益问题。与此同时，由于弱势群体与优势群体在核心利益、行动立场等方面存在差异，因此在相互对话时难免存在利益和观念的冲突。这种矛盾就表现为各方对支配性话语使用方面的争夺，集中体现为话语内容的选择以及表达手法的技巧运用方面。

（二）道德性（生活）话语

在弱势群体使用的话语中，道德性话语也是常见类型。对支配性话语的运用，需要以特定的专业知识为背景，因此支配性话语显然不是这些缺乏话语权的弱势群体所能够熟练掌握和使用的。

所谓道德性话语，是涉及各种类别人际关系的话语，既包括家庭内部的父母兄弟姐妹之间，也包括邻里之间、单位内部成员之间，甚至包括政府部门工作人员与普通百姓之间，是对这种关系创建过程中各自角色扮演、责任和义务承担等方面的各种规定性的认识与表述。这类话语围绕"善良""邪恶""正义""道义""公平""合理"等核心价值施展，体现出的是道德的判断。而这种道德准则实际上是几十年、上百年前流传下来的做人、待物、处事方面的约定俗成的标准。有时通过文本的形式得以传承，例如村规民约、家风家规；有时则通过口口相传,或者言传身教的形式,古代强调的"身正"的道理就是如此。人们在评判一个人或对象时,往往会用"你是好人""真缺德"之类的道德性话语来表述,而这种表述形式在弱势群体身上往往极为常见,也比较符合他们的内心诉求。

道德性话语在本质上围绕人际关系展开。人际关系的完善或者恶化,都通过特定的话语表达得以体现和建构,例如像"像孝敬父母一样来孝敬长辈",像"对待亲人一样来对待你"等。在癌症患者家属群中,当一个家属描述了自身家庭的不幸时,就会有人跟帖,表示"感同身受",表示"我也是母亲,能理解你们的心情",这些从关系角度来进行表述的都属于道德性话语。把群里面的人称为"我们",这是最常见的话语表现。

患者家属在家属群中的社会地位与社会身份也在这类道德性话语下得以建构。由于这类人的社会身份不是建立在经济实力或者行政地位之上的,因此他们相互之间不会用"有钱人""富人""穷人"或者"当官的""老百姓""很有权势的"之类的话语来表达。他们往往用"有良心""良心被狗吃了""缺德"之类道德性语言来表述,也会根据道德水准的高低来划分社会地位的高低。

下面是一段杭州天子岭垃圾填埋场周边居民的对话①,从中可以看出道德性话语在建构人际关系和社会身份方面的表现策略。

朗普特帅:浙江省第一生态环境保护督察组进驻杭州! 根据安排,浙江省第一生态环境保护督察组督察进驻时间约 15 天(2019 年 7 月 18 日—2019 年 8 月 1 日),督察进驻期间设立专门举报电话(0571-87202115)和专门邮政信箱(浙江省杭州市 A1609 号邮政专用信箱),受理举报电话时间为每天 9 点到 18 点。

阳光化成粉末:打到现在,一直占线。

山沟沟:我也打了好多,刚才打通了。

徐＊＊杭州＊＊有限公司:今天笕桥也很臭哦!

山沟沟:@徐＊＊杭州丽都酒店用品 电话打起来!

---

① 这段对话选自"拒绝臭气 2"微信群,时间为 2019 年 7 月 19 日—2019 年 7 月 23 日共四天的时间里有关投诉天子岭垃圾场相关设施排放臭气的动员。其起因是根据浙江省委、省政府要求和督察组职责,浙江省第一生态环境保护督察组主要受理杭州市生态环境保护方面的来信来电举报。

烟雨：电话现在很好打通！

Uknow：大伙都打打呗，不要等到闻到臭气了再打，这次效果应该要比 12345 要好很多！

春玲蕾蕾美颜：是的，大家在各自的小区群里也发动一下，大家行动起来！

阳光化成粉末：嗯，我也打通了！对方只是登记在案，会督促办理，但是不会对个人回复，建议关注地方媒体，政务公开。

周＊＊：督察组今天就在天子岭。

ff 芳芳：难怪还没闻到臭味！

徐＊＊杭州＊＊有限公司：云锦城现在很臭！

春玲蕾蕾美颜：这帮缺德鬼！

徐＊＊杭州＊＊有限公司：到现在还在臭，好臭的哦。

春玲蕾蕾美颜：领导在的时候不臭，晚上下班了，这些人又放毒了。

徐＊＊杭州＊＊有限公司：就是说哦。

shanLF：我也刚刚才打进。

雪人：投诉电话继续继续。

阿芬：很会作秀哎。

春玲蕾蕾美颜：2019 年 7 月 24 日晚上 6 点云锦城恶臭。

徐＊＊杭州＊＊有限公司：环保局下班了就又开始臭了，云锦城奇臭。

春玲蕾蕾美颜：是的，6 点下班，就是这个时候臭的，几天不排放，估计再不偷排，没法继续运作了。

阳洋：臭气始终存在，哪里臭要看风向，要是没风，就臭上空。

春玲蕾蕾美颜：这日子怎么过哟，搞得心情很烦躁。

刘＊＊：今天有小学参观天子岭。

春玲蕾蕾美颜：有本事参观的时候放臭气！

雪人：继续继续，投诉继续！

雪人：坚持就一定有希望！

这段日常化的道德性话语集中在两个方面。

第一，浙江省第一生态环境保护督察组近日主要受理杭州市生态环境保护方面的来信、来电举报,群成员相互动员趁此机会抓紧举报。从微信群对话来看,很多成员不仅自己积极以拨打投诉电话的形式举报天子岭的臭气,而且还积极动员其他成员进行投诉。显然,有的投诉比较顺利,有些人则打了很多次才终于打通投诉电话。通过电话投诉行为,这些成员被有效地动员和组织起来,成为一个积极的投诉团体,群成员之间的关系也从分散的个体"我"转变成为"大家",这个"大家"显然已经成为具有统一行动目标和行动策略的"我们"的群体!

第二,对天子岭杭州市环保集团有限公司排放臭气行为进行道德评价。这种话语策略被分成三个有机的层次。首先是有不少的成员说"云锦城现在很臭""2019 年 7 月 24 日晚上 6 点云锦城恶臭"。接着通过相互举证,大家认同了其他成员的观点,"臭气始终存在,哪里臭要看风向,要是没风,就臭上空"。对臭气的厌倦和无奈,被转移到对排放臭气企业的痛恨上。其次是对企业排放臭气伎俩的控诉:"领导在的时候不臭,晚上下班了,这些人又放毒了。""环保局下班了就又开始臭了。"在居民们看来,臭气排放企业的排放策略是很"巧妙"的,企业的排放避开了白天环保局领导上班的时间,也避开上面巡视组官员检查的时段,还避开中小学生参观的时间,也就是说,企业的排放避免了领导的行政检查,还避免了不良的社会影响。周边居民认为,这对上级领导而言是一种"作秀"行为。最后是对臭气排放主体道德品行的评价。居民纷纷谴责这种污染行为,认为企业对周边居民而言,是十足的"缺德鬼",可又对着领导作秀。针对臭气排放企业欺上瞒下、毒害百姓的"作秀""缺德"行为,周边居民已经没有丝毫的理解和尊重,只有痛恨和愤怒。

总之,道德性话语建立在对约定俗成的道德规范的评价基础上,既包括对家庭、同事、邻里,或者居民小区与周边企业之间人际关系、社会地位和组织角色的理解,也包括对道德行为和名声名誉的理解,正是对这些内容的理解和解释,建构起了一个完整的道德性话语体系。

(三)治疗性话语

治疗性话语也是弱势群体经常使用的一种话语形式。这种话语是指,互动的一方假设另一方在心理方面具有一定的缺陷,例如他是自卑的人、他是受过心理创伤的人等,因此在互动过程中会给予另一方精神治疗。而弱势群体之所以成为弱势群体,根本上就是具有身体、社会资源或精神方面的残缺或不足,同时导致在表达社会诉求方面机会与能力不足。因此,经历长时间隐忍的弱势群体在面临现实困难和精神障碍时,必然会在很多时候流露出沮丧、悲伤、嫉妒、痛苦等情绪状态。这种情绪下的弱势群体显然是需要得到精神抚慰的。

治疗性话语不是一种专业的医学话语,更多地类似一种精神疏导和安慰,治疗者通过对话、聊天等方式,促使被治疗者释放负面情绪,使其精神转向积极健康。在谈话的过程中,双方经常设身处地地站在对方的立场上来思考问题,尤其是谈话的发起者能够巧妙地站在谈话的接受者一方来提出问题,并且维持谈话的持续。这样的策略更容易诱导谈话的另一方把内心深处的思绪表露出来,从而达到真诚交流的目的。在该课题中,治疗性话语更多地发生在弱势群体内部,往往是其中一方因为疾病以及治疗效果的原因发表了大量情绪性话语,流露出沮丧、悲伤、绝望等负性情绪,引发其他成员的安慰、鼓励和积极建议。

施展治疗性话语的前提是,假设对方的心理有问题,而且认为这些个人问题的产生是社会的、自然的原因,而并非个人的原因。在城市出租车司机群体中,出租车司机性情不佳,脾气暴躁,对很多调查不配合,甚至出言不逊。这些言语、行为不是出于出租车司机本人性格秉性的原因,而是因为受到社会因素的影响,诸如收入不高、家庭负担很重导致生活压力很大,又没有合适的精神缓解环境。在癌症患者家属群中,治疗性话语在癌症患者及其家属的相互对话中经常被运用。他们的负性情绪更多地来自"命"和"运气"的观念,认为之所以遭此疾病,更多的是因为命不好或者运气不好。在调查访谈或者在的论坛里,患者家属往往会说:"原来好端端的,怎么一下子就得病了?""得了这种病,不怨天,不怨地,只能怪自己运气不好!"大量的家属还会埋怨自己没有提早给自己的亲人做身体检查,没有能够及时发现。这些情绪化话语的本质是,疾病的发生完全是一种天意和运气,而不是个体本身造成的。在环境污染区周边居民群中,我们发现这些居民群体的情绪性话语行为是可以被理解的,因为其所遭受的一切是由整个城市的规划、政府部门的决策以及企业发展等社会性因素造成的,而他们又因为工作或者经济条件等一系列原因无法离开污染区。从我们的研究可以看出,弱势群体之所以成为弱势群体,其原因更多是社会性的,因此在对话中流露出的负性情绪也是情有可原,需要安慰的。

在本研究中,在癌症患者以及家属的对话中,这种治疗性话语的使用,更多的是通过设身处地、同情、鼓励和安慰等手段来激发对方积极的正面情绪,从而起到精神治疗的目的。下面是一段典型的对话。①

> 柳絮 911:中午回到家我哭了,病情、费用都让我不知所措。保险那边情况不明朗,完全自费的话几十万元,拖累家庭。阿黎说,现在允许我尽情地哭,但往后希望我不要哭了,他会做我坚强的后盾,费用我们家完全可以出得起,不要有顾虑。
>
> 下午妈过来,唉,这个时候我最不想见人,我不喜欢她叽叽喳喳,加上心情不好,我就和她发脾气了。晚上玮玮电话,是阿黎接的,估计他情绪低落,阿黎还要反过来安慰他。
>
> 我想通了,癌已经光临,为了深爱我的家人,我必须积极治疗。会有痛苦,但家人照顾我已经很疲惫了,如果我悲观,他们会更难受。如果我乐观,他们压力没那么大,况且他们也分担不了我的痛苦。
>
> 阿黎告诉我是卵巢癌,算发现得早。但区医院所有的出院资料阿黎都没给我看,他说是因为要给我联系区肿瘤医院,这些资料都要带去。好吧。
>
> 晚上看到阿黎,满脸的疲惫。这 20 天来他受到的打击不比我少,要日夜照顾我,要带婆婆去看病,操心她的饮食,还要顾着上班……老公真辛苦。
>
> 木易成舟 2019:楼主,加油,一切都会好起来的!
>
> 柳絮 911:谢谢鼓励。
>
> panphone:加油,一切都会好起来的,我也是患者家属。
>
> 语笑嫣然 20161010:楼主,多吃多睡,保持心情愉悦,一定可以战胜病魔。加油。
>
> 悦昕:心情心态最重要! 早日康复!
>
> 柳絮 911:@panphone 谢谢鼓励。
>
> 我是奇迹娟:每个人都会有这个时期,放下包袱,全身心地投入治疗中,加油!

---

① 柳絮 911."我的抗癌之路开启了……"主题帖[Z/OL].(2019-04-25)[2021-01-22].http://bbs.tianya.cn/post-100-2757208-1.shtml.

柳絮 911：一起加油！

柳絮 911：自己顶一下，本人今年 51 岁，儿子今年大四，7 月份就毕业了。

大象找虫子：还年轻，最好的年华。孩子大了，时间可以属于楼主自己了，第二个青春期开启！加油！

归来燕 2003：楼主不要心疼钱，治病要紧。人在，钱就会有。

依依呀呀彤彤：家里妈妈也在抗癌，所以你也要坚持，加油，祝好运！

发布以上主题帖的是楼主"柳絮 911"，她今年 51 岁，儿子大学四年级。楼主 2019 年年初身体不适，3 月份确诊卵巢癌早期，家庭条件小康，有几十万元存款。从对话来看，该主题帖主要运用了医学话语、治疗性话语和道德性话语。

医学话语主要被用于叙述患者本人治疗检查的过程。在这治疗经历的叙述过程中，伴随着大量的治疗性话语，具体包括三个层面。

第一个层面，是她与其丈夫阿黎的间接对话。她说，"保险那边情况不明朗，完全自费的话几十万元，拖累家庭"。她的丈夫阿黎说，现在允许她尽情地哭，但往后希望她不要哭了，他会做她坚强的后盾，费用他们家完全可以出得起，不要有顾虑。显然，她的丈夫已经把她当作一个病人，不仅身患癌症，而且精神遭受了打击，根本原因就是治疗费用太高。在这种情况下，最好就是安慰、疏导和鼓励她。

第二个层面，是她本人的自我疏导。她从最初的焦虑、恐慌中逐渐走了出来，开始变得冷静。"我想通了，癌已经光临，为了深爱我的家人，我必须积极治疗。"她在自我疏导的过程中，典型地运用了"换位"的思考法，就是站在她的家人的角度考虑问题："家人照顾我已经很疲惫了，如果我悲观，他们会更难受。如果我乐观，他们压力没那么大，况且他们也分担不了我的痛苦。"

第三个层面，是跟帖网友的心理安慰，他们往往从经济、社会等不同角度找理由来给予楼主精神支持。有人采用"感同身受"的办法，通过把自己与楼主归为同一类人来安慰楼主："家里妈妈也在抗癌，所以你也要坚持，加油，祝好运！""加油，一切会好起来的，我也是患者家属。"有人从经济和人的价值比较角度出发，肯定人是根本："楼主不要心疼钱，治病要紧。人在，钱就会有。"也有人从生活经验出发予以安慰："每个人都会有这个时期，放下包袱，全身心地投入治疗中，加油！"更多的人则认为，病人最需要保持好的心态与心情，这样有利于治疗：

"心情心态最重要！早日康复！"

治疗性话语通过多层次"我们"的建构，建立起了相互理解支持的群体关系，以及以精神安慰为内涵的话语表达形态。

四、弱势群体话语建构的社会问题及问题意识

弱势群体通过自媒体表达自我诉求的同时，也建构了一系列重要的社会问题以及相应的问题意识。由于本书的研究核心在于弱势群体的网络表达，故而笔者在此将进一步围绕弱势群体的话语权，提出几个有共性的问题，以做进一步的讨论。

（一）弱势群体"公众参与"的机会问题

无论是石化区周边居民、垃圾中转站所在地居民、垃圾填埋场附近居民，还是出租车司机群体，他们之所以会心生不满，甚至可能缔造暴力性、群体性事件，其中一个重要原因是，这些群体缺乏公众参与和自我表达的机会。也就是说，在大型公共事务(尤其是民生决策、环境项目)的设想、论证、实施到后期监督的一系列过程中，他们都缺乏有效参与。这种公众参与的缺失或不足，直接导致了信息获取权、决策参与权、项目监督权和相关话语权的缺失。

重大公共事务，强调政府的主导地位和引领作用。一般而言，哪些人参与、什么时候参与、议论什么政事、怎么议论，以至于最终是否采纳意见等行政决定权均在政府部门手中。但从我们的研究来看，与弱势群体密切相关的大型公共项目，例如垃圾中转站、垃圾处理厂、车站等，涉及面十分广泛。在这些项目中，不仅有大量影响居民生活质量和身心健康的环境类项目，例如大型化工厂、造纸厂等，而且还包括影响居民生活质量和社会文明程度的决策与战略，例如出租车管理条例、进口药品管理规定等。但是在这些公共设施的建设、企业的选址和民生决策方面，目前我国坚持的是"政府管理部门＋专家＋企业"的精英决策和参与机制。也就是说，政府是项目的管理者，企业是建设者，而专家为项目建设的智囊团。

但是，任何公共事务都有其自身特定的服务对象，需要在具体的时空环境下实施，因此在前面的机制下，项目的服务对象以及项目物理空间的原住民是缺乏

参与权和话语权的。当然,在目前政府的管理体系下,在项目论证结束时会有一个公示期,周边居民和服务对象可以在公示期进行投诉和提意见。然而,这种公示受到时间以及信息传播的限制,大量的居民不仅无从得知,也无法深度参与。在浙江镇海的 PX 项目论证中,专家从专业技术的角度论证镇海区石化经济技术开发区建设 PX 项目的有利条件,政府则更多地关注了项目的经济效益,从而无形之中忽视了石化经济技术开发区居民的参与权和知情权,最终激化了矛盾。而在近几年一系列环境类群体性事件中,公共决策过程中公众缺位是常态。陈德敏和杜辉认为,环境事务中公共参与的缺失,社会个体丧失组织化救济是人们选择集体性抗争的重要原因。[1]

显然,如何创造一个"政府管理部门＋专家＋企业＋利益个体"共同参与公共事务的决策机制,是当前提升弱势群体表达自我诉求机会的关键问题。

(二)弱势群体表达自我诉求的能力问题

所谓自我诉求的表达能力,主要指特定群体在特定的环境下,怎样利用文字、声音、图像等媒介手段,以及如何利用法律和政策赋予的参政议政权利参与公共事务的决策,这就是表达自我诉求的能力。影响表达自我诉求能力的因素很多,包括自身的身体条件(例如肌体是否健全,发音是否清晰等),包括专业知识水平和知识储备(例如表达法律诉求时,是否懂相关的信访和诉讼程序等),也包括媒介应用水平(例如应该怎样通过大众传播媒介或者新媒体传递自己的声音,如何用新媒体动员社区居民等),当然还与自身人际沟通能力以及其他能力因素有关。

在本研究中,笔者发现文化层次较高的城市居民群体虽然在政策决议方面缺乏足够的参与权,但是他们自身的表达能力毋庸置疑,不是那些经济条件和文化水平处于底层的群体所能相比的。例如江苏常州的居民不仅会关注政府建设垃圾压滤中转站的公告,而且会利用各种自媒体以及自建网站积极动员当地居民进行抵制,同时具备与政府单位谈判的能力,最终取得"反建设"活动的成功。在杭州天子岭"拒绝臭气"的运动中,周边居民在投诉、诉讼等方面具备极强的能力,因此能够进行长时间的、持续的抗争。但是出租车司机群体、镇海区石化经济技术开发区周边的农民群体不仅在经济上处于劣势,而且自我诉求的能力也

---

① 陈德敏,杜辉.环境维权群体性行动的法制化探讨[J].清华法治论衡,2013(03):109-120.

很弱,因此只能长时间地把怨恨情绪积聚在心里,无法通过正常而合理的渠道来表达诉求。他们在面对课题组的调查时,更多的也是采用一些情绪化语言,采用非理性的语言把自我诉求清晰地表现出来。

因此,提升弱势群体表达自我诉求的能力,尤其是法律诉讼和民主协商的能力显然是极为重要的。

(三)弱势群体表达自我诉求的自媒体平台

对于弱势群体而言,传统媒体以及信访等渠道并不是适合他们的信息传播渠道;相反,以微博、微信群、QQ群、论坛等为主的自媒体却为弱势群体的自我表达提供了可能。他们利用这些自媒体平台汇聚民意、组织动员社区成员、讨论和凝聚意见想法、鼓励现实行动等,自媒体遂成为他们表达自我诉求的有力平台。

现在网络建设已经备受重视,网络问政平台的建设促进了民意流动。从目前来看,网络问政平台主要包括媒体主办和政府部门主办两种类别。其中不少各级媒体的网站都设有网络投诉版块,例如人民网有"地方领导留言板""留言渠道大公开"等。这些问政平台,从留言反馈来看:越是影响力大的媒体,效果就越好;而那些地、市级媒体所开设的网络问政平台,基本上没有什么影响力。而政府部门主办的网络问政平台,常常设有网络信访渠道,一般采取属地信访的原则。这种信访方式对一般民生争议是有意义的,但是在信访对象是地方政府的时候,其缺陷也很明显,也就是说,当执行者是被投诉对象的时候,投诉效果往往不佳。

来自传统媒体和政府部门的网络问政平台,近几年很好地解决了普通网民或者市民自我诉求表达能力不足的问题,也取得了很好的社会效益。但是这些自媒体平台的主导权掌握在政府以及媒体手中,如何处理、是否要处理这些投诉的权力都掌握在政府工作人员手中。因此对于大部分弱势群体而言,他们往往面临着两难处境:一方面,弱势群体自身需要掌握一定量的自媒体,他们可以利用这些媒体开放、自由地进行自我诉求;另一方面,这些自媒体在没有政府和传统媒体支持的背景下显然也缺乏足够的社会影响力,很难达到足够的社会效果。如何把官方、企业、媒体和社会个体创办的自媒体整合起来,使其各自发挥最大的效应,成为重要的社会问题。

(四)弱势群体社会怨恨情绪的社会疏导问题

在弱势群体心中积聚的社会怨恨情绪,如若得不到合适渠道、通过合适方式疏导,势必会引发集群性社会事件。因此如何应对和疏导社会怨恨情绪成为一个重要话题。

社会疏导,指的是利用社会的、政府的渠道进行相关政治、经济、社会等方面问题的解释和沟通,从而达到相互理解或者精神抚慰的目的。这些工作往往由政府或者社会公益机构主导,针对一些影响面广、争议大的社会议题。一般会经历"争论—倾听—协商—抚慰"等多个环节,重点不在解决具体政治的或者经济的问题,而是以达成沟通和理解为目的。

不管在面对癌症患者家属群体、出租车司机群体,还是垃圾填埋场、石化经济技术开发区周边居民群体时,这种社会疏导工作都是极为必要的。以癌症患者家属群体为例,目前医院的工作主要是患者在医院内的药物和手术治疗,至于其他方面就很少能够做到了。从调查来看,这无疑暴露出了一些问题。首先是医院之外的医疗咨询工作。癌症属于一种慢性病种,而且对于晚期癌症而言,目前并没有特别有效的治疗方法。对于个人和家庭而言,癌症带来的不仅仅是身体的折磨,还有经济和精神的负担。对于如何用药、如何护理、确定哪种治疗方案等医学问题,的确需要把医院内的治疗延伸到医院之外,保持一种持续性。其次是生活和精神的咨询疏导工作。癌症造成的影响是综合性的,除了医疗之外,还涉及日常护理,也包括精神抚慰,而这些工作目前基本是由患者家庭承担的。但是患者家庭毕竟缺乏一定的专业素养,所产生的效果也各不相同,甚至有因为护理不当和缺乏精神疏导,导致癌症患者轻生的情况。

在笔者看来,建立一个有效的由专业机构(医院、学校等)、社会公益机构、政府和利益个体共同参与的组织,强化沟通、协商和理解的疏导机制是十分必要的,也是目前大家比较看好的思路。

第六章　建构公众参与的可持续性协商对话机制

 本章提纲

- 在对重大公共事务的决策方面，一直存在"行政主导的精英决策制度"以及"民主协商的实用制度"的争论，两者各有利弊：前者的优势在于精英和专业，劣势在于对普通利益相关市民缺乏足够的重视；后者往往比较短视，也容易被强势利益集团利用。

- 在面对环境保护、拆房等重大公共事务社会矛盾时，笔者推荐一种在环境治理过程中获得普遍赞誉的"嘉兴模式"：在政府主导下，环保社会组织、群众代表以各种方式参与到环境决策、执法监管等各个环节中去，形成"大环保、圆桌会、陪审员、点单式、道歉书、联动化"的公众参与规范，组成了以嘉兴市环保联合会为龙头，以嘉兴市环保市民检查团、专家服务团、生态文明宣讲团、环境权益维护中心为公民代表组织的"一会三团一中心"组织体系。

- 在以往研究的基础上，本课题从"社会正义"的视角提出构建"公众参与的可持续性协商对话机制"，最大可能地疏导弱势群体的社会怨恨情绪，提高他们在公共参与和重大公共事务决策上的话语权。这一协商对话机制在强调"协商对话机制"的内在依据的基础上，提出了"主体正义""分配正义""参与正义"和"能力正义"的设想。

本课题选择的三大群体——城市出租车司机、癌症患者家属和环境污染风险区居民,之所以被称为弱势群体,是因为他们在与权利优势群体对话的过程中缺乏足够的话语权。而弱势群体之所以参与抵抗性的群体性事件,主要是由他们长期积累的社会怨恨情绪,以及在相关的重大公共事务决策中缺乏公众参与权造成的。因此要疏导弱势群体的社会怨恨情绪,解决群体性事务中的抗争性行为,重要的一环就是在我国已有的民主协商制度的基础上积极推进公众参与制度,尤其是在新媒体语境下进行公众在重大公共事务决策与监督方面的协商对话制度建设。

一、对两种已有重大公共事务决策制度的反思

目前我国政府在重大公共问题决策机制方面采用的是"政府和专家主导的精英决策制度"。在这种制度下,参与决策的主体是政府相关部门的领导以及由政府邀请的专家。政府官员代表的是更为宏观的全局利益,保障这些利益的是政府自身所掌握的法律或者行政权力,当然也拥有独特的自然、社会以及信息等稀缺性资源。而学者专家更多地代表了一种以技术主义为导向的专业精神,对社会价值或社会影响往往缺乏足够的重视,例如在镇海区石化经济技术开发区上马 PX 项目时,大量专家就认为镇海是石化项目不可多得的生产基地。从决策过程来看,针对重大项目做决策时,一般由政府相关部门发起,而专家学者主要负责论证,在相关报告或方案基本完备之后再予以公示,在公示时期也会适当邀请部分利益相关的群众参与。然而这所谓的听证会,不仅参与的人数极为有限,而且由于参与者受制于专业水平,经常无法对自身利益受损的项目提出反对性意见,从而使此类听证会演变成走过场。

我们发现,由政府官员和专家学者主导的精英决策制度在工作效率和专业水准方面显示了优势,但是由于缺乏对利益相关方——比如周边居民——的足够重视而受到人们的质疑。在这种情况下,有学者希望能够推进有广泛民意基础的公众参与机制建设,以此来提高公共项目的社会价值,疏导普通民众的社会怨恨情绪。这样的机制我们可以称之为"民主协商的实用主义"制度。

根据沈承诚对西方环境话语的类型学研究,这两种决策机制和话语特点类似于"行政理性主义的环境话语"和"民主实用的环境话语"[①]。第一种话语倡导

---

① 沈承诚.西方环境话语的类型学分析[J].国外社会科学,2014(05):58-67.

在政府的协调之下,强调行政决策过程中专家的核心作用。这种决策还是一种官僚化的机制,因为讨论什么议题、请什么样的专家等都由政府决定。在这种模式下,环境污染风险区居民或者作为社会问题承受方的公众往往被排除在决策机制之外。他们因为缺乏话语权,他们的利益无疑也无法得到有效保障。

第二种话语强调实用,就是通过对话、协商的形式来解决争端,希望通过广泛的公众参与,构建一个自由参与讨论的交互式话语平台。一方面,有利于激活人们潜在的环保意识,塑造整个社会对环境问题的集体认同,进而推动社会共识的建立;另一方面,交互影响式的利益表达内容能较为顺畅地输入政治系统与行政系统之中,从而改变行政决策机制。

如果把环境决策的话语模式扩展到重大公共事务的决策制度层面,同时站在弱势群体的角度来思考问题,那么民主实用的环境决策机制似乎是最适合弱势群体的,然而这种机制也有缺陷。从罗伯特·考克斯对环境决策的研究①得到启发,这种以协商对话为特征的决策机制的不足主要有以下几点。

1. 对参与决策讨论的利益相关者是否就是公众本身的质疑。这种模式立足于民主协商,参与者被标榜为公众,然而这些代表是否就能代表公众?这是值得质疑的。在政府主导的利益相关方参与的讨论中,这些被邀请的利益相关方极有可能只代表个体利益,而无法站在全局或者公众的立场上思考问题。如果真是如此,那么所谓的利益相关方就成为利益个体方,他们参与公共讨论就缺乏一种参与主体的"合法性"。

2. 以地方利益(或群体利益)为核心的对话协商机制有可能影响国家或政府的总体利益或者战略规划。在以往的决策机制中,参与方更多的是政府部门官员以及由他们邀请的专家学者,更多地代表了一种社会总体的利益。例如,在镇海石化 PX 项目的选址决策过程中,并没有当地居民的参与,该项目考虑的主要是社会和企业的利益。与之相反,江苏常州的垃圾压滤中转站"反建设"事件中,由于居民反对,该项目最终停止了实施。因此,国家的战略规划在无休无止的讨论中不得不做出改变。

3. 权利不平等,或者对权利的分享需求导致弱势群体被支配性群体排挤,从而导致自身利益无法得到保障。即便弱势群体能够参与协商对话,然而因

---

① 罗伯特·考克斯. 假如自然不沉默:环境传播与公共领域[M]. 北京:北京大学出版社,2016:145-148.

为政府官员和企业代表拥有更多的政治资源、经济资源和专业的谈话技巧，普通市民或者其他弱势群体经常无法掌握话语权，从而失去协商谈判的能力和达成共识的可能。这种权利和资源方面的不平等使得弱势群体难以捍卫自己的利益。

4.利益与立场的巨大差异很可能导致无法达成共识。由于参与谈话的政府官员、企业代表、居民代表、社会组织代表等都代表不同的利益团体，都有着自己不同的利益立场，也都有着自己的价值观。在面临重大利益、价值分歧面临选择时，不同利益团体很难达成共识，因为共识意味着一方巨大的让步或者利益受损，这一点似乎是不可容忍的。

总体而言，"政府和专家主导的精英决策制度"和"民主协商的实用主义制度"都存在问题，但同时也有优点，所以可以结合目前我们的国情，综合两者的优势提出一种大致由社区代表或者民意代表参与的协商对话机制。笔者在后文中会正式提出一些设想。

二、协商对话模式的新发展——"嘉兴模式"

新中国成立几十年，尤其是 20 世纪 90 年代以来，伴随着城市化和现代化的快速发展，也产生了大量因资源分配不公、程序不公等产生的社会矛盾以及社会怨恨情绪。在处理解决这些社会矛盾和消除社会怨恨情绪的过程中，以政府和管理部门为主导的协商对话制度也在实践中得到发展和完善，"嘉兴模式"就是一个很好的案例。

嘉兴，浙江省东北角的一个地级市，它下辖南湖区、秀洲区、平湖市、海宁市、桐乡市、嘉善县和海盐县。从嘉兴的产业结构来看，嘉兴主要以精细化工、五金塑料、合成纤维、机械制造、电子材料和纺织服装为特色，其中嘉兴市的现代纺织、家电，海宁的皮革，桐乡的羊毛衫、化学纤维等产业都闻名海内外。这些制造业一方面支撑了嘉兴市的经济，另一方面也给嘉兴带来了巨大的环境污染，甚至引发了大量的环境类群体性事件和冲突。最典型的就是 2001 年 11 月 21 日晚的沉船断航事件。嘉兴 300 位农民为了抗议 10 年都没有解决的纺织印染河流污染，集资 100 万元，动用 8 台推土机，数万只麻袋，自沉 28 条大船，硬生生切断了江苏省盛泽和浙江省嘉兴相连的那条河流。此事引起了江苏省、浙江省，甚至国家环保局的高度重视。

自此以后,嘉兴市积极探索环境治理以及处理群体性事件的新路子,形成了一套行之有效的方法,被称为"嘉兴模式"。在 2016 年第二次世界环境大会上,中国同联合国环境规划署共同发布了一份名为《绿水青山就是金山银山:中国生态文明战略与行动》的报告。报告专门提到了生态环境保护的"嘉兴模式",指出"嘉兴模式始于浙江省嘉兴市,成功示范了城市公众参与模式。在该模式内,环保社会组织为地方政府的环境决策提供支持。在中欧环境治理项目的支持下,该模式在浙江省其他 10 个城市得以推广"[1],该模式的核心在于公众参与[2][3]。

所谓"嘉兴模式",就是在政府支持下,环保社会组织以各种方式参与到环境决策、执法监管等各个环节中去,形成"大环保、圆桌会、陪审员、点单式、道歉书、联动化"的公众参与现象,组成了以嘉兴市环保联合会为龙头,嘉兴市环保市民检查团、专家服务团、生态文明宣讲团、环境权益维护中心为公民代表组织的"一会三团一中心"组织体系。其中,"大环保"是指,引入环保社会组织参与环境治理,构建"政府—企业—公众"三方治理平台;"圆桌会"是指,邀请利益相关方进行开放式讨论,通过沟通交流形成共识;"陪审员"是指,向社会公开招募公众代表,以独立身份参与环境行政处罚、行政案件评议,就违法事实是否清楚、证据是否确凿、程序是否合法、使用法律是否正确等进行评议和行使案件表决权,以集体意见作为最终行政处罚决定的重要参考;"点单式"是指公众参与环境执法的一种形式,公众代表随机抽查企业环境治理和污染物排放等情况,进行面对面的质询和探讨,并提出整改督办意见和要求;"道歉书"是指,不良信用企业不能在规定时间完成"摘帽"整改,就要在报刊上向社会发布道歉信;"联动化"是指,环保部门和其他政府部门以及非政府组织进行联合行动,建立相互协作配合监督的形式。

下面笔者希望站在公众的立场,从环境正义的理论角度进一步讨论"嘉兴模式"的对话协商内容和话语表达价值。

所谓"环境正义",大卫·施朗斯伯格认为:"全球环境正义所诉求之正义实

---

① 万加华.公众参与"嘉兴模式"值得借鉴[EB/OL].(2019-02-01)[2021-01-25].https://www.cenews.com.cn/opinion/201902/t20190201_893003.html.

② 辛方坤,孙荣.环境治理中的公众参与:授权合作的"嘉兴模式"研究[J].上海行政学院学报,2016,17(04):72-80.

③ 朱浩.合作治理框架下环境保护公众参与的有效性问题研究:以"嘉兴模式"为例[J].中国第三部门研究,2018(01):82-101.

际上包含三个方面的内容：公平地分配环境风险，承认受制社区参与和经验的多样性，以及参与环境政策制定和管理的政治进程。"①这意味着，环境正义的核心内涵包括承认、分配和参与三个方面：承认是第一步，是走向正义的第一步，就是对不同文化、身份、经济和认识方式的承认和维护；分配是第二步，意味着公平地承担分配环境义务和权利，或者分配环境风险；参与则是第三步，强调政治参与作为一项关键的政治权利以保证正义的实现。

下面就从"承认""分配"和"参与"三个方面来分析"嘉兴模式"的内涵和实践。

(一)"承认"——承认环境治理主体的公平性

对于环境治理主体的问题，实际上一直存在着两种不同的观点。

第一种是"人民当家作主"的观点，它来自《中华人民共和国宪法》，《宪法》第二条规定："中华人民共和国的一切权力属于人民。人民行使国家权力的机关是全国人民代表大会和地方各级人民代表大会。人民依照法律规定，通过各种途径和形式，管理国家事务，管理经济和文化事业，管理社会事务。"《宪法》赋予"人民"当家作主的主体地位，这一主体权力的实现依靠人民代表大会，通过民主集中制的原则来运行。这是我国政府处理任何重大社会公共事务的基本依据，也是基本原则。毫无疑问，这也是治理环境事务中公众参与"协商对话"机制的原则。公众参与到政府主导的行政决策过程中，彰显了人民作为主权享有者的地位。让利益相关的公众、企业和组织参与到政府主导的行政决策过程中，可以实现民主和公开的具体决策。

第二种观点是，政府是一切重大事务的决策者和主宰。这种观点的依据和逻辑是，认为普通百姓专业水平和能力低下，而政府不仅是名正言顺的政策制定者和执行者，而且能够把各个行业的专业精英聚集起来。正是基于对专业能力和管理使命的认识，他们认为政府是管理和处理公共事务的主体。刘海龙在研究国内邻避冲突事件的过程中发现了"宣布—抗议—停建"以及"决定—宣布—辩护"的运作程序，其中潜在的认识是，认为政府是唯一的决策主体。这种模式

---

① 大卫·施朗斯伯格.重新审视环境正义：全球运动与政治理论的视角[J].求是学刊,2019(05)：50-63.

忽视了公众,侵犯了公众的环境知情权和参与权。①

在"嘉兴模式"中,嘉兴市政府吸取了以往政府治理中公众参与不足的缺陷,根据《宪法》赋予人民的管理权,承认了公众在环境治理中的主体地位,而政府则是治理的主导力量。刘海龙把这种转变概括为"邻避治理主体由一元向多元转变",而这个"多元",不仅包括政府和企业,还包括公众。俞海认为要真正动员公众参与环境保护,政府官员要改变政府包打天下的认识,同时改变惧怕公众的认识,让公众参与环境保护,成为建设和保护美好家园的核心力量与良好伙伴。②嘉兴形成了"一会三团一中心"的组织体系,就是以嘉兴市环保联合会为龙头,嘉兴市环保市民检查团、专家服务团、生态文明宣讲团、环境权益维护中心等为公众代表组织,共同参与环境治理。

嘉兴市生态环境局通过举办各类环保论坛,如"公众参与—环境保护"中国嘉兴论坛(2010年11月7日—2010年11月8日)、"如何践行公民生态环境行为规范"市民环保论坛③和企业环保论坛、县委书记专题访谈、各阶层市民圆桌访谈和青少年环保座谈、项目准入专家座谈,由环保联合会中推选出公众代表,深入全市社区、街道,开展生态环保百场大宣讲等活动,促进政府官员、企业主、环境保护志愿者、专家和一般市民就环境保护、环境治理、政府环境责任、企业环境责任、公众环境权益等一系列关系到环境治理基本概念、基本观念的问题,达成较为一致的价值认同。

在这里,公民环境权既包括对环境的使用权、享受权等实体性权能,也包括环境知情权、处理权、参与权等程序性权能。政府成为环境使用的管理者、公民环境权益的保护者和环境利益的协调者,居民和社会组织参与协商决策,企业按照分配正义原则分担环境风险。

嘉兴模式中主体的多元化,意味着环境治理决策中政府主体的分权,或者从政策上对公众环境事务治理参与主体的承认。

---

① 刘海龙.环境正义视角下邻避治理模式的重构[J].南京林业大学学报(人文社会科学版),2016(01):17-23.

② 俞海.以"嘉兴模式"参与环境保护是一种怎样的体验?[EB/OL].(2016-06-13)[2021-01-25].https://www.sohu.com/a/82916410_383714.

③ 朱政,蔡华晨.金句频出!嘉兴这场市民环保论坛上都说了些啥?[EB/OL].(2016-06-13)[2019-01-18].https://zj.zjol.com.cn/news/964473.html.

(二)"分配"——对权利和责任的分配

"分配"是环境治理中的核心话题,主要涉及资源、机会、权力等方面。在以往政府规划环境项目的时候,往往把责任与权利分开;也就是说,无论是城市垃圾焚烧厂的建设还是化工厂的规划,为环境污染风险区周边居民带来的只有责任,环境污染风险区周边居民在经济补助、就业安排、绿化建设等方面享受到的权利却微乎其微。这在大量的环境类群体性事件中已经有了很好的验证。相反,其他地区的居民,不仅可以享受到垃圾处理、化工产品方面的便利,而且也不用承担相应的环境污染风险。

在"嘉兴模式"中,嘉兴市政府以及嘉兴生态环境局领导通过一系列的制度改革,大量引入公众组织参与环境治理,从而最大限度地促使权利与责任相匹配。这些民间组织,说到底就是环境治理中的利益相关方,是存在于政府和企业之外的第三方。俞海认为,环境保护仅靠政府的力量是不行的,一定要吸收公众参与环境保护,同时确立公众的环境权利,建立公平的、被尊重的环境权。在社会行为特别是在政府决策中,真正将公众的环境权作为重要的考量因素,而不仅仅只做经济利益的考量。建立政府、企业和公众的合作伙伴关系,扩大三者的共同利益。政府、企业和公众是利益共同体,而不是对立的敌人。政府需要从利益冲突的相关方转变为中立的仲裁者,倾听民意,成为尊重民意的协调者、监督者以及合格的领导者。①

在"嘉兴模式"中,政府的环境管理权受到分化,企业的环境行为得到监督,而公众的环境治理参与权得到提升。政府创立"点单式"执法。在嘉兴开展的"飞行监测"执法行动、信访案件寻访、跨界污染巡防、限期治理"摘帽"验收等环保事务中,公众代表可以随机抽查执法检查对象,并对行动面对面提出质询和督办要求。

(三)"参与"——公众参与环境治理

嘉兴模式最大的革新就是在环境治理活动的全过程都吸收了公众的参与。在以往,重大公共建设项目在专家论证结束后会进行公示,只有在这个公示期

---

① 俞海.以"嘉兴模式"参与环境保护是一种怎样的体验?[EB/OL].(2016-06-13)[2021-01-25].https://www.sohu.com/a/82916410_383714.

里,公众才可以参与和提意见,但是这个过程要么是走过场,要么是对抗,公众参与往往流于表面和形式。但是,在"嘉兴模式"里面,"大环保、圆桌会、陪审员、点单式、道歉书、联动化"等多种形式使公众参与成为现实,同时使这样的参与伴随着环境项目的规划、建设和后期监督全过程中。

比如 2009 年 6 月 9 日,嘉兴市环保局组织市民环保检查团成员、相关街道和居委会代表参加四个拟建"三产"(餐饮、娱乐、棋牌)项目的环保审批听证会。环保检查团成员对四个拟建项目进行了实地勘察,充分陈述了周边居民的意见建议,对项目可能产生的污染问题进行了讨论。为从源头上减少"三产"项目所造成的环境污染,以及由此可能产生的环境信访投诉和行政诉讼,嘉兴市环保局采取由第三方群众说了算的做法,对拟建项目共同把关,严格把控居民区及附近"三产"项目的审批。

在后期的环境监督阶段,嘉兴创立了环保"陪审员"制度。这个制度是指,在环境行政处罚案件审判过程中邀请公众代表参加。"陪审员"是由基层社区、街道、职能部门等单位通过推荐、个人报名、媒体招募等形式产生,包括企业负责人和普通群众,"陪审员"每年至少要参加一次案件处罚评审。每次参与具体案件的"陪审员"是随机抽取的,而且要和所评议案件没有直接利害关系。"陪审组"一般在 5 人以上,由环保局召集陪审员参与审议。这些"陪审员"来自不同领域,对所审议的环保案件的处罚标准和法律适用提出意见,并听取被处罚当事人提出的异议,进一步发表评议意见,最后根据少数服从多数的原则形成决议。"陪审员"的意见是行政处罚的重要参考,能够规范行政处罚自由裁量权。同时还会邀请 1~2 名环保行风监督员或者"两代表一委员"。

为了提升嘉兴市民的参与度,提升参与效果,嘉兴努力提升信息公开程度。有研究指出:"目前阻碍公民行政参与的重要因素之一是公民与政府之间的信息不对称,导致二者间信任缺乏。"[1]嘉兴环保局提出了"环保公众参与'嘉兴模式'",不仅主动公开环境保护领域中的相关信息,同时邀请核心公众参与部门的各方面活动。这些活动不仅包括专业的环境保护宣讲活动,也包括部门内部的春节团拜活动,确保了政府与公众在生态文明建设过程中实现良性互动,使公众能够以独立的姿态实现有序参与和有效参与,提升了公众参与的真实性。比如:推出全国首份《环保手机报》,每周向全市党政领导、环保系统人员、环保志愿者、

---

① 包兴荣.关于公民行政参与和政府信息公开的思考[J].社科论坛,2007(01):21-25.

部分市民和企业负责人免费发送环保新闻,扩大环保信息交流渠道;在新浪开通嘉兴环保官方微信群,定期发布环保工作动态,受理网民的投诉,解答网民的疑问;改版嘉兴市环保局网站,增设"市民检查团""环保志愿者在行动""12369网上投诉中心""环保专家服务团网上咨询""公众满意度在线调查"等互动栏目,强化网上投诉、点评和咨询功能;在嘉兴在线论坛设置"环保视角"专栏,打造公众"可参与、可投诉、可点评"的网络互动平台;每月在市级主要媒体上发布城市大气环境质量状况通报,定期公布环境信用企业,公开曝光被列入环保黑名单的企业,使之接受全社会的监督。

"嘉兴模式"虽然在公众参与方面取得了巨大进展,而且影响力也越来越大,成为浙江甚至全国很多地方学习的榜样,但是依然存在一些不足。

第一,这些由公众组成的民间组织缺乏法律赋予的足够参与权。虞伟认为,需要进一步赋权民间力量,从而完善嘉兴模式。[①] 一方面要淡化环保社会组织的官方色彩,增强环保社会组织的自主性,逐渐提升其自主和自立运作的能力,强化公益性而非官办性。另一方面要对公众和社会组织充分赋权。确立公众和社会组织在环境治理中的主体地位,与政府共行使权利,共同承担责任。发挥民间力量的主动性和积极性,赋予公众和社会组织充分的参与权。在制定政策、实施重大决策的过程中,注意广泛听取社会组织的意见和建议,及时回应质疑,提高社会组织对公共事务的参与度。要通过恰当的制度安排和政策手段,逐步走向合作多元的治理模式,打造党政界、企业界、知识界、媒体界等不同身份人员共同参与的社会复合主体。

第二,公共信息平台还需要进一步健全。进入自媒体时代以后,原有政府部门构建的信息传播平台开始暴露自身不足。就重大公共事务而言,一般政府部门会在部门主页或者在公共资源交易中心网站发布相关招投标信息,对象是作为项目承受方的企业。由于工作和信息传播的原因,项目规划所在地周边居民以及其他公众往往无法及时获取此类涉及自身利益或权益的环保项目信息。

与此同时,一些企业或者为了逃避责任、逃避监督,或者为了减少成本,又或者缺乏意识,更加不愿意把相关环保信息予以公开。马军认为,企业应该主动公开环境信息,但一些企业没有意愿,甚至没有能力面对公众,躲在政府背后。《环

---

① 虞伟.社会主体之间关系,主从还是平等? 基于环保公众参与嘉兴模式的思考[J].环境经济,2015(16):26.

境保护法》《企业事业单位环境信息公开办法》《大气污染防治法》等法律都明确提出,在相关名录上的企业,包括垃圾焚烧厂,要进行相应的信息公开。"邻避事件接连发生,说明信息公开实施的情况不太理想。"国务院发展研究中心资源与环境政策研究所副所长常纪文说。芜湖生态中心发布的报告显示,231座垃圾焚烧厂中只有104座被列入国家重点监控企业名单,其中77座公开了污染物排放信息。也就是说,全国只有不到一半的垃圾焚烧厂,通过企业自行监测信息平台公开污染物排放信息,且信息披露不完整、不及时。任勇表示,邻避设施从规划、选址、技术选择到建设全过程应该开放决策,做到运行全链条公开信息和公众全方位参与。①

这就要求建立多渠道多层次的信息平台,政府、企业以及媒体都需要建立有关项目招投标、企业污染指数等各方面关系民生的信息,接受公众的监督。

第三,公众参与机制的法律化和常态化保证不够。"嘉兴模式"之所以能够取得成功,更主要的原因在于,嘉兴政府以及环保部门积极主动地把公众参与纳入环保治理过程中,同时还制定了一系列行之有效的政策和策略。但是我们也发现,这些参与政策还是缺乏足够的法律保障的。原有的《中华人民共和国环境保护法》等法律规定,对公众参与、信息公开以及利益分配等环境治理方面的规定并不具体,因而经常成为一种摆设。因此要使"公众参与""信息公开""公众监督"等方面的法律规定成为环境行为的约束,就需要完善已有法律或者发布专门的法律法规。

三、建构公众参与的可持续性协商对话机制

在第六章之前,我们更多地着眼于弱势群体在物理空间以及网络媒体(尤其是自媒体)上的自我表达,通过分析他们的言论来阐释他们的话语表达方式以及由此建构的社会问题,这实际上就是话语分析中的话语实践和社会实践维度。这样的分析思路固然可以做到更为细致、更为深入,希望利用话语分析来揭示社会问题,但是从社会学视角来看,忽视了复杂的社会行动、社会制度、社会环境等社会要素,显然无法真正触及社会维度的核心。

---

① 自然之友.2016年度排放超标数千次 焚烧新标执行力堪忧[EB/OL].(2016-07-06)[2021-03-02].https://card.weibo.com/article/m/show/id/2309403994249715711244.

(一)群体性抗争事件的基本特点

为了更好地讨论"公众参与的可持续性协商对话机制",下面笔者希望进一步分析近几十年有关垃圾焚烧电厂审批建造过程中引发的群体性抗争事件,通过分析事件爆发的社会原因以及参与抗争的群体行为,进而来讨论如何建构公众参与的可持续性协商对话机制。一方面,环境类群体性抗争事件是该课题的重要组成部分,冲突事件的参与者往往是地方政府、参与项目建设的企业和项目所在地居民,地方政府和企业占据着项目建设的决策权和执行权,属于话语抗争事件中的支配方,而地方居民则为被支配方;另一方面,从话语权的视角来讲,群体性抗争事件中的环境污染区周边居民群体、城市出租车司机群体、癌症患者家属群体都属于弱势群体,而政府和企业则属于话语权争夺中的优势群体,由此引发讨论的协商对话机制,具有示范性和普遍意义。

笔者通过新闻报道以及相关学者①的研究材料,收集了 2007—2017 年共 13 次因垃圾焚烧发电厂建设项目所产生的冲突案例(见表 6-1)。

表 6-1　2007—2017 年由建设垃圾焚烧发电厂项目引发的冲突

时间	事件名称	冲突起因	应对措施	最终结果
2007 年	北京六里屯垃圾焚烧发电厂事件	拟建,环境污染	面谈沟通,政府妥协	移址苏家坨
2009 年	北京昌平阿苏卫垃圾处理中心项目	在垃圾填埋场基础上再建垃圾焚烧发电厂(民众对污染物表示了担忧)	考察学习,与居民沟通	不通过环评,项目不开工
2009 年	广州番禺垃圾焚烧发电厂选址事件	垃圾场选址(未征求民意,民众对专家进行了质疑)	专家论证会,群众座谈会,新闻通报会	暂缓该项目,重新论证选址问题

---

① 原珂.邻避冲突及治理之策:以垃圾焚烧事件为例[J].学习论坛,2016,32(11):50-55;邵青.环境正义、风险感知与邻避冲突的协商治理路径分析:基于国内垃圾焚烧发电项目的案例[J].天津行政学院学报,2020(01):01-11.

续表

时间	事件名称	冲突起因	应对措施	最终结果
2010 年	安徽舒城垃圾掩埋场事件	拟建,环境污染(对毒水、毒气的担忧)	面谈沟通,政府妥协	暂停该项目
2011 年	北京西二旗垃圾处理项目	拟建、选址	面谈沟通,政府妥协	重新选址
2011 年	江苏无锡下港镇垃圾焚烧发电厂事件	建设垃圾焚烧发电厂,污染风险	镇政府无回应,市政府进行技术评估	艰难推进
2012 年	上海松江佘山镇垃圾焚烧事件	垃圾焚烧炉升级,污染风险	与居民沟通	未果
2014 年	杭州余杭垃圾焚烧项目	拟建,污染风险	与居民沟通,政府妥协	政府承诺,未征得群众同意,一定不开工
2014 年	成都锦江垃圾站事件	拟建,污染风险	与居民沟通	未果
2015 年	浙江宁波象山县垃圾焚烧发电项目	垃圾填埋场所产生的臭气和污水困扰地方居民许久,即将上马的发电项目加剧了居民的不满	村民与警察发生冲突,后谈判	象山县政府宣布暂缓建设,2019 年重建
2016 年	浙江嘉兴海盐县垃圾焚烧发电项目	部分居民对选址不满意	居民到县政府门口抗议,后谈判	项目暂缓,2017 年9 月原址重建
2016 年	海南万宁市环保发电项目	居民对选址地点不满	到市政府表达诉求,产生冲突	项目暂缓
2017 年	湖南邵阳隆回县垃圾焚烧发电项目	居民对选址地点不满	居民街头抗议	项目前期论证暂缓,继续沟通

从这些案例中，我们发现了冲突事件的一些规律性特点。

第一，抗争事件发生的空间特点。这些冲突同时出现在两个空间之中。在物理空间中，冲突以地方政府与项目所在地(或者预选选址)居民之间的冲突居多，在部分地方甚至出现当地居民与警察之间的暴力冲突。最后，经过面对面的谈判协商，大部分政府部门做出了让步，要么取消项目计划，要么暂时停建，要么继续完善各项计划再讨论。在媒介空间(尤其是自媒体空间)中，大部分情况下是网民(含有当地居民)利用网络信访、投诉和发帖等手段，批评企业，或者是单纯发泄情绪。随着意见领袖或关键他人的推动，线上线下之间的话语互动进一步推动着事件的发展。从事件发展来看，政府、企业和居民这些利益相关方，不管是在物理空间，还是在网络空间中，我们只看到冲突事件的爆发，却没有发现一个事先存在的理性对话空间。

第二，抗争事件发生的时间特点。大部分冲突都是爆发在垃圾焚烧发电项目计划公布之时，有少量冲突发生在政府拟建计划公布之时，还有一部分项目是续建工程，而之前的项目已经产生了长期的污染和危害。因此可以说，这些项目中少量项目已经产生实质性环境污染，而大部分并没有上马，也没有运行，更谈不上产生实质性的污染和对环境的破坏。因此，项目规划、论证阶段是环境类抗争事件爆发的关键时期。

第三，抗争事件发生的原因。从大量采访和网民言论中可以发现，地方居民或者其他网民之所以不满意，有多重原因：第一，因为垃圾焚烧发电项目或垃圾填埋场项目所产生的臭气、污水破坏了环境，危害了周边居民的身体健康；第二，这些居民以及其他网民从大量的新闻报道以及自媒体中获取相关项目的污染信息，导致他们对这些项目的安全缺乏足够信心，对政府和企业也缺乏足够的信任，从而对可能产生的环境污染风险表示出很大的担心；第三，在部分项目中，地方居民的利益补偿没有到位也是其中的原因之一。因此，政府和企业的信息不公开以及与被支配群体之间缺乏有效的协商对话机制是主要原因。

第四，抗争事件的社会结果。这些垃圾焚烧电厂在抗争事件发生后大部分被地方政府关闭或者暂时停止建设，部分项目经过进一步论证和完善之后在原址重建。而根据国务院发展研究中心的报告，96起邻避事件中近1/3项目停建或停产，从而形成了一半以上的项目成为"一建就闹，一闹就停"的结局。邻避事件带来的是政府、社会以及企业的多输局面。任勇说："国计民生项目停建，影响经济转型升级，经济社会成本巨大。以PX项目为例，我国现在有17个PX项目,产能达到 1300 万吨。PX 产品自给率曾在 65% 左右,但目前降到 40% 多。这和邻避事件频发、高发处理不当不能说没有关系。不仅如此,规划决策朝令夕改,也令政府公信力受损。因此,这些抗争事件往往使政府、企业和公众几方面都陷入了尴尬的'共输'局面。"①

(二)可持续性协商对话机制的模型和基本内容

垃圾焚烧发电厂、垃圾填埋场、化工厂等环境项目建设所引起的抗争性事件,往往被诸多学者称为"邻避事件"或者"邻避抗议活动"②。所谓"邻避事件"就是指,"随便建在哪儿,就是不要建在我的后院"。环境污染区周边居民之所以发动邻避事件,原因就在于:此类项目虽然符合公共利益或国家利益,但是对个体利益是有所损害的。随着此类邻避设施建设的增多,公民环保意识以及法律意识的提升,由此引发的社会冲突事件也日益增多,并且经常导致政府、公众和企业几方面共输的局面。为了避免邻避冲突的发生,许多学者提出了公众参与协商对话的治理模式。③ 这种治理模式实际上也适合其他类别弱势群体所面临的问题,比如前面讨论的出租车司机群体面临的生存困境,癌症患者家属群体面临的医疗和精神压力等问题。要化解弱势群体的社会怨恨情绪,进一步消除抗争性行为,建构"可持续性协商对话机制"是根本出路。

1. 可持续性协商对话机制的主要内容

在其他学者已有研究成果的基础上,笔者围绕"公众参与"以及"信息公开"这两个核心内容,进一步完善了多元主体共同参与的协商对话机制,简单地图示如下。

---

① 寇江泽.垃圾焚烧项目陷"一建就闹一闹就停"困局 邻避如何变邻利[N].人民日报,2017-01-14.

② Michael O. H.. Not on My Block You Don't: Facilities Siting and the Strategic Importance of Compensation[J]. *Public policy*,1977,25(04):407-458;

诸大建."邻避现象"考验社会管理能力[N].文汇报,2011-11-08.

③ 刘海龙.环境正义视角下邻避治理模式的重构[J].南京林业大学学报(人文社会科学版),2016(01):17-23;邵青.环境正义、风险感知与邻避冲突的协商治理路径分析:基于国内垃圾焚烧发电项目的案例[J].天津行政学院学报,2020(01):01-11.

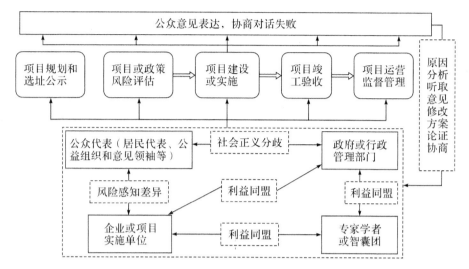

这个模型包含两部分。

第一部分,公共事务决策过程中多元主体的立场与相互关系。如果站在一种社会正义的视角下,在这个多元关系模型中,包含多个利益相关方:政府或行政管理部门作为公共事务运作的主导者和话语权主体,代表一种行政利益;专家学者是政府聘请的智囊团,代表着专业利益;企业或项目实施单位作为项目的实施主体,代表一种商业利益;公众代表作为项目的服务对象或所在地居民,代表一种公共利益或者个人利益。在这多元主体中,政府、专家和企业之间具有一种利益同盟关系,企业与公众对公共事务的社会风险具有感知上的差异,而政府、专家则与公众之间具有社会正义认识上的差异。

第二部分,多元主体参与公共事务的决策过程。在公共事务推进的不同阶段中,公众以不同主体形态参与协商对话,如果取得一致意见,项目就向下一阶段推进,如果没有取得共识,则由相关责任方分析原因,进行方案修改,再进行论证协商,直至获得共识。协商对话是我国的一个优良传统,在关系国计民生的公共事务的决策、论证和执行过程中,协商对话如何成为制度化的程序,又如何伴随着项目的规划、建设、运营等进行不同程度的参与,都应该成为建设的重要内容。

如果从"社会正义"的视角来理解社会弱势群体在公共事务决策中的公共参与机制,核心内容就是包括弱势群体作为参与主体的承认正义、分配正义、参与正义和能力正义等。

2. 基于"社会正义"视角对协商对话机制相关内容的简要阐释

(1)"政府—公众—专家—企业"协商对话机制的内在依据

民主协商制度,是中国共产党和政府一贯以来的优良传统。在新民主主义革命时期,中国共产党就在同其他党派团体和党外人士团结合作的过程中形成了民主协商思想,还在"三三制"民主政权建设中进行了民主协商的有效实践。之后,民主协商思想经过多次发展完善,在十八大期间,中国共产党在报告中首次提出"社会主义协商民主是我国人民民主的重要形式",并在此基础上确立"社会主义协商民主制度"①概念,进而对"健全社会主义协商民主制度"进行规划和部署。这集中体现了中国共产党对社会主义民主政治的实践创新、理论创新和制度创新,从而使"社会主义协商民主"形式成为中国共产党以及我国政府基本的国策和方针政策。这在政治事务、社会事务、经济事务中适用,也为政府处理与公众或弱势群体相关的社会矛盾提供了政策依据和指导原则。

在该研究中,政府通过协商对话,可以很好地使弱势群体参与政府重大公共事务的决策、管理和监督,也可以很好地保障弱势群体自身的公民权利和经济利益,同时还有利于推进政府权力的理性运用。正是出于这样的依据,建立"政府—专家—公众—企业"之间的协商对话机制,能够促进我国社会主义协商民主制度的实践应用。

在具体的实践中,不同主体之间虽然有着不同的动机与立场,但为了能够达成共识,就需要探寻相互之间的共性。

在动机和立场上,政府更多地站在国家以及社会的宏观大局立场,更为关注大多数人的公共利益。但是从"社会主义协商民主制度"以及社会正义的视角来看,强化协商对话的功能,是提高政府决策合法性和合理性、获取公众支持、实现有效社会治理的重要途径。虽然政府代表了治理过程中大多数人的利益,代表的是政策的公共理性,但是要使这种利益和理性获得项目所在地或者政策实施对象的认可,就需要控制决策过程中政府的自我裁量权,这是确保政府公信力的内在要求。

对于企业而言,它们与公众就项目风险以及社会效果的感知是完全不同的。企业的感知来自一种建立于科学报告之上的理性认知,以及建立于企业利益基

---

① 胡锦涛.为全面建成小康社会而奋斗:在中国共产党第十八次全国代表大会上的报告[R/OL].(2012-11-08)[2021-01-26].http://www.mj.org.cn/zsjs/wsxy/201211/t20121126_145927.htm.

础上的利己思想，它们更多地站在企业自身的利益立场上来执行政府的决策和计划，因此与公众存在利益上的冲突是不可否认的。但从服务对象来看，除了政府之外，企业的服务对象还应包括公众。因此，它们参与协商对话：一方面是为企业的发展赢得良好的社会声誉，为企业合法生存和持续发展创造良好的社会生态环境；另一方面也是更好地为服务对象提供优质服务，从而提升自身的服务能力和水平。

对于公众而言，重大公共事务的决策虽然涉及公共利益，但也涉及公众个体的切身利益，无论是环境项目的规划建设，是出租车管理中的份子钱、出让金，还是癌症患者的报销制度等，无一不是与个体权益相关的公共决策。对于个体而言，追求自身的经济利益以及公共事务决策上的话语权基本上是其最重要的动机。

对于专家而言，他们站在专业知识的立场上，追求技术优先的原则，因而在面对政府、企业及公众时，既与政府、企业、公众有不同的利益出发点，也具有利益的交叉部分。

因此，虽然四者之间存在着诸多的差异和不同的看法，但是如果站在"协商民主制度"的立场上，他们之间存在着公共权益上的一致性，这是协商对话机制建立的政策基础和内在依据。

（2）协商对话参与主体的承认正义

在关于"社会正义"的研究中，我们比较关注"分配正义"，对"承认正义"缺乏足够的重视。所谓"承认正义"就是指，"对群体身份及其差异的一种肯定"[①]。"承认"表现的是主体之间一种理想的平等关系。学者艾利斯·杨认为，尽管分配对理解正义观念至关重要，但"将社会正义还原为分配问题却是一个莫大的错误"。[②] 他认为，黑人评论员对电视媒体中种族歧视的不满和谴责，所表达的根本不是对物质分配正义的渴求，而是对获得社会尊重和承认的希望，是一种对自身社会地位和社会身份的"承认"正义。阿克塞尔·霍耐特明确指出，当代社会正义理论研究迫切需要从传统的"分配正义"走向"承认正义"，因为尊严或尊敬

---

① Ryan Holifield. Environmental Justice as a Recognition and Participation in Risk Assessment：Negotiating and Translation Health Risk at a Superfund Site in Indian Country [J]. *Annals of the Association of American Geographers*，2012(03)：591-613.

② Iris Young. *Justice and the Politics of Difference* [M]. Princeton：Princeton University Press，1990：15.

比消除不平等或者分配平等更为重要和迫切。①

在我国，"承认正义"有着很好的法律基础。我国 1982 年《宪法》第二条规定"人民行使国家权力的机关是全国人民代表大会和地方各级人民代表大会。人民依照法律规定，通过各种途径和形式，管理国家事务，管理经济和文化事业，管理社会事务"，第四条规定"中华人民共和国各民族一律平等。国家保障各少数民族的合法的权利和利益，维护和发展各民族的平等团结互助和谐关系。禁止对任何民族的歧视和压迫，禁止破坏民族团结和制造民族分裂的行为"。一方面，国家与政府从法律层面承认人民具有管理国家和社会事务的权利和义务，同时又进一步明确了这种权利与义务是不受种族、民族的差异影响。

在重大社会事务的决策过程中，由于受到计划经济体制的影响，一些政府部门行政权力过于集中，往往按照"政府决策—企业执行"的思路执政。后来，改革开放，在一些经济发达的地方，政府机构和职能得到了简化，逐渐在一些重大公共事务的决策中，引入了专家学者这一主体，开始出现了"政府＋专家＋企业"的模式，但在这个阶段重大社会事务的决策过程基本没有公众或者利益相关主体的参与。刘海龙认为："在邻避设施建设决策中，政府相关机构认为公众对邻避项目的知识有限，并且不会因为邻避设施的公益性做出个体利益的让步，如果公开信息和进行民主决策必然会导致反对，于是直接由政府参考技术专家意见进行决策，不吸纳公众进入决策过程。"②邵青也认为："从梳理的案例来看，信息公开透明度低、决策参与权缺失、利益补偿不合理等突出矛盾，表明事实上剥夺了周边公众的承认正义权利。"③

承认公众的主体正义，就意味着认可公众的主体身份地位，也是赋予公民各项宪法和法律所具有的权利。在环境类项目的规划建设中，意味着公众的一种环境权，"既包括对环境的使用权、享受权等实体性全能，也包括环境知情权、处理权、参与权等程序性权能"④。我们也看到，"嘉兴模式"之所以为人所称道，被

① David Schlosberg. *Defining Environmental Justice: Theories, Movements and Nature* [M]. Oxford: Oxford University Press, 2007:12.

② 刘海龙. 环境正义视角下邻避治理模式的重构[J]. 南京林业大学学报(人文社会科学版)，2016(01):17-23.

③ 邵青. 环境正义、风险感知与邻避冲突的协商治理路径分析：基于国内垃圾焚烧发电项目的案例[J]. 天津行政学院学报，2020(01):01-11.

④ 刘海龙. 环境正义视角下邻避治理模式的重构[J]. 南京林业大学学报(人文社会科学版)，2016(01):17-23.

不同的地方所仿效,最重要的原因就是"嘉兴模式"承认了公众的主体地位与身份,给予了公众充分的尊重和重视,赋予了公众与政府、专家同等的地位,这里的公众可以是 NGO 之类代表公共利益的行业组织,也可以是特定项目所在区域的利益相关人员或组织,例如垃圾场、化工厂、企业所在区域的周边居民等,他们都是环境污染的承载者。因此,要做到承认公众的主体正义,首先就要做到足够尊重,承认公众与政府、企业、专家等组织和个人享有平等的尊严、地位和身份。郑杭生教授认为:"社会协商对话是主人与主人之间的对话,而不是主人对仆人的训话,也不是领导对群众作指示。"①其次就是要承认公众具有宪法和法律赋予的个人权利,即便与集体权利或总体权利相冲突时,这样的权利也是无可非议的,反对任何形式的歧视和不公正,更不允许公众的权利被无端地剥夺和抹杀。这些权利除了经济权之外,还包括政治参与权,应该把公众个体或组织表达意见、观点和想法的表达权放在重要地位。

(3)协商对话参与主体的分配正义

"社会分配正义"是社会正义的重要组成部分,也是自古以来学者们讨论的核心内容。"正义"概念在西方的历史中流传极为悠久。亚里士多德将正义区分为分配正义和惩治正义,从而成为"分配正义"这一概念的最早提出者。他认为,"两个人相互是怎样的比例,两份事物间就要有怎样的比例"②。王云霞认为"亚里士多德此处所谈分配正义与现代意义上的分配正义所指并非完全一致。按照他的说法,分配正义是依据美德、按比例进行荣誉、政治职务或金钱的分配。分配上的公正或平等意味着每个人都能根据自己的美德得到相应比例的财富"③。亚里士多德从"美德"视角提出的"分配正义"传统一直影响着后来的"正义"研究。亚当·斯密认为分配正义是指,"别人的需要或者美德要求我们做出的反应",它包含"父母对孩子的义务,受益人对赞助人的义务,朋友、邻居的相互义务,以及每个人对有美德的人的义务","如果我们不采取行动为他人服务,人家就说我们对与我们有关系的、有美德的人做了不公正的事"④。现代意义上的"分配正义"概念是在第二次世界大战后被提出的,其中最具影响力的当属约

---

① 郑杭生.试论社会协商对话制度[J].中国社会科学,1988(02):177-186.
② 亚里士多德.尼各马可伦理学[M].北京:商务印书馆,2003:134.
③ 王云霞.分配、承认、参与和能力:环境正义的四重维度[J].自然辩证法研究,2017,33(04):39-44.
④ 塞缪尔·弗莱施哈克尔.分配正义简史[M].南京:译林出版社,2010:269.

翰·罗尔斯的"正义论"。罗尔斯在《正义论》一书中突破了以往学者们对"分配正义"的理解,并把美德与分配进行了剥离。他认为正义的主要问题是"社会的基本结构,或更准确地说,是社会主要制度分配基本权利和义务,决定由社会合作产生的利益之划分的方式"①。对他而言,所谓正义就是恰当地分配社会利益,分配利益是否公平,道德的价值不是最为重要的问题。这是因为道德问题属于人性问题,而人性只是社会中非决定性的因素,而且这个因素不仅具有不稳定性,而且很难用外在统一的标准予以衡量和测定,这就导致由美德产生的社会正义成为无法用社会标准评判的结果。相反,如何在考虑财富公平分配的原则时,把个人性的美德因素搁置起来暂时不予考虑,社会公平就完全得以实现。从这个意义上说,罗尔斯对分配正义的理解和解释,在实现对亚里士多德反叛的同时,也标志着现代意义的出现。

总体而言,"分配正义"就是权利与义务的对等性配置,或者说是根据所承担义务的大小或程度来分配权利的大小和程度。在宁波镇海的"反 PX 事件"中,从政府的视角来讲,选择在镇海这个地方建设化工厂,不管是从交通还是经济等多个因素考虑,都是最佳选择,是对大局和国家有利的。但是对周边几个村庄的居民而言,他们不仅要承担着化工厂的环境污染所带来的代价,而且无法得到经济补偿、住房拆迁或工作安置的权利。在浙江杭州天子岭垃圾填埋场事件中,我们发现,天子岭一带承担了杭州市 80% 左右的城市垃圾,同时除了垃圾填埋场之外,还有垃圾发电厂、厨余垃圾处理厂、废水处理厂等多个项目。天子岭垃圾填埋场周边居民承受了环境污染、房产贬值、精神折磨等负担,与承担义务不匹配的是,他们根本没有享受到应有的权利。在城市出租车司机的案例中,出租车司机群体把目前他们收入的减少、身体健康的损害等情况的责任归结为出租车公司的盘剥、网约车的不正当竞争,也就是说,他们对城市的贡献与自身应该享受的权利是不对等的。在癌症患者及其家属群的案例中,政府以及医院给予了他们巨大帮助,政府在医疗保险、报销范围内、医院在治疗团队优化等方面发挥了巨大作用,但我们同时发现,他们之所以心存怨恨,主要是觉得冥冥之中的命运安排与自己的付出之间存在着不公正关系。总之,这里的分配缺乏足够的公正公平。

这里的"分配正义",不仅包括事实状态意义上的利益分配,例如经济补偿、具体信息、决策话语权等,而且也体现为具体的政策和法律形式的确立、尊严尊

---

① 约翰·罗尔斯.正义论[M].北京:中国社会科学出版社,2003:05.

重等抽象权利的保障,这都是承担公共义务对应的个体性权利。

(4)协商对话参与主体的参与正义

在目前的重大公共事务,尤其是那些引起公众抗争的事件中,其决策过程多数遵循"政府规划—专家论证—项目宣布—公众辩护—项目建设运营—公众投诉"的程序进行,在前期的规划论证以及中期的建设运营过程中,公众几乎缺席。政府部门的领导以及工作人员经常认为,公众不仅人数众多、成分复杂而混乱,个体的观念想法也各不相同,要把这些人组织起来进行协商对话,本身就极为麻烦困难。以杭州天子岭垃圾填埋场为例:天子岭周边有几十个小区,居民几万人;这些人的人员结构十分复杂,既有从天子岭垃圾填埋场建设过程中拆迁出来的原住民,也有项目建设前就已经在周边买了商品房的最早一批的新杭州人,还有大量环境项目建设之后才住进来的新新杭州人;从职业学历等一系列社会特征来看,这些居民中有文化程度很低的当地农民,也有从事法律工作的专业律师,还有从事环境保护工作的社会公益人士等。如果没有强有力的社会组织和管理制度,这些居民确实很难组织协调,更不必说与其进行理性对话和利益协调。同时,政府工作人员安排工作,往往遵循政策的规定和领导的意志。从那些引起社会争端的事件来看,相关政府部门的领导及其工作人员往往对公众参与缺乏足够的重视,常常不把公众参与决策和监督当作公众应该具备的权利,或者说正是这些工作人员把公众自身具备的、法律所赋予的公民权忽视甚至剥夺了。当然,成本也是被纳入考虑的重要因素,"基层地方政府官员对公众参与往往怀有矛盾情绪,他们认为公民参与虽有益,但势必会增加行政运行及行政决策的成本"[1]。

传统的决策程序既忽视了公众由法律赋予他们的知情权和参与权,也不利于具体项目的实施,经常导致一抗议就停止的"双输"结局。公众参与,抑或"参与正义",在这里具体包括:公众(尤其是弱势群体)积极主动地参与决策与监督过程中的自组织、信息获取和互动协商。

"嘉兴模式"之所以能够取得成功,一个重要的原因就是"嘉兴模式"使公众参与成为实质性行为,而其中的策略就是根据项目进程以及公众参与内容的需要,公众以不同自组织或团体的形态参与了整个过程。朱海伦说:"嘉兴市在推进环境治理公共参与过程中,最核心也最重要的策略就是以灵活多样的方式开

---

① 辛方坤,孙荣.环境治理中的公众参与:授权合作的"嘉兴模式"研究[J].上海行政学院学报,2016,17(04):72-80.

放政府行政决策过程,确保公众能够有效地参与到环境治理的行政决策过程中来。这样的策略有效地激励了公众参与环境治理的积极性。比如提供环保实践岗,让市民真正参与到环保审批、环境执法、环保监测工作中。"①对这些策略,我们可分两方面进行分析:从政府角度而言,政府主动公开信息,让公众真正参与环境项目;从公众角度而言,公众以自组织的形式参与审批、执法和检测等工作,深入参与论坛座谈,与政府官员、企业主、环境保护志愿者、专家共同就环境保护、环境治理、政府环境责任、企业环境责任、公众环境权益等一系列关系到环境治理的理念进行深入交流。但是,我们也发现,"嘉兴模式"中的公众参与还存在不小的缺陷:公众的自组织还存在浓厚的官方色彩,缺乏足够的自主性,因而往往沦落为政府的"马甲"或者政府机构的编外办事处,无法真正代表公众;同时,政府给它们的权利还不够,这些组织无法真正自主独立地成为社会群体力量。

根据"嘉兴模式"的成功经验,以及大量学者对协商对话机制中参与正义的研究,笔者认为有效的公众参与主要包括以下几个特点。

第一,公众的自组织是公众参与的主体保证。由于公众具有多元、异质、散乱等特征,因此公众参与公共事务管理一般不能以个体形式出现,那么最好的办法就是以各种自组织和非营利组织的形式参与对话协商,这是进行有效对话协商的基础条件。国务院1998年制定、2016年修订的《社团登记管理条例》规定:社会团体,是指中国公民自愿组成,为实现会员共同意愿,按照其章程开展活动的非营利性社会组织。以环境类邻避事件为例,我们可以根据项目审批、建设和监督等过程的需要确立对话协商的内容,从而确定自组织的成员成分和行动使命等。各种专业性自组织最为重要,例如投诉取证类的法律类组织,检测监督环境污染指数、进行环保宣传之类的环保组织,以及其他社会公益组织。

第二,政府的信息公开是公众参与的内容保证。信息公开现在已经成为一项提升政府治理水平的重要政策。信息公开,不仅可以使公众有效了解政府的各种决策和政策,强化政府与公众之间的良好关系,提升政府的公信力,同时还可以使政府接受公众的监督,从而有效提高各种决策制定落实的效率和水平。这样的信息公开是多渠道多方面的。例如:建立政府门户网站,集中发布公众关心的相关信息外,还在官方网站上开辟"公众参与"专栏,报道公众参与公共事务

---

① 朱海伦.环境治理中有效对话协商机制建设:基于嘉兴公众参与环境共治的经验[J].环境保护,2014(11):57-59.

治理的热点新闻；将固定时间定为领导信访接待日；通过微博、微信、公众号等自媒体形式直播报道重大公共事务的处理情况；传统媒体开辟专栏报道和讨论重大公共事务的进程……这一切都需要法律规定的保障。

第三，多层次的互动协商是公众参与的表现形式。公众参与协商对话，就是与政府官员、企业代表、社会组织之间互动。其中有这样几种主要的形式。其一，从上到下的倾听和宣传渠道。重大公共事务的相关部门领导及其工作人员，作为信息源和决策的权力源，需要拥有毛泽东同志所说的那种"从群众中来，到群众中去"的工作作风。通过定期走访公众组织、社区、乡村，同时定期或不定期地组织活动，向基层组织发送信息。领导和政府工作人员向自己服务的对象阐述党的方针政策，倾听利益相关人员的意见建议，从而创造一种融洽和谐的气氛，克服官僚主义的倾向。其二，自下而上的信访渠道。信访和投诉是受到法律保护的互动形式，是基层单位或群众通过面对面、信件或者网络文字等形式向相关单位领导，尤其是信访办公室发送信息材料的形式，这之后相应机构将其收集起来，传送到有关领导部门。这种方式互动强调信息的收集、整理和反馈，可以充分发挥人民和利益相关人员的主动性，从而使有关部门更好地把握群众的真实想法。其三，政府与公益组织、专业代表以及居民代表之间的互动渠道。可以说，通过正式渠道组成的这些不同类别的组织或公益机构，代表了专业力量，同时还能够很好地代表群众包括利益相关人的真实想法。它们与政府之间的沟通以及这些组织之间的内部沟通或社会行动，弥补了普通群众散乱、意见不一致、专业性不够等方面的缺陷，从而提高了沟通互动的效率。其四，自媒体、大众传播媒介与政府或群众之间的互动渠道。在媒介极为发达的今天，无论是传统媒介，还是微信、微博、手机等自媒体，都在重大公共事务的传播过程中起到了沟通政府和群众桥梁的作用，起到促进互动的效果，能够及时有效地传递信息，促进弱势群体意见表达，达到替政府进行政策宣传的效果，从而起到很好的社会引导作用。

（5）协商对话参与主体的能力正义

"能力正义"是协商对话的保障，是主体正义、分配正义、程序正义的归宿，主要是指被分配的商品是否转化为个人能力的最大限度的发挥。玛莎·努斯鲍姆基于"能力正义"的具体内容，提出了一套"能力集合"的理念，并用该理念来详细阐明所谓"能力正义"的具体内涵，如生存能力、身体健康的能力、身体完整的能力、理智、想象和思考能力、情感能力、实践理性的能力、与他人的联盟或形成友好关系的能力、与其他物种保持良好关系的能力、玩耍的能力、控制个人环境的能力等。[①]

从能力正义的角度分析,要把分配到的商品、机会和资源转化为公众生活的幸福,就需要具备这种转化的能力。在"政府—专家—企业—公众"这一利益相关方的关系网中:包括市民群体在内的公众群体是利益相关方,承担了主要的社会责任,但在对话平台中无疑是话语权方面的弱势群体,对沟通内容和形式缺乏足够的影响力,同时还缺乏足够的谈判素养和能力;政府对对话内容与对话方式拥有主导地位,甚至也具有筛选参与主体的决定权;而专家学者构成了代言人的角色,具有对话模式中的专家地位;企业是对话模式中主导经济的一环,在项目的实施方面具有绝对的决定权;而大量的社会性组织也往往由专业人士构成,具有一定的运作经验。在以政府为主导积极建设协商对话平台的同时,同时需要积极提升弱势群体对话交流的能力和素养。

第一,积极提升弱势群体的媒介素养。新媒体的运用为弱势群体参与公共事务提供了机会,而提升弱势群体的媒介素养和新媒体应用能力成为促进弱势群体参与公共事务的首要任务。邱立楠重点研究了以无业人员、下岗工人等为主的弱势群体,认为要提升这部分人的话语表达能力,重点是提高他们的媒介素养和寻求媒介话语表达渠道。[②] 这两者也构成了弱势群体话语表达能力的重要内容。媒介素养,就是媒介用户有关媒介的能力、知识和理解,关于媒介素养有三种不同的观点,即能力模式、知识模式和理解模式。就能力模式而言,指公民所具有的获取、分析、评价和传输各种形式信息的能力,侧重的是对于信息的认知过程。知识模式观点认为,媒介素养就是关于媒介如何对社会产生功能的知识体系,其侧重点是信息如何传输。而理解模式的观点声称,所谓媒介素养就是理解媒介信息在制造、生产和传递过程中受到来自文化、经济、政治和技术等诸多力量的强制作用,侧重的是对于信息的判断和理解能力。

显然,知识、能力和理解三要素构成的媒介素养是媒介用户的本质性素养,对于弱势群体而言,这三方面的素养,首先就是指对各种自媒体以及相关软件、App 等工具性内容的理解与运用。这些渠道既包括由政府主导的各种官方网络

① Martha C. Nussbaum. *Capabilities as Fundamental Entitlements: Sen and Social Justice* [M]. New Jersey: Wiley-Blackwell, 2008: 604-605.
② 邱立楠. 刍议边缘群体的话语表达[J]. 新闻爱好者, 2010(04): 55.

媒体或者自媒体,也包括由传统媒体创办的网络媒体与传播交流平台,更包括微信、QQ、微博等自媒体。其次是对各种媒体信息的理解能力,具体是指能够通过搜索软件等搜索、阅读和理解的能力,能够通过这些信息内容诠释出意义,建构起问题意识等。再次就是利用这些已有新媒体渠道,通过转发帖子、撰写文章等形式积极传递自身诉求。最后是能够利用这些平台与政府、企事业单位、社会个体交流互动的能力,例如在各种网络问政平台中,能够积极参与互动,进行理性讨论,善于传递自身群体的诉求。

因此,在自媒体语境下,提升弱势群体知识、理解和能力三维度的媒介素养是最为迫切的社会工作。

第二,提升弱势群体的话语表达能力(尤其是新媒体表达能力)。

提升公民社会中弱势群体理性的话语表达能力,也是改变弱势群体弱势地位、促进公民社会良性发展的重要途径。从笔者前面的研究来看,在那几个抗争取得成功的案例中,那些参与者均具备比较强的理性话语表达能力。概括来说,这些理性话语表达能力,除了合理有效地利用新媒体进行传播的媒介话语表达与传播的能力之外,还应该包括进行投诉和信访的能力。在我国,普通百姓与政府部门之间交往,投诉和信访是重要途径之一,也是最有效的途径之一。因此,如何理性有效地进行投诉和信访,也是弱势群体话语表达能力的重要组成部分。从话语形式上来看,投诉和信访分书面和语音两类,前者涉及文字表达能力,而后者涉及口头表达能力与人际关系处理能力。从话语内容上说,无论是投诉还是信访,实际上都是政策话语的一种形式,因为涉及的内容与大量的政策相关,因此掌握政策信息、理解政策内容和本质,同时又巧妙地通过解释应用政策使其服务自身的利益,这个过程显然需要极为娴熟的政策话语能力。对于很多无法通过行政调解解决的问题,无疑需要通过现代法律的途径来解决,这个时候如何充分利用法律赋予的言论权、财产权等表达自我诉求、维护自身利益就显得十分重要,这个时候就需要运用法律话语。当然,既然是弱势群体,一般而言在掌握运用法律话语、政策话语等专业性话语方面多多少少存在不足。这个时候,道德性话语或治疗性话语就成为弥补专业性话语不足的有效手段。总之,提升弱势群体多种话语运用和转化的能力,是提升弱势群体理性表达能力的主要途径。

第三,积极把握和合理利用政策的政治素养和理性对话能力。

所谓政策素养是指,包括弱势群体在内的公众,在面对政府官员、企业和专家时,如果要清晰准确地表达自己的意见观点,合理维护自身利益。这就需要公众充分理解和合理运用政策法规,充分通过这些政策法规来维护自身的合法权益。

就重大公共事务而言,无论是立项、审批、论证、招投标还是监管环节,都需要一套完整的程序,不是个别人可以随意决定的,这与社会个体的决定具有本质区别。也就是说,重大公共事务,例如建设垃圾填埋场、垃圾发电厂、化工厂等环境类项目,城市公共交通设施,抑或社会医疗设施等,都是一种公共理性行为,具有长期的政策性、公共性特征。而个体的决定,更多的只是随机的、偶然的感性行为。公众缺乏对政策决策的参与是近几年抗争性行为频发的一个重要原因,同时我们也发现,公众缺乏对政策法律的认知、理解和使用,也是近几年抗争性行为频发的重要原因。

所谓政策素养,至少包括这样一些内容。

其一,对相关法律程序的基本意识。一旦面临环境污染的风险危机,或者有可能损害自身利益的公共决策等,应该理性思考如何用法律和政策来与政府、企业以及其他相关机构协商对话,而不是走向激烈的对抗。

其二,可持续性发展的意识。这些重大项目的规划基本上与地方的五年甚至更为长远的规划密切相关,体现了重大公共利益。作为弱势群体的普通公众,如果要在政策法律的框架之内对其进行质疑,甚至推翻这些规划,就需要从可持续发展的视角、站在社会大局的角度来审视这些项目。所谓可持续发展,显然有别于以往单一的以经济增长为衡量指标的社会发展,而是立足于人类和自然持续均衡发展的视角,强调"人类有能力使发展一直延续下去——既能保证当代社会全面发展的需要,又不会危及后代对资源的需求"①。但是我们也发现,可持续发展的对话内容虽然获得了大部分学者专家、社会组织乃至政府部门的认可,但是有关可持续性的内涵以及规范性的操作路径的探讨却十分匮乏,难以形成定论。而近年来的社会性冲突恰恰发生在这一环节,例如城市垃圾发电厂本身就体现了可持续性发展的理念,但是在执行时发生了社会宏观利益与公众微观利益之间的冲突,例如利益补充不到位、协商沟通不深入等。这是因为不同利益集团或不同立场的代表都试图从自身利益出发来解释所谓的可持续发展及其项目。因此,作为弱势群体一方的社会公众在与权力优势方的政府或企业对话时,

---

① World Commission on Environment and Development. *Our Common Future*[M]. Oxford:Oxford University Press,1987:08.

除了主体正义、程序正义、分配正义之外，在沟通能力方面(尤其是对政策或法律的运用方面)需要特别强调内容的"可持续发展"特征。

四、结语

新媒体语境下弱势群体的话语表达是一个持续进行的课题，本研究只是以案例为分析对象，着重研究了三种类型的话语表达形态，以及由此建构而成的诸多社会问题，也提出了构建"公众参与的可持续性协商对话机制"的设想。这个协商对话机制立足于"社会正义"的视角，同时强化协商对话的原则。

首先是"主体正义"，我们提出了在"政府—专家企业"的参与主体之外，再增加"公众主体"一环，从而形成"政府—专家—企业—公众"的平等协商模式。其重点在于，赋予公众(尤其是话语权方面的弱势群体)主体平等的地位，包括使之获得尊重和尊严的伦理地位。其次是"分配正义"，在重大公共事务的决策实施过程中，强调权利和责任的一致性，尤其是赋予弱势群体与承担责任对等协调的政治参与、经济补偿等方面的权利以及话语权。再次是"参与正义"，与一般学者对参与正义的理解有所差异，在笔者看来，其核心内容包括参与的自组织正义、参与的信息获取正义和参与的互动协商形式正义三个部分。在这里着重强调，在重大公共事务的规划、决策、实施和监督的完整过程中，公众全程参与，充分发挥自身的参与主动性和参与权利，特别是通过自组织机制获取信息、进行协商对话。最后则是"能力正义"，要使获取的功能性权益真正转化为公众个体的生活和工作幸福，需要具备转化的能力。在该研究中，我们强调的是协商对话的能力，主要是进行话语表达尤其是新媒体表达的能力、媒介素养，以及对政策和法律的运用能力。

在我国，随着市场化的快速发展、经济的转型和城市化的推进，一些隐性的社会矛盾和怨恨性情绪逐渐在权力和利益的驱使下发展为显性的社会摩擦，甚至是社会冲突。为了促进社会和谐、化解怨恨情绪、解决社会矛盾，就需要最大限度地提升公众的主动性和能动性，充分发挥协商对话机制，实现多层面、多维度的对话，从而达到多元共赢、社会和谐的目的。

参考文献

一、中文书籍、论文、报告等

1.马克思·舍勒.舍勒选集(上)[M].上海:上海三联书店,1999.

2.马克思·舍勒.道德意识中的怨恨与羞感[M].北京:北京师范大学出版社,2014.

3.曼弗雷德·弗林斯.舍勒思想评述[M].北京:华夏出版社,2003.

4.张凤阳等.政治哲学关键字[M].南京:江苏人民出版社,2006.

5.哈罗德·布鲁姆.西方正典:伟大作家和不朽作品[M].南京:译林出版社,2005.

6.罗伯特·考克斯.假如自然不沉默:环境传播与公共领域(第三版)[M].北京:北京大学出版社,2016.

7.尼克·戴维斯.媒体潜规则:英国名记揭秘全球新闻业黑幕[M].广州:南方日报出版社,2010.

8.南茜·弗雷泽.正义的中断:对"后社会主义"状况的批判性反思[M].上海:上海人民出版社,2009.

9.克利福德·克里斯蒂安等著.媒介公正:道德伦理问题真的不证自明吗?[M].北京:华夏出版社,2000.

10.布莱恩·巴利.社会正义论[M].南京:江苏人民出版社,2007.

11.塞缪尔·弗莱施哈克尔.分配正义简史[M]南京:译林出版社,2010.

12.约翰·罗尔斯.正义论[M]北京:中国社会科学出版社,2001.

13. 亚里士多德. 尼各马可伦理学[M]. 北京：商务印书馆,2003.

14. 萨利·安格尔·梅丽. 诉讼的话语：生活在美国社会底层人的法律意识[M]. 北京：北京大学出版社,2007.

15. 皮埃尔·布尔迪厄. 关于电视[M]. 沈阳：辽宁教育出版社,2000.

16. 亚里士多德. 诗学[M]. 上海：上海人民出版社,1996.

17. 古斯塔夫·勒庞. 乌合之众：大众心理研究[M]. 北京：新世界出版社,2015.

18. 凯斯·桑斯坦. 网络共和国：网络社会中的民主问题. 上海：上海人民出版社,2003.

19. 戴维·波谱诺. 社会学[M]. 北京：中国人民大学出版社,2007.

20. 盖斯特·马丁等. 健康传播：个人、文化与政治的综合视角[M]. 北京：北京大学出版社,2006.

21. 范·戴克. 精英话语与种族歧视[M]. 北京：中国人民大学出版社,2011.

22. 米歇尔·福柯. 福柯读本[M]. 北京：北京大学出版社,2010.

23. 罗伯特·V.库兹奈特. 如何研究网络人群和社区：网络民族志方法实践指导[M]. 重庆：重庆大学出版社,2016.

24. 袁靖华. 边缘身份融入：符号与传播——基于新生代农民工的社会调查[M]. 杭州：浙江大学出版社,2015.

25. 林卡等. 嘉兴模式与浙江省公众参与环境保护的机制构造[M]. 北京：中国环境出版社,2015.

26. 李航. 我国转型期弱势群体社会风险管理探析[M]. 成都：西南财经大学出版社,2007.

27. 刘祖云. 香港社会的弱势群体及其社会支持[M]. 北京：北京大学出版社出版,2009.

28. 王俊秀,杨宜音. 社会心态蓝皮书：中国社会心态研究报告(2015)[M]. 北京：社会科学文献出版社,2015.

29. 王俊秀,杨宜音. 社会心态理论前沿[M]. 北京：社会科学文献出版社,2018.

30. 张自力. 健康传播与社会百年中国疫病防治话语的变迁[M]. 北京：北京大学医学出版社,2008.

31. 陈小申. 中国健康传播研究：基于政府卫生部门的考察与分析[M]. 北

京:中国传媒大学出版社,2009.

32.杨国斌.连线力:中国网民在行动[M].桂林:广西师范大学出版社,2013.

33.朱志玲,朱力.从"不公"到"怨恨":社会怨恨情绪的形成逻辑[J].社会科学战线,2014(02).

34.丁柏铨.社会公平正义与新闻传媒的责任[J].新闻大学,2007(03).

35.袁靖华.论媒介正义的概念及其维度:基于拉斯韦尔"5W"传播模式[J].国际新闻界,2012(04).

36.龚天平,刘潜.我国生态治理中的国内环境正义问题[J].湖北大学学报(哲学社会科学版),2019(06).

37.党明辉.陕西六报的农民工报道框架分析[J].西北大学学报(哲学社会科学版),2016(06).

38.朱浩.合作治理框架下环境保护公众参与的有效性问题研究:以"嘉兴模式"为例[J].中国第三部门研究,2018(01).

39.大卫·施朗斯伯格.重新审视环境正义:全球运动与政治理论的视角[J].求是学刊,2019(05).

40.刘海龙.环境正义视角下邻避治理模式的重构[J].南京林业大学学报(人文社会科学版),2016(01).

41.虞伟.社会主体之间关系,主从还是平等?基于环保公众参与嘉兴模式的思考[J].环境经济,2015(16).

42.郑杭生.试论社会协商对话制度[J].中国社会科学,1988(02).

43.王云霞.分配、承认、参与和能力:环境正义的四重维度[J].自然辩证法研究,2017,33(04).

44.王晴锋.戈夫曼与情境社会学:一种研究取向的阐释性论证[J].社会科学研究,2018(03).

45.孙信茹.线上线下:网络民族志的方法、实践及叙述[J].新闻与传播研究,2017(11).

46.杜骏飞.网络群体事件的类型辨析[J].国际新闻界,2009(07).

47.郑晓韵.哈罗德·布鲁姆影响焦虑理论和身份诉求[J].天府新论,2009(02).

48.周晓虹.转型时期的社会心态与中国体验[J].社会学研究,2014(04).

49. 赵宬斐.“网络集群行为”与“价值累加”:一种集体行动的逻辑与分析[J].新闻与传播研究,2013(08).

50. 丁未.新媒体与赋权:一种实践性的社会研究[J].国际新闻界,2009(10).

51. 胡文芝,廖美珍.中国心理治疗话语“解述”现象的会话分析研究[J].重庆大学学报(社会科学版),2013,19(04).

52. 朱力.脆弱群体与社会支持[J].江苏社会科学,1995(06).

53. 冯招容.弱势群体的制度因素分析[J].当代经济研究,2002(07).

54. 张俊玲.面向“信息弱势群体”的公共图书馆人文关怀[J].图书馆,2007(06).

55. 崇敬.论“信息弱势群体”内涵的变迁所带来的信息咨询服务的变革[J].图书与情报,2003(05).

56. 肖永英,何兰满.我国公共图书馆弱势群体信息服务文献综述(2001—2010)[J].图书馆论坛,2011(05).

57. 朱志玲,朱力.从“不公”到“怨恨”:社会怨恨情绪的形成逻辑[J].社会科学战线,2014(02).

58. 成伯清.从嫉妒到怨恨:论中国社会情绪氛围的一个侧面[J].探索与争鸣,2009(10).

59. 王明科.“新怨恨”理论与文学批评[J].湖南社会科学,2005(05).

60. 陈德敏,杜辉.环境维权群体性行动的法制化探讨[J].清华法治论衡,2013(03).

61. 张波.新媒介赋权及其关联效应[J].重庆社会科学,2014(11).

62. 李海飞.新媒介赋权需要监控[J].改革与开放,2012(06).

63. 黄成华.基于“自媒体”的市民社会治理参与[J].辽宁医学院学报(社会科学版),2014(04).

64. 李春雷,舒瑾涵.环境传播下群体性事件新媒体动员机制研究[J].当代传播,2015(01).

65. 沈承诚.论环境话语权力的运行机理及场域[J].学术界,2014(08).

66. 张萍,杨祖蝉.近10年来我国环境群体性事件的特征简析[J].中国地质大学学报(人文社科版),2015(02).

67. 周海燕.自媒体时代的市民新闻与社会再造:对话台湾政治大学孙曼蘋

教授[J].新闻记者,2012(12).

68.邱立楠.刍议边缘群体的话语表达[J].新闻爱好者,2010(04).

69.朱珍妮等.上海出租车司机营养相关生活方式现状调查[J].中国健康教育,2012(02).

70.郭国祥,郭曙祥.边缘群体关怀与和谐社会的构建[J].探索,2007(03).

71.郑荣寿等.2015年中国恶性肿瘤流行情况分析[J].中华肿瘤杂志,2019,41(01).

72.林燕育.系统护理对甲状腺肿瘤患者手术治疗前后癌因性疲乏及负性情绪的影响[J].中外医学研究,2018(31).

73.宫贺.公共健康话语网络的两种形态与关键影响者的角色:社会网络分析的路径[J].国际新闻界,2016(12).

74.胡文芝,廖美珍.中国心理治疗话语"解述"现象的会话分析研究[J].重庆大学学报(社会科学版),2013(04).

75.苏春艳.当"患者"成为"行动者":新媒体时代的医患互动研究[J].国际新闻界,2015(11).

76.申春喜.癌症患者家属负性心理分析与对策[J].中国医学创新,2011(11).

77.潘丽莉等.北京市出租车司机生活方式与健康状况现状调查[J].中国健康教育,2012,28(02).

78.石升起等.出租车司机生活满意度现状调查研究[J].中国卫生事业管理,2009(08).

79.朱珍妮等.上海出租车司机营养相关生活方式现状调查[J].中国健康教育,2012,28(02).

80.张芳.出租车司机生命质量调查及其影响因素分析[D].四川大学,2007.

二、英文参考文献

81. Jean Comaroff. *Body of Power*, *Spirit of Resistance*: *Culture and History of a South African People*[M]. Chicago:University of Chicago Press, 1985.

82. David Schlosberg. *Defining Environmental Justice*：*Theories*，*Movements*，*and Nature*[M]. Oxford：Oxford University Press，2007.

83. R. M. Entman. *Projections of Power*：*Framing*，*Public Opinion*，*and U. S. Foreign Policy*[M]. Chicago：University of Chicago Press，2004.

84. Iris Young. *Justice and the Politics of Difference*[M]. Princeton：Princeton University Press，1990.

85. K. A. Renninger，et al. *Building Virtual Communities*：*Learning and Change in Cyberspace*[M]. Cambridge：Cambridge University Press，2002.

86. Martha C. Nussbaum. *Capabilities as Fundamental Entitlements*：*Sen and Social Justice*[M]. New Jersey：Wiley-Blackwell，2008.

87. Megan L. McCulloch. *Environmental Protest and Civil Society in China*[M]. Independently published，2015.

88. Lawrence Frey. Communication and Social Justice Research：Truth，Justice，and the Applied Communication Way[J]. *Journal of Applied Communication Research*，1998，26(02).

89. Stephen Hartnett. Communication, Social Justice, and Joyful Commitment [J]. *Western Journal of Communication*，2010，74(01).

90. Jack Lule. News Values and Social Justice：U. S. News and the Brazilian Street Children[J]. *Howard Journal of Communication*，1998，09(03).

91. Michael O. H.. Not on My Block You Don't：Facilities Siting and the Strategic Importance of Compensation[J]. *Public policy*，1977，25(04).

92. Mason Richard. Four Ethical Issues of the Information Age[J]. *MIS Quarterly*，1986，10(01).

93. Charlotte Ryan，et al. Media, Movements, and the Quest for Social Justice[J]. *Journal of Applied Communication Research*，1998，26(02).

94. Ryan Holifield. Environmental Justice as a Recognition and Participation in Risk Assessment：Negotiating and Translation Health Risk at a Superfund Site in Indian Country[J]. *Annals of the Association of American Geographers*，2012(03).

95. Karon Reinboth Speckman. Using Data Bases to Serve Justice and Maintain the Public's Trust[J]. *Journal of Mass Media Etheics*，1994，09(04).

96. Ananda Mitra. Voices of the Marginalized on the Internet: Examples From a Website for Women of South Asia[J]. *Journal of Communication*, 2004,54(03).

97. Sherry Arnstein. A Ladder of Citizen Participation[J]. *Journal of the American Planning Association*, 1969,30(04).

98. W. L. Bennett, A. Segerberg. The Logic of Connective Action[J]. *Information, Communication & Society*, 2012,15(05).

99. J. P. Biddix, H. W. Park. Online Networks of Student Protest[J]. *New Media & Society*, 2008,10(60).

100. Clifford Stott, John Drury. Crowds, Context and Identity: Dynamic Categorization Processes in the "Poll Tax Riot"[J]. *Human Relations*, 2002, 53(02).

101. Deen G. Freelon. Analyzing Online Political Discussion Using Three Models of Democratic Communication[J]. *New Media & Society*, 2010(04).

102. Patricia Bromley, et al. The Worldwide Spread of Environmental Discourse in Social Studies, History, and Civics Textbooks, 1970—2008[J]. *Comparative Education Review*, 2011,55(04).

103. Hung Chin-Fu. Citizen Journalism and Cyberactivism in China's Anti-PX Plant in Xiamen, 2007—2009[J]. *China: An International Journal*, 2013,11 (01).

104. Ian Hodges. Moving Beyond Words: Therapeutic Discourse and Ethical Problematization[J]. *Discourse Studies*, 2002,04(04).

105. Johann L. Thibaut. An Environmental Civil Society in China? Bridging Theoretical Gaps through a Case Study of Environmental Protest[J]. *International Asian Forum*, 2011,42(1/2).

106. Kirby Goidel, et al. Race, Racial Resentment, Attentiveness to the News Media, and Public Opinion Toward the Jena Six[J]. *Social Science Quarterly*, 2011,92(01).

107. Liu Jun. Digital Media, Cycle of Contention, and Sustainability of Environmental Activism: The Case of Anti-PX Protexts in China[J]. *Mass Communication and Society*, 2016,07(19).

108. Orly Benjamin. The Therapeutic Discourse, Power and Change: Emotion and Negotiation in Conversations[J]. *Sociology*, 32(04).

109. H. Rojas, E Puig-I-Abril. Mobilizers Mobilized: Information, Expression, Mobilization and Participation in the Digital Age [J]. *Journal of Computer-mediated Communication*, 2009, 14(04).

110. Laura Robinson, Jeremy Schulz. New Avenues for Sociological Inquiry: Evolving Forms of Ethnographic Practice[J]. *Sociology*, 2009(43).

111. Ronald E. Hallett, Kristen Barber. Ethnographic Research in a Cyber Era[J]. *Journal of Contemporary Ethnography*, 2014, 43(03).

112. R. Kahn, D. Kellner. New Media and Internet Activism [J]. *New Media & Society*. 2004, 06(01).

113. Phillip Stalley, Dongning Yang. An Emerging Environmental Movement in China? [J]. *The China Quarterly*, 2006(01).

114. Sukhadeo Thorat. Marginalized Groups and the Common Minimum Programme[J]. *Social Scientist*, 2004, 32(07/08).

115. Suzanne Brunsting, Ton Postmes. Social Movement Participation in the Digital Age: Predicting Offline and Online Collective Action [J]. *Small Group Research*, 2002, 33(05).

116. Zhang Ping, Yang Zuchan. A Brief Analysis of the Characteristics of Environmental Mass Events in China in the Past Ten Years[J]. *Journal of China University of Geosciences*, 2015, 15(02).

117. Z. Papacharissi. The Virtual Sphere: The Internet as a Public Sphere [J]. *New media & Society*, 2002, 04(01).

附　录

附录一、有关"网络社区中社会怨恨情绪的生成和疏导机制研究"的调查问卷

曾经遭遇过分配不公平或地位不平等的情况,或听到他人遭遇过类似情况,却又无能为力,因此利用匿名的网络平台来倾诉经历、表达不满情绪,针对热点事件或人物发表过情绪性或攻击性的言论。

1. 是

2. 否

注意:选择"1. 是"的继续回答下面的问题;选择"2. 否"的就此停止答卷。

1. 对自己或者自己的长辈,在新中国成立前曾经受过的经济剥削、政治压迫或者其他不公平对待有怨恨心理,并且怨恨长期积压。

　　A 十分同意　　B 有点同意　　C 一般　　　　D 不太同意　　E 很不同意

2. 自己觉得自己的民族是一个深受欺侮的民族,在清朝末年深受八国联军的侵略,在 20 世纪初又受到日本的侵略,在内心深处对外国列强有怨恨心理。

　　A 十分同意　　B 有点同意　　C 一般　　　　D 不太同意　　E 很不同意

3. 在自己的周围,原来与自己经济地位相似的人过了几年却取得了巨大财富,觉得这种贫富差异完全是不公平的,深深地伤害了自己,因此不仅嫉妒、不满,甚至有种怨恨感,想要报复。

　　A 十分同意　　B 有点同意　　C 一般　　　　D 不太同意　　E 很不同意

4.在自己的周围,原来与自己行政地位相似的人升了职务,觉得他们的职务升迁是滥用权力的结果,因此心生嫉妒、不满,甚至有种怨恨感,想要报复。

A 十分同意　　B 有点同意　　C 一般　　　　D 不太同意　　E 很不同意

5.自己来自经济欠发达地区,觉得自己原来的地区与发达地区之间的各种差异,是不平等的政策以及历史差距造成的,这种差异深深地伤害了自己,因而心生嫉妒、不满,甚至有种怨恨感,想要报复。

A 十分同意　　B 有点同意　　C 一般　　　　D 不太同意　　E 很不同意

6.在网络空间里看到那些有关弱势群体的遭遇,自己之所以发表支持性的言论,甚至怨恨性的过激言论,是因为:

A 这些遭遇自己也曾经经历过,感同身受,因此发表这些怨恨言论也算是为自己鸣不平

B 这些遭遇有图片、有描述,是真实的,发表一下言论至少能够从声势上支持一下他们

C 人多力量大,多发发帖子,相关的政府单位、企业老板等也许就能出来解决实际问题

D 一些名人或者权威单位也在转载相关的言论,觉得应该比较真实,自己理应跟进

E 发表这些言论,虽然不能解决实际问题,不过可以借此从舆论上好好整治一下那些欺侮弱势群体的权贵阶层

F 自己也没有明确目的与希望,一看网络空间这么热闹,自己也发发帖子娱乐一下

G 其他

7.自己在下列哪种类别的网络空间里最经常发表怨恨性的言论?

A 天涯之类非官方论坛

B 强国论坛之类有官方背景的论坛

C 以朋友、同学等熟人为基本成员的 QQ 群

D 以生意伙伴为主的阿里旺旺群等商业群

E 一般的新闻跟帖

F 人人网之类的社交网络

G 个人的博客或微博

H 手机短消息或微信

I 其他网络空间

8.在网络空间里发表怨恨性甚至是攻击性的言论,是因为觉得在这里是匿名的,即使这些言论不合适,也不用担负法律或道德的责任。

A 十分同意　　B 有点同意　　C 一般　　　　D 不太同意　　E 很不同意

9.在网络空间中看到那些有关弱势群体的遭遇,自己之所以发表怨恨性的过激言论,是觉得自己同他们同属一个阶层,这样的遭遇也许有一天也会发生在自己身上。

A 十分同意　　B 有点同意　　　C 一般　　　　D 不太同意　　　E 很不同意

10.在网络空间中看到那些有关弱势群体的遭遇,自己之所以发表怨恨性的过激言论,是觉得这些人的遭遇很不幸,为他们感到难过与同情。

A 十分同意　　B 有点同意　　C 一般　　　　D 不太同意　　　E 很不同意

11.在网络空间中看到那些有关弱势群体的遭遇,自己除了发表了怨恨性言论予以支持之外,还会提供哪些支持?

A 不会提供其他支持

B 会提供经济上的进一步支持

C 会提供集会、游行、示威等行动方面的进一步支持

D 会提供法律咨询方面的进一步支持

E 会提供社会活动方面的进一步支持

F 会提供其他方面的进一步支持

12.自己的性别

A 男　　　　　　B 女

13.自己的年龄

A17 周岁及以下　　　　　B18～22 周岁　　　　　C23～29 周岁

D30～39 周岁　　　　　E40 周岁及以上

14.自己的文化层次

A 高中及以下　　　　　B 大学专科或本科　　　C 大学研究生及以上

15.自己的职业

A 政府机关单位人员

B 医疗、教育、研究所等事业单位人员

C 金融、电力、交通、邮电等国有企业或集体企业人员

D 合作、合资或独资等三资企业人员

E 私营或民营企业人员

F 自由职业人士

G 学生

H 无业、待业以及其他人员

16. 对社会地位的自我评价

A 上层　　　　B 中层　　　　C 下层　　　　D 不清楚

17. 使用互联网的程度

A 几乎无法离开　　　　B 使用很多　　　　　　C 一般

D 比较少　　　　　　E 很少

18. 使用互联网的目的

A 看新闻、获取信息

B 查资料、获取知识或者学习

C 买卖商品或者提供相关的商业服务

D 听歌、看电视、聊天等方面的娱乐活动

E 进行生活方面的交流,维持情感联系

F 其他

附录二、杭州出租车司机的生活状况与意见表达调查问卷

(一)受访者的基本信息

1. 您的性别：A. 男　B. 女

2. 您的年龄(周岁)：

3. 您的学历：

4. 您的籍贯：

5. 婚姻与家庭状况：

A. 单身　B. 结婚无孩子　C. 结婚有未上学孩子　D. 小孩已经上小学或中学　E. 其他

6. 当前家庭所在地(或居住地)：A. 西湖区　B. 上城区　C. 下城区　D. 拱

墅区　E.江干区　F.萧山区　G.余杭区　H.江干区　I.滨江区　J.富阳区
K.其他

(二)个人工作或生活状况

7.您从事出租车行业的时间是：
A.小于 3 年　B.3～6 年　　C.6～10 年　　D.10 年以上
8.您的经营性质属于：
A.公车(集体或国营)　　　　B.个人挂靠
C.几人合资　D.个体经营　E.其他
9.每月休息天数：
A.0 天　　　　　　　B.3 天及 3 天以内　　　C.4～7 天
D.8 天及 8 天以上　　　E.其他
10.您的月收入大概为：
A.3000 元以下　　　　B.3000～5000 元
C.5000～8000 元　　　D.8000 元以上
11.您每月上交的份子钱金额是(挂靠车除外)：
A.3000 元以下　　　　B.3000～4000 元　　　C.4000～5000 元
D.5000～6000 元　　　E.6000 元以上
12.您每天使用现代手段(如快的、滴滴等打车软件)成功揽活的频次是：
A.0 次　　　B.1～5 次　　C.6～10 次　　D.10 次以上

(三)受访者的自我评价与意见表达

13.对自己在杭州工作的看法有(选择前三项)：
A.收入太低,没有成就感
B.工作强度太大,精神压力太大
C.职业病较多(例如胃病、腰椎间盘突出、颈椎病等)
D.公司收的份子钱比例太大
E.作息不规律
F.竞争太激烈

G. 无证运营车太多

H. 医疗、养老等保险几乎没有

I. 其他

14. 对自己在杭州生活的看法有(选择前三项)：

A. 家庭收入太低

B. 孩子上学困难

C. 没有医疗保险等

D. 房价太高,买不起房子

E. 没有杭州户口

F. 赡养老人压力大

G. 和家人团聚的时间少,情感孤独

H. 朋友圈太小,知心朋友少

I. 业余活动单调

J. 其他

15. 对自己在杭州的社会交往看法(选择前三项)：

A. 基本上与自己的老乡待在一起

B. 一直觉得自己不是杭州人

C. 政府或社会对出租车司机的关心严重不够

D. 遇到伤害或不公,没有地方可以投诉或求助

E. 自我感觉社会地位低

F. 其他

16. 使用智能手机情况(多选)：

A. 几乎不用

B. 在滴滴或优步上抢单

C. 打电话　　　D. 玩微信　　　E. 导航　　　　F. 发短信

G. 在百度贴吧中发言

H. 浏览天涯等论坛上留言

I. 看新闻

J. 其他

17. 是否参与过抗议或罢工活动?

A. 有　　　　　B. 没有

18. 抗议的信息是通过哪些渠道知道的?

A. 老乡或朋友打电话或发短信

B. 司机或老乡的 QQ 群

C. 微信群

D. 微信公众号

E. 朋友个人的朋友圈

F. 老乡或朋友聚会(吃饭、喝酒等)

G. 看新闻

H. 其他

19. 你如果遇到烦恼事情或社会不公,经常选择什么方式来处理?

A. 直接找相关政府部门投诉

B. 找当事人或当事单位解决

C. 找电视台等媒体部门投诉

D. 上网发帖子倾诉

E. 给亲朋好友打电话或发短信诉苦

F. 在 QQ 群、微信群向老乡和其他朋友倾诉

G. 找家里人倾诉

H. 什么也不说

20. 你如果上网或打电话,最想说的是哪些意见(多选题)?

A. 份子钱比例

B. 无证运营车抢了市场份额

C. 专车等网约车的冲击

D. 打车软件的使用

E. 生活压力大

F. 家庭矛盾

G. 对单位或政府的不满

H. 社会地位的问题

I. 业余兴趣与社会交往

21. 对于提高出租车司机的生活幸福感,使出租车司机的意见能够更为顺畅地得到表达,您有哪些好的建议? 请写在下面。

22.您是否愿意接受回访？如果愿意,请留下您的联系方式:
A.电话:　　　B.微信:　　　C.其他

附录三、杭州出租车司机的生存状况与意见表达访谈提纲

(一)受访者的基本信息(如果愿意留下姓名及联系方式最好。录成文字稿时要有对访谈情境的描述)

1.您的性别:A.男　B.女
2.您的年龄(周岁):
3.您的学历:
4.您的籍贯:

(二)个体生存状况的社会表达情况(在纸上记下谈话要点与细节,事后要录成详细的文字稿)

1.(工作情况)先生,你出租车司机这个工作,从哪一年开始做的? 有没有中断? 自己喜欢吗? 现在是与朋友一块开,还是为公司开? 能不能谈谈其中的酸甜苦辣?

2.(个人家庭状况)先生,你常年风里来雨里去的,特别辛苦,那么你的家庭情况怎样? 比如你的爱人的工作情况、孩子的教育情况,以及你们家庭的开心事与不愉快,能不能聊一聊?

3.(城市适应情况)先生,你对杭州这个城市印象怎样? 有哪些好的,有哪些不好的? 你觉得自己以及自己的家庭适应这里的生活吗? 在这里,有没有受到当地人的尊重? 自己有没有一种主人翁感觉? 等等。

4.(媒介使用情况)你平时用手机多吗? 主要与哪些人打电话? 用手机上网吗? 如果上网,会使用哪些软件? 是否会使用 QQ 群、微信群、新闻网页、贴吧、天涯等网络社区?

5.(利用媒介表达意见情况)能不能好好聊聊使用以上网络媒体时,分别谈什么话题? 一般是与陌生人还是熟人一起聊? 谈什么内容? 对个人工作、家庭、政府管理等社会问题有没有什么意见? 能不能举例好好谈谈?

6.(现实行动情况)通过新媒体进行交流之后,有没有相互约定去做一些事情,例如相互提供工作信息,进行朋友聚会或老乡聚会?